郑洛新国家自主创新示范区
发展战略研究

主　编　许贵舫

副主编　高亚宾　王文斌

中国社会科学出版社

《郑洛新国家自主创新示范区发展战略研究》
编 委 会

目　　录

第一章

绪　论

创新是民族进步的灵魂，是国家兴旺发达的不竭动力。实施创新驱动发展战略决定着中华民族前途命运，我国经济发展要突破瓶颈、解决深层次矛盾和问题，根本出路在于创新。新常态下，以国家自主创新示范区为代表的中国区域创新能力显著提升，尤其是中关村自主创新示范区已跃居我国创新体系标杆和引领者，已形成在局部获得成功并可在全国复制的宝贵经验，在抢占新一轮经济和科技竞争战略制高点、推动经济发展方式转变中居于核心地位，为我国建设创新型国家、实现中国梦提供了重要支撑。

第一节　国家自主创新示范区建设的理论基础

当前，国内外经济理论界都在积极地构建科学完善的区域创新系统，促使区域产业竞争力不断提升，增强区域经济增长的动力。在此过程中，区域自主创新发展路径的研究日益受到政府部门和学术界的重视。

一　区域自主创新理论

区域技术创新能力的培养、形成及演化提升在区域经济发展中具有重要的作用。传统的经济增长理论将劳动力、资本视为经济增长最主要的推动力，尽管以哈罗德（R. Harrod）、多马（E. Domar）为代表的新古典经济学派导入了外生的技术进步，但并没有能够从理论上说明区域持续经济增长的问题。20 世纪 80 年代，以罗默（Paul M. Romer）、卢卡斯（Robert E. Lucas）、格里斯曼（G. Grossman）为代表的新经济增长学派将技术进步引入经济增长模型，更加重视知识外溢、人力资本投资、研究与开发、边干边学等问题的研究，并认为区域经济增长主要取决于知识积累、技术进步和人力资本水平，而资本、土地、劳动等要素受收益递减规律的制约，不可能决定长期增长。新经济增长理论的发展为技术创新演化对区域经济增长的贡献提供了理论基础。

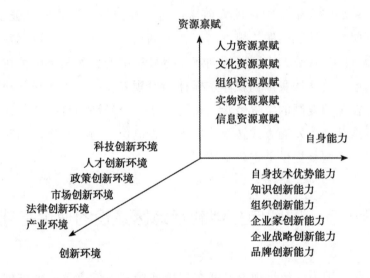

国外学者对自主创新的实现路径的研究一般分发达国家与后起国家两种不同类型。Abemathy 和 Utterback（1975、1978）基于对技术始发国的案例研究和统计分析，提出了具有开创意义的技术创新类型划分，即基于创新内容划分的产品创新与工艺创新、基于创新程度划分的根本型创新与渐进型创新，从而把创新过程划分为"流动、转化和特性"三个阶段，并指出了每个阶段的主导技术创新路线和创新源，这就是著名的 A—U 模型。该模型构成了发达国家技术创新与产业演化过程的分析框架，不仅为理解产品和工艺创新之间的关系、创

新和产业演化之间的关系提供了线索，而且还有着较强的政策含义。

20 世纪 90 年代，在经济地理学将空间概念引入经济学理论研究的基础上，演化经济地理学实现了较快发展，为区域创新系统的演化路径提供了理论基础①。演化经济学主张以动态演化方法研究经济学，并采用微观—中观—宏观相结合的多尺度研究视角分析区域经济的演化机理，认为区域经济发展在很大程度上受到技术创新、制度设置安排、企业家决策等方面的影响，区域创新系统可以看作是以企业为创新基因，以产业知识为创新基础，政府、科研机构为辅助手段，成员间相互关联，以跨区域联接为外生冲击，强调知识生产和扩散的创新系统②。

后发国家自主创新的演化路径最初研究也是在 A—U 模型基础进行的，最终大多数学者得出了发展中国家的技术追赶与发达国家的技术变化不同，是一个反向的 A—U 过程，即是一个从工艺创新到产品创新、从生产能力到创新能力演化的过程。一般认为，发展中国家的技术能力演化是在技术引进的基础上、沿着既定技术路径发展的技术创新过程，但这个过程具体的演化轨迹却难以确定，学术界自 20 世纪 80 年代初对这一问题展开研究以来，已经出现了从不同角度对后起国家的自主创新路径进行分析的多种结论。

韩国学者金麟洙（Linsu Kim，1997）根据对韩国汽车工业、电子工业、半导体工业等 200 多家公司进行 20 年深入研究并在实证的基础上，通过分析发达国家和奋起直追国家的技术轨迹，提出了后进国家的技术创新模型。该模型指出，在奋起直追国家工业化的早期阶段，由于缺乏建立高效的生产运作体系的能力，不得不通过进口国外的先进技术来启动生产。现代技术结构不是"内生"的，必须从外输入。事实上这种依靠技术引进谋求快速发展方式不仅仅发生在特定领域里成熟技术的传播过程中，即使是技术发展、成长和流动阶段也一

① 贺灿飞、黎明：《演化经济地理学》，《河南大学学报》（自然科学版）2016 年第 4 期。
② 张洪阳：《区域创新系统的演化研究——基于产业知识基础的视角》，辽宁大学，2015 年。

样可能发生。其路径是一种逆向的 A—U 模式，是沿着"获得—消化—吸收—改进"的轨迹，走一条与发达国家的技术轨迹相反的道路。

Keun Lee 等（2001）建立关于技术努力（technological effort）和既存知识存量（the existing knowledge base）的技术能力模型。在该模型中，可得的研发资源与研发努力的相互作用决定了公司的技术能力，而可得的研发资源包括内部的和可获得的外部知识存量，以及金融资源等，公司的研发努力水平依赖于研发努力成功的概率。该文还区分了不同行业技术制度的区别，指出后进国家没有必要完全追随发达国家的技术发展路径，从而提出了技术追赶的三种模式：路径创造式、路径跳跃式和路径追随式。同时进一步指出，后发国家三段式的技术发展轨迹不仅发生在特定成熟技术的传播过程中，也发生在发达国家技术的转移与流动阶段。后发国家中那些已成功地获得、消化和吸收（甚至是改进）了引进的成熟技术的企业，可能会利用发达国家尚处于转移阶段的较高技术来重复这一过程，如果获得成功，就会最终积累本国的技术能力，在流动阶段就总结出新兴的技术，向发达国家的企业提出挑战。

综上所述，国外学者研究技术创新分为两类研究体系：一类是基于技术原创的视角，研究技术进化的轨迹，技术扩散的机制，大多以企业为中心，结合创新过程中市场结构的变化来研究技术创新的发展路径；另一类是以发展中国家技术创新为研究对象，从技术追赶的角度来实现自主创新，这一类研究对我国有更多的借鉴意义（见表1-1）。

二　区域创新路径演化机制与演化模式

（一）区域创新演化机制

自主创新示范区属于区域创新体系（Regional Innovation System, RIS）的研究范畴，它通过构建一个有区域特色、与地区资源相关联、推进区域创新的制度组织网络，推动区域新技术的产生、流动、更新和转化，是促进区域经济转型发展的有效模式。理论和实践表明，随着经济社会的发展，区域创新系统也不断处于演化之中，区域自主创新能力的培育、发展、提升有其内在的演化机理，其实质是一个由"路径生成→路径强化→路径锁定→路径解锁→路径更新（路径创建、路径延展）"构成的渐进演化过程（见图1-1）。

表1-1   区域技术创新理论研究演变及进展

序号	经济学派	代表研究观点
1	古典经济学派	亚当·斯密：经济增长的动力在于劳动分工、资本积累和技术进步*。 大卫·李嘉图：国家财富的增加可以通过两种方式，一种是用更多收入来维持生产性劳动；另一种是不增加任何劳动量，而使等量劳动的生产效率增加。
2	新古典经济学派	哈罗德和多马：提出科技进步对经济增长具有重要意义，但将科技进步当作经济系统的外生变量。 索洛：将技术进步引进经济增长基本模型，即新古典综合学派的增长模型。索洛强调技术进步对于更高的生活水平的重要性，技术进步不仅包括生产技术的提高，还包括动力资本质量的改进。新技术通常体现在资本之中，被应用到新的设备与工厂。
3	新经济增长学派	阿罗：提出"干中学"（learning by doing）模型，首次将技术进步视为经济活动的产物，将生产者获取知识的过程内生于模型之中，被认为是第一个内生技术进步的增长模型。 罗默：知识积累和技术研发是经济增长的源泉，提高经济增长率的主要途径是通过增加研究与开发部门的资源投入以提高知识积累率；将人力资本引入内生经济增长模型，人力资本可以用受教育的程度来衡量，人力资本的作用，使经济出现规模收益递增，是促进经济增长的重要因素。 卢卡斯：专业化的人力资本积累是经济增长的真正源泉，具有显著的溢出效应，使物质生产显示出收益递增的发展态势。
4	演化经济地理学	采用动态演化分析方法，补充并完善经济地理学中的新古典和制度分析范式，通过分析企业的进入、增长、衰退、退出机制以及空间再配置过程，揭示了企业、产业、网络、城市与区域的协同演化机制及其对空间经济差异的作用机制。

*亚当·斯密：《国民财富的性质和原因的研究》，商务印书馆1988年版。

1. 路径更新：既有产业提质转型升级引致的区域创新路径演化

路径更新是指区域产业经过调整转换到相关但不完全相同的产业路径。当区域建立某一产业类型的区域创新系统后，产业技术往往存在路径锁定（lock in）现象，甚至还可能面临自身创新能力不足而出现路径衰竭的风险。例如资源型城市和老工业基地，由于资源枯竭而

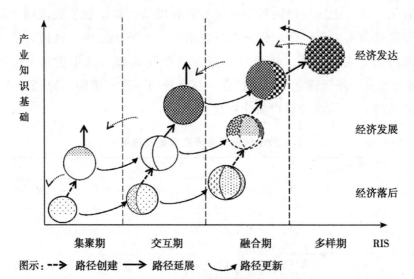

图示：**--➤** 路径创建　**➤** 路径延展　⤴ 路径更新

注：产业知识基础存量也可能会因为产业转移等原因而减少，如 ⌒\ 所示。

图1-1　区域创新路径演化机制

产业衰落，新的技术或是大的创新无法产生，创新系统面临倒退的情形。当区域创新要素存量及创新能力难以适应产业转型升级要求时，区域创新系统将因势改变寻求路径更新，从而避免路径锁定的风险。这种创新发展路径的改变可以分为两种类型，一是通过创新技术的导入，为区域既有产业注入新的发展动力，并形成创新路径更新（Martin，2008）。另外一种路径更新方式则是优化产业要素结构，通过提升创新要素比重，使得产业要素结构优化，推动区域创新路径发生改变，重点发展技术密集、附加值较高的产业链环节。

2. 路径创建：区域内新产业兴起引致新的创新路径

路径创建是指基于新技术、新工艺、新模式的出现和成长，为区域经济发展带来新的转变。路径创建有两种情况，一种是区域创新系统从无到有的建立，这种情况下，区域产业知识基础也是从无到有再到能促使新知识产生的过程，技术通过研究成果的商业化，建立新企业和衍生企业的方式逐渐增强，新的产业路径出现并持续发展，路径创建形成。另一种情况是区域产业新路径的创建，在原有产业知识基础上，经过激进式创新，形成技术的重大转变，引起产业发展方向的调整，从而使该地区的产业轨迹发生转变。一般认为，历史偶然事件、机会事件等可以引起新路径的产生，但路径创建更多的是依赖于区域现有路径、产业和制度等环境。

3. 路径延展：在区域创新系统内衍生转化出多元的创新发展路径

路径延展是指在创新系统主导路径内，由于创新而形成的更为广泛的转变，是既有产业的路径继续沿现有轨迹发展的情形。区域自主创新可以在原有模式框架下产生，并不一定需要打破旧路径创建新路径。与路径创建不同，路径延展是建立在区域已有能力基础之上的，本地知识基础能够对外来知识进行解读和吸收，从而形成本地知识优势，可以理解为区域创新系统主导路径内由于创新而形成的更为广泛的创新能力提升。外来知识的进入需要本地产业能够吸收和消化，需要区域内知识基础设施等具有相当的层次，能够接收、推动新技术的发展。一般来说，外生知识推动的受益者常常是技术相近的接受者，知识基础差异较大，未必会带来技术优势，形成适用性的技术创新体系。

（二）区域创新路径演化模式

区域创新系统的演化路径在实质上形成了知识资本在一定空间范围内配置和使用的过程。在这一过程中，区域创新系统的演化呈现出一定规律，并表现出不同的演化模式和演化效应。区域经济放弃线性增长而选择通过网络化和系统化创新促成增长的路径，通常情况下，组织是在内力、外力的共同影响下开展创新，然而总有一方居于先导或主导地位，从这个角度来讲，区域创新系统的演化模式可划分为内力拉动型演化和外力推动型演化两种模式。

1. 内力拉动型演化模式

内生动力就是来自于系统内部的动力，通过区域产业链条作用于区域系统化创新过程，主要表现为市场竞争和企业家精神，通常为若干企业领先，大量企业跟随，领先企业与跟随企业间快速更替的产业发展态势。产业发展在先，创新系统的适应与调整紧跟，产业发展趋势及转型发展的内在需求，决定着创新系统演化方向。区域创新系统内通常会形成若干个势均力敌的创新极或多创新极共生体带动多个创新主导产业协同发展，创新主体间、创新极间和共生体间的竞争与合作维护着系统内正常的市场竞争机制。多核创新系统通常是内力拉动型演化模式的直接结果，而实际上多核创新系统中自由的创新空间为系统演化提供了源源不断的动力。

2. 外力推动型演化

创新系统演化的外力是指创新系统内的创新组织无法决定其产生与应用的外生变量，包括制度设计、区域或国家产业发展政策、资源状况、投融资环境、国际经济环境改变等因素带来的创新环境变化，还包括先进技术引进、外来创新组织入侵等因素引起的创新组织结构调整。外生动力因素必须经由系统吸收，在系统中的市场竞争机制和企业家精神作用下，直接或间接地影响产业价值链条和通道网络进而对区域创新系统演化产生影响。通常情况下，在市场功能完善和创新要素富集的地区，以企业创新为主要内容的内力拉动是促成区域创新系统形成和演化的主要动因，政府的规制和政策引导往往伴有滞后性和补充性，最典型的案例是美国硅谷产业带。而在市场功能发育滞后或创新要素非富集地区，以制度优化和政策引导为主要内容的外力推动成为区域创新系统形成和演化的主要动因，促进系统化创新由外力干预为主导向内生动力增长的转变是这些地区经济发展政策的另一主要目标，政府规制最终形成市场竞争的牵引和协调力量。

3. 路径演化伴随效应

区域创新系统的演化必然引起某一区域空间范围内资本、技术、劳动力等生产要素配置格局的改变，通过对创新能力、产业结构、经济增长质量和区域竞争力的影响作用于区域工业化发展过程。从另一个角度看，区域创新系统的演化也必然引起人口、基础设施、资源等城市发展要素配置格局的改变，通过对人口流动、道路交通、生活设施、教育机构、科研机构和城市规模的影响作用于区域城市化发展进程。从某种程度上讲，区域创新系统的演化同时改变着生产要素和城市发展要素的配置格局，使得工业化和城市化进程总是相伴发展的现象十分普遍。一方面，工业化要求资本、技术和劳动力的适度集中，这一集中过程带来了大量城市发展要素；另一方面，城市化进程产生的人才集聚优势、基础设施优势等外部经济为加快工业化进程提供了有利环境。资本、技术和劳动力的适度集中以及城市化进程中大学、科研机构、中介服务机构的完善，为加快区域创新系统演化进程创造了有利条件。同时，创新系统的演化为提高区域内工业化水平和加快区域内城市发展和城市体系完善提供了强有力的技术保障和组织支撑（见图1-2）。

图1-2 区域创新路径演化模式及伴随效应

第二节 国家自主创新示范区的建设与发展

当前，高新区是我国创新资源最密集、创新活动最活跃、创新强度最大、创新成果最丰硕的区域，创新成果产出效率达到国际领先水平，是我国自主创新和高新技术产业发展的主阵地。以高新区为核心的国家自主创新示范区有足够的条件和能力来承担创新驱动发展"探路者"的角色定位。

一 国家高新区发展现状

1985年，党中央作出科技体制改革的决定：加快推动科技与经济结合，鼓励科技人员创办企业，并在有条件的地方建设科技园区。1988 年，国务院批准实施火炬计划，明确把创办高新区作为火炬计划的重要内容。1991—2015 年，国务院先后批准建立了 147 家国家高新区。国家高新区已经成为我国依靠科技进步和技术创新支撑经济社会发展、走中国特色自主创新道路的重要依托，也是我国高新技术产业发展最为主要的战略力量。

（一）综合实力持续增长

截止到 2015 年底，147 个国家高新区集聚了 31160 家高新技术企业，实现营业收入 25.37 万亿元，"十二五"期间年均增长 17.4%；企业研发经费支出达 4521.6 亿元，占全国企业研发经费支出的 31.8%，全部研发投入占生产总值的比重达 5.5%，是全国平均水平的 2.6 倍。

（二）创新能力稳步提升

"十二五"期间国家高新区创新能力总指数稳步提升，2015 年国家高新区创新能力总指数为 180.9 点，较 2010 年提高了 80.9 点。构成国家高新区创新能力总指数的五个分指数中，创新资源集聚指数、创新创业环境指数、创新活动绩效指数三个分指数呈现持续上升的态势，而创新的国际化指数、创新驱动发展指数则略有下降。2015 年，创新资源集聚指数、创新创业环境指数、创新活动绩效指数、创新的国际化指数、创新驱动发展指数分别为 162.6 点、298.8 点、124.3 点、259.5 点、126.9 点，其中，创新创业环境指数提升幅度最大，指数同比增长率达 33.4%，国家高新区创新创业环境持续优化（见图 1-3）。

（三）创新创业生态加速优化

国家高新区紧密围绕以科技创新为核心全面创新的国家战略部署，从多方面积极营造有利于创新创业的生态环境，激发全社会创新创业潜能。截止到 2015 年年底，147 家国家高新区共拥有众创空间 1074 家，其中科技部备案的众创空间为 230 家，逐渐形成了大众创新创业的规模优势；80% 以上的国家高新区建立了创业投资引导机制，国家高新区当年新增企业数与企业总数的比例平均值为20.1%，当年新注册企业中技术开发和技术服务型企业占园区当年新注册企业的7.0%（见图1-4）。

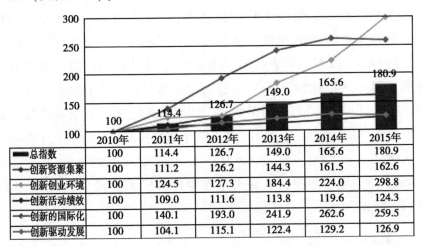

	2010年	2011年	2012年	2013年	2014年	2015年
总指数	100	114.4	126.7	149.0	165.6	180.9
创新资源集聚	100	111.2	126.2	144.3	161.5	162.6
创新创业环境	100	124.5	127.3	184.4	224.0	298.8
创新活动绩效	100	109.0	111.6	113.8	119.6	124.3
创新的国际化	100	140.1	193.0	241.9	262.6	259.5
创新驱动发展	100	104.1	115.1	122.4	129.2	126.9

图1-3 2010—2015年国家高新区创新能力

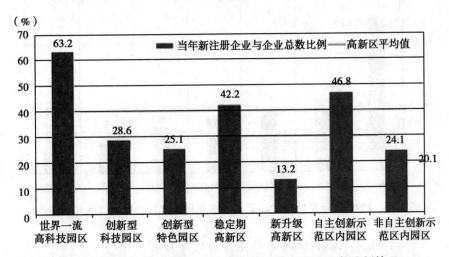

图1-4 2015年各类高新区当年新注册企业与企业总数比例情况

（四）创新水平引领全国

目前，国家高新区集聚了全国40%以上的企业研发投入、企业研发人员和高新技术企业。2015 年，全国 147 个国家高新区企业研发经费投入强度（企业研发经费内部支出与园区 GDP 比例）为 5.6%，研发人员密度（每万名从业人员中研发人员）为 708.8 人，分别是全国平均水平的 2.7 倍和 14.6 倍。2015 年，147 个国家高新区每万名从业人员授权专利是硅谷每万名居住人口授权专利（2014 年为 65.5 件/万人）的 1.9 倍，万人授权发明专利（42.2 件/万人）、拥有有效发明专利（164.8 件/万人）分别为全国水平的 9.2 倍、8.7 倍（见图 1-5）。但与国际先进园区相比，国家高新区吸引和凝聚国际人才的能力需要进一步加强。2015 年 147 个国家高新区从业人员中外籍常驻人才占比仅为 0.4%，外籍常驻人才占比最高的苏州工业园为 3.4%，而美国、加州、硅谷出生在国外的居民占比分别为 13.3%、27.1% 和 37.4%。

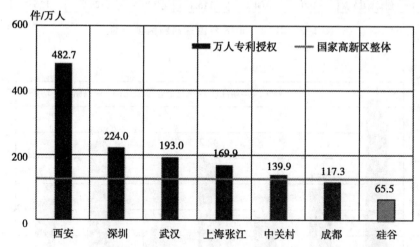

图 1-5 2015 年我国代表性高新区与美国代表性园区万人专利授权对比

（五）高新技术产业集聚载体作用更为明显

2015 年，全国 147 个国家高新区中高技术制造业、高技术服务业的企业和从业人员占高新区企业总数和从业人员总数的比例均在 40% 以上，其他各项主要经济指标占国家高新区总体的比重均在 30% 左右，其中出口创汇占比高达 61.4%。同时，国家高新区高技术服务业在创造新的工作岗位、扩大就业方面贡献很大，尤其是对经济效益方面的贡献尤为突出（见表1-2）。2015年，147个国家高新区的高技术服务业企业数量约为高技术制造业的两倍，高技术服务业企业从业人员数增长率和上缴税额增长率分别为高技术制造业的3.2倍和5.2倍，且高技术服务业企业的整体利润率高出高技术制造业3.9个百分点。

表1-2 2015年国家高新区主要指标及占比

指标	单位	2015年147个高新区	占高新区比重
企业数量	家	38159	44.9%
从业人员	万人	707	40.5%
营业收入	亿元	83037.8	32.2%
工业总产值	亿元	57716.7	30.4%
净利润	亿元	5894.0	35.9%
上缴税额	亿元	3976.1	27.4%
出口总额	亿美元	3105.4	61.4%

二 国家自主创新示范区发展历程与发展成效

2009年，为应对全球金融危机和经济衰退的冲击，国务院提出：要发挥国家高新区在引领高新技术产业发展、支撑地方经济增长中的集聚、辐射和带动作用，并率先批复北京中关村、上海张江和武汉东湖三个高新区建设国家自主创新示范区，翻开了国家高新区向国家自主创新示范区升级发展的新篇章。

（一）国家自主创新示范区的发展历程

截至目前，全国已批复设立17个国家自主创新示范区，在东中西均布局有国家自主创新示范区。其中东部是我国较早设立示范区且数量较多的区域，17个示范区中有超过半数位于东部地区。随着中部武汉东湖示范和西部成都示范区的设立，长株潭、西安、郑洛新、合芜蚌、重庆等示范区也随之建立，中西部区域的创新链条逐渐形成（见表1-3）。

表 1-3　　　　17 个国家自主创新示范区基本情况一览

示范区名称	获批时间	涵盖范围	建设定位
中关村国家自主创新示范区	2009 年 3 月	中关村	具有全球影响力的科技创新中心和高技术产业基地
武汉东湖国家自主创新示范区	2009 年 12 月	东湖	推动资源节约型和环境友好型社会建设、依靠创新驱动发展的典范
上海张江国家自主创新示范区	2011 年 3 月	张江、紫竹	带动上海、长三角区域乃至整个东部地区创新发展的重要引擎
深圳国家自主创新示范区	2014 年 5 月	深圳	具有世界影响力的国际科技创新中心
苏南国家自主创新示范区	2014 年 10 月	南京、苏州、无锡、常州、昆山、江阴、武进、镇江等 8 个高新技术产业开发区和苏州工业园区	具有国际竞争力的产业科技创新中心和创新型经济发展高地
长株潭国家自主创新示范区	2014 年 12 月	长沙、株洲、湘潭	具有全球影响力的"一带一部"创新创业中心
天津国家自主创新示范区	2014 年 12 月	天津滨海	具有国际影响力的产业创新中心和国家区域创新中心
成都国家自主创新示范区	2015 年 6 月	成都	全球有影响力的创新创业中心
西安国家自主创新示范区	2015 年 8 月	西安	"一带一路"创新之都
杭州国家自主创新示范区	2015 年 8 月	杭州、萧山临江	具有全球影响力的"互联网+"创业创新中心
珠三角国家自主创新示范区	2015 年 9 月	广州、珠海、佛山、惠州仲恺、东莞松山湖、中山火炬、江门、肇庆	成为国际一流的创新创业中心
郑洛新国家自主创新示范区	2016 年 4 月	郑州、洛阳、新乡国家高新区	具有国际竞争力的中原创新创业中心
山东半岛国家自主创新示范区	2016 年 4 月	济南、青岛（含青岛西海岸片区）、淄博、潍坊、烟台、威海国家高新技术产业开发区	具有全球影响力的海洋科技创新中心
沈大国家自主创新示范区	2016 年 4 月	沈阳、大连	国家高新技术产业开发区东北亚科技创新创业中心

示范区名称	获批时间	涵盖范围	建设定位
福厦泉国家自主创新示范区	2016 年 6 月	福州、厦门、泉州国家高新技术产业开发区	连接海峡两岸、具有较强产业竞争力和国际影响力的科技创新中心
合芜蚌国家自主创新示范区	2016 年 6 月	合肥、芜湖、蚌埠高新技术产业发区	具有重要影响力的产业创新中心
重庆国家自主创新示范区	2016 年 7 月	重庆高新技术产业开发区	具有重要影响力的西部创新中心

（二）国家自主创新示范区建设成效

经过七年的发展，国家自主创新示范区集聚各地创新资源，新产业、新业态勃发，新动能正在积蓄，创新溢出效应明显，对区域经济以及产业牵引能力日益增强，已成为创新发展、转型升级的重要引擎。

发展速度和效益"双提升"。在新常态下，国家自主创新示范区依然保持着两位数的增长，如武汉东湖、湖南长株潭、四川成都国家自主创新示范区主要经济指标连续数年保持 30% 左右的增速。

大众创新创业深入推进。2015 年，武汉东湖新创办科技型企业 6000家，同比增长 42%，上海张江新创办科技型企业近一万家，同比增长25%。北京中关村"千人计划"入选者占全国 20% 以上，创业投资项目数和金额均占全国 40% 以上。

新产业新业态持续涌现。2015 年，北京中关村聚集了近两万家高新技术企业，现代服务业实现总收入占全区总收入的三分之二以上，下一代互联网等六大优势产业集群和高端装备等四大潜力产业集群实现总收入占全区规模以上企业总收入的 70%。武汉东湖光纤光缆国际市场占有率达25%，光器件国际市场占有率达 12%。上海张江集成电路产业产值占全国的三分之一。

成果转化成效突出。2015 年，全国技术合同成交额达 9835 亿元，同比增长 15%，其中大学和科研机构的成交额达 875 亿元，比"十一五"末增长 121%。比如，中科院上海药物研究所利用自主创新示范区和自贸区政策，2015 年实现新药研发成果转让总额 8 亿元。

成熟政策加速推广。2014 年 12 月，国务院决定将中关村从 2010 年开始推动的 6 项政策推广到全国，而 2013 年开始推动有关税收优惠的"新四条"推广到其他国家自主创新示范区，形成了目前国家自主创新示范区"6+4"政策。根据批复，各自主创新示范区除了享受"6+4"政策外，还可以结合自身特点积极探索，作出示范。一些国家自主创新示范区已在地方率先深入开展市级改革政策创新。武汉东湖则在股权激励和科技成果转化、科技金融、政府采购、财政税收、高层次人才引进、培养和保税区设立方面进行了探索。上海张江示范区大力深化行政审批权下放、投融资体制、集成电路保税产业链、生物医药便利通关改革等试点；深圳出台了全国首个《科技研发资金投入方式改革方案》，率先在全国构建了市、区统一的科技管理信息化系统、项目专员终身责任制等改革措施。其他示范区结合自身的发展，在科技体制改革和创新驱动发展等方面也做出了有益探索。

第三节　国家自主创新示范区建设的重要意义

建设国家自主创新示范区，是党中央、国务院着眼实施创新驱动发展战略作出的一项重要决策。国家自主创新示范区定位为中国改革创新的重要平台、产业升级的撬动点、创新创业的示范区，已经成为各省构建富有活力区域创新体系的重要载体和有效手段。

一　建设国家自主创新示范区是全球大势所趋

20 世纪后半期，全球经济进入创新主导的新经济时代，立足创新要素，是一种基于知识、创意的经济形态，通过专业化人才培养与投入，实现知识创新和积累创造"创新租金"。当前，新一轮科技革命和产业变革蓄势待发，产业跨界融合，产业集群向产业生态升级，催生新的生产方式、产业形态和商业模式。同时，制造全球化向创新全球化、社交全球化深度演进，为后发区域通过高端链接实现跨越发展提供机遇。

二　建设国家自主创新示范区是国家命运所系

创新驱动是实现中国梦的核心支撑，实施创新驱动发展战略决定着中华民族前途命运。我国是世界上最大的制造业国家，同时也是自然资源损耗最严重的国家，单位 GDP 能耗是日本的 7 倍、美国的 6 倍、印度的 6 倍，单位 GDP 污染排放量是发达国家的十几倍。新常态下中国经济转型发展压力增大，我国经济发展要突破瓶颈、解决深层次矛盾和问题，根本出路在于创新，关键是要靠科技力量。同时，中国深入落实四大战略布局、五大发展理念，全面推进供给侧结构性改革，根本动力源还是创新驱动。

三　建设国家自主创新示范区是形势发展所迫

2015 年，中国经济总量连续三年位居世界第二，科技成为重要支撑。统计表明，中国全社会研发支出达 14220 亿元；国际科技论文数量居世界第二位；科技进步贡献率达 55.1%，国家创新能力世界排名提升至第 18 位。中国科技创新正在呈现两个深刻变化，一是由"量"的积累向"质"的飞跃转变；二是由"点"的突破向"面"的提升转变。但是，必须看到，中国创新型国家建设过程中存在不少问题，比如缺乏支持创新经济的法制体系和经济治国思想，需要最高层次的顶层设计；创新要素过于分散，区域创新能力发展不平衡；缺乏具备前瞻性、引领型创新思维的高层次创新创业人才和大批成熟的工程师队伍；创新多靠行政力量推动，产学研用脱节，科技成果转化率低；创新协作意识不强，跨行政区域创新网络形成难度大；共性关键技术突破缺乏制度保障，缺乏原始创新和原创性新兴产业等，阻碍了中国自主创新能力的进一步提高。

四　建设国家自主创新示范区是区域创新协调发展的必然要求

国家自主创新示范区的布局综合考虑多方面因素，除了区位条件、科技实力、发展潜力等必要因素外，还要从全局出发，契合国家战略发展，形成叠加效应，推动我国创新能力的全面提升。总揽国家自主创新示范区的布局，并结合各自主创新示范区的定位，可以看到其中对国家战略的深入考量，希望通过政策的叠加来推动综合性、系统性、联动性的改革和创新。从空间布局来看，17个国家自主创新示范区布局与"一带一路"战略、沿海开发战略、长江经济带、"京津冀"等国家级战略布局高度契合；从发展目标来看，西安自主创新示范区明确提出建立"一带一路"创新之都，上海张江、浙江杭州、苏南、武汉东湖、长株潭、成都等国家自主创新示范区也都强调对接"一带一路"与"长江经济带"发展战略，形成政策叠加效应。中关村作为推动"京津冀协同发展"的创新核心，目前已经与天津滨海新区、宝坻，河北石家庄、唐山、秦皇岛、承德、廊坊、保定等地区建立了战略合作关系。

第二章

郑洛新国家自主创新示范区战略定位

郑洛新三市国土面积 3.09 万平方公里，占全省的 18.5%；常住人口 2177 万人，占全省的 23.1%。郑洛新三市是全省创新资源最集中、创新体系最完备、创新活动最丰富、创新成果最显著的区域，具备示范带动引领河南整体跃升的基础条件。2016 年 3 月 30 日，郑洛新国家自主创新示范区获国务院批复。

第一节　基础条件分析

一　经济总量在全省占据重要地位

2015 年，郑洛新三市生产总值达到 12755.58 亿元，占全省的 34.5%，"十二五"期间年均增速达到 9.1%，其中郑州市 GDP 在全国省会城市中排名第 7 位，洛阳市在中西部地区非省会城市中排名排名第二位。自创区人均生产总值达到 56642 元，高出全省平均水平 17420 元。一般公共预算收入达到 1374.2 亿元，占全省的 45.6%。全社会固定资产投资达到 11913.4 亿元，占全省的 33.4%。消费品零售总额达到 5677.3 亿元，占全省的 36.1%。城镇居民人均可支配收入 18688 元，高出全省平均水平 1563 元。对外贸易能力不断增强，其中郑州市 2015 年进出口总额达到 570.3 亿元，位居全国省会城市第 4 位（见表 2-1）。

表 2-1　　　　　　**2015 年郑洛新自创区三市基本情况一览**

	郑州	洛阳	新乡	全省
面积（平方公里）	15200	15200	8429	162000
总人口（万人）	770	700	607	10722
生产总值（亿元）	7311.52	3469.03	1975.03	37002.16
三产结构	2.1∶49.3∶48.6	6.8∶48.9∶44.3	11.3∶49.8∶39.0	11.38∶48.42∶40.2
一般公共预算收入（亿元）	942.9	286.7	144.6	3016.1
城镇化率（%）	69.7	52.7	49	46.85
规模以上工业主营业务收入（万元）	13587.52	6723.45	5138.78	73365.96
社会固定资产投资（亿元）	6371.72	3576.69	1964.95	35660.34
消费品零售总额（亿元）	3294.71	1605.08	777.51	15740.43
进出口总额（亿美元）	570.3	19.51	10.47	737.81
人均可支配收入（元）	31099	28686	25349	25576

二　产业发展基础雄厚

近年来，郑洛新三市以创新带动创业，以创业推动产业结构调整。截至目前，自创区已经形成以装备制造、新材料、高新技术产业、新兴产业和现代服务业等为支撑的产业体系。其中：

1. 郑州市"五链一体、服务优先"转型升级。以建设国家区域性中心城市为目标，立足"四枢三网四港"交通优势，以大枢纽带动大物流，以大物流带动大产业，实现人流、物流、信息流、资金流等创新要素的流通、聚集，着力打造"1+1+10"制造业体系，电子信息、汽车及装备制造、新材料、节能环保装备等七大主导产业发展迅速。2015 年，郑州市三次产业结构比为 2.06∶49.56∶48.37，服务业占生产总值的比重高出全省 8.9 个百分点。

2. 洛阳市"外引内培、重微共振"转型升级。洛阳市以创新激活老工业，着力引入新资源加速推动产业转型升级。洛阳市机器人与智能装备产业发展迅速，是全省唯一的机器人智能制造基地，主营业务收入年均增速超过30%。拥有中信重工、一拖汇德工装、中航613所等一批重点企业和科研院所，洛阳市矿山装备、农业机械、电气装备、起重机械、轴承、振动机械等产品市场占有率居全国前列，中信重工是全球领先的重型矿山装备供应商和服务商。

3. 新乡市"引脑引智，内生动力"转型升级。依托区内高校集聚优势，积极推进产学研合作，形成特色突出的以生物医药、动力电池为主的新兴产业体系。其中生物制药拥有华兰生物、圣光集团等一批行业龙头企业，产业规模不断壮大，华兰生物是全国最大的血液制品生产基地，人血蛋白、静注丙球、生物核苷酸等产品国内市场占有率居同行业前列。动力电池拥有中航锂电、科隆集团等行业龙头企业，成为全国重要的动力电池生产基地，中航锂电是国内领先的大容量锂离子动力电池制造企业。

三　载体支撑能力强大

郑洛新三市拥有44个省级产业集聚区、42个省级服务业园区（商务中心区和特色商业区）。包括郑州、洛阳、新乡3个国家级高新技术开发区和郑州、洛阳、新乡3个国家级经济技术开发区，巩义市产业集聚区（铝精深加工国家级新型工业化产业示范基地）、洛阳高新区（节能环保装备国家级新型工业化产业示范基地）、洛阳涧西区（军民结合国家级新型工业化产业示范基地），长垣县产业集聚区（起重机械国家级新型工业化产业示范基地）等一批国家级特色专业园区。2015年，产业集聚区规模以上工业企业实现主营业务收入11822.36亿元，占全省的31.1%；完成全社会固定资产投资4173.76亿元，占全省的26.1%。主营业务收入超过百亿元的产业集聚区达到33个，占全省的32.1%（见表2-2）。

表 2-2　　　　　　　郑洛新三市国家级产业基地一览

区域	国家级园区名称、数量	主导产业	2014 年规模以上主营业务收入（亿元）	备　注
郑州	郑州经济技术开发区	汽车装备制造	852.15	
	郑州高新技术产业开发区	新材料生物医药装备制造	386.92	国家创新体系首批 4 个重要战略支点之一
	巩义市产业集聚区	铝精深加工	496.57	铝精深加工国家级新型工业化产业示范基地
洛阳	洛阳高新区（节能环保装备国家级新型工业化产业示范基地）	节能环保装备新材料	308.4	
	洛阳经开区	科技研发信息技术服务外包	112	
	洛阳市涧西区	装备制造信息技术	386.4	军民结合国家级新型工业化产业示范基地
新乡	新乡高新区	高端装备生物新医药现代服务业	423	
	新乡工业产业集聚区	高端装备高科技纺织服装	430	
	长垣县产业集聚区	起重装备防腐材料汽车零部件	450	起重机械国家级新型工业化产业示范基地

四　创新要素高度集聚

郑洛新三市是全省双创资源最集中、双创体系最完备、双创活动最丰富、双创成果最显著的区域。从研发平台看，截至 2015 年年底，郑洛新三市拥有省级以上企业技术中心 923 家，其中国家级 69 家，居全国第 3 位、中部省份第 1 位；省级以上工程实验室（工程研究中心）265 家，其中国家级 22 家；省级工程技术研究中心 660 家；省级以上重点实验室 97 家，其中国家级 8 家；省级以上创新型（试点）

企业 346 家，其中国家级创新型（试点）企业 18 家。从高校院所资源看，郑洛新三市拥有解放军信息工程大学、郑州大学、河南科技大学、河南师范大学等 74 所高等院校，占全省高等院校总数的 58.3%；郑州三磨所、中船重工七一三所和中国空空导弹研究院等 38 家中央驻豫科研机构，占全省的 95%；河南省生产力促进中心、河南省机械设计研究院等 18 家省属转制科研院所。从人才资源看，郑洛新三市拥有国家"千人计划""万人计划"专家、省"中原学者"、郑州"1125 聚才计划"专家等各类科技人才 15.7 万人，占全省的 47.6%。从科研成果和转化看，郑洛新三市先后获得国家科技奖励 38 项，其中国家科技进步一等奖 5 项；申请专利 36148 件，授权专利 19882 件，分别占全省的 57.9% 和 59.6%；拥有各类技术转移机构 67 家，其中引进浙江大学郑州技术转移中心、上海交大中原研究院技术转移中心、西安交大郑州技术转移中心、浙江大学中原技术转移中心等技术转移服务机构。初步形成覆盖自创区的技术服务网络。

五　政策体系比较健全

充分利用郑州、洛阳开展国家创新型城市试点的机遇，立足创新要素流通优势，积极集聚、整合和利用国内外创新资源，完善技术转移转化体系、培育引进新型研发机构，建立完善"高校院所+技术平台+产业基地"创新链条，构建产学研用相结合的创新体系，科技创新对产业转型升级的原动力作用不断增强。郑州市出台科技创新三年行动计划，实施自主创新示范区、科技金融结合试点城市建设、创新创业载体、科技人才队伍建设、高新技术产业园区建设、"十百千万"科技型企业培育、科技创新平台建设、科技服务业发展和知识产权战略等"九大专项行动"。洛阳市出台促进产学研融合发展若干政策措施，加强与中科院、清华大学、浙江大学等合作，建设了中科院自动化研究所（洛阳）机器人与智能装备创新研究院、清华大学洛阳先进制造产业研发基地、洛阳特种材料研究院暨丁文江院士工作站等一批新型研发机构。新乡市围绕建设具有区域影响力的科技创新中心，制定"1+X"科技创新政策体系,推动华兰生物、金龙集团、心连心化肥、华瑞新材料等20余家企业与中科院建立了合作机制,引导新乡航空、豫飞重工、中兵通信、环宇电源等重点企业在北京、上海建立了研发中心。

综上所述,郑洛新国家自主创新示范区的建设,是弥补我省发展短板的重要抓手,是适应经济发展新常态、加快动力转换的重大工程,是河南实施创新驱动发展战略的重大机遇和重要实践。

第二节   内涵和依据分析

《国务院关于同意郑洛新国家高新区建设国家自主创新示范区的批复》将郑洛新国家自主创新示范区定位为"一心四区",即:打造具有国际竞争力的中原创新创业中心,努力把郑洛新国家高新区建设成为开放创新先导区、技术转移集聚区、转型升级引领区、创新创业生态区。

一   打造具有国际竞争力的中原创新创业中心

2014年9月,国务院总理李克强在夏季达沃斯论坛上公开发出"大众创业、万众创新"的号召。2015年中央政府工作报告明确提出推动大众创业、万众创新,将"双创"首次提升到中国经济转型和保增长的"双引擎"的高度。同年7月,李克强总理在国家科技战略座谈会上指出,要依托"互联网+"等新技术新模式构建最广泛的创新平台,鼓励发展众创、众包、众扶、众筹等,使创新资源配置更灵活、更精准,凝聚大众智慧,形成内脑与外脑结合、企业与个人协同的创新格局。2016年5月,中共中央国务院印发《国家创新驱动发展战略纲要》,强调创新驱动是国家命运所系,世界大势所趋,形势发展所迫。把创新驱动发展作为国家的优先战略,以科技创新为核心带动全面创新,以体制机制改革激发创新活力,以高效率的创新体系支撑高水平的创新型国家建设，推动经济社会发展动力根本转换。与此同时，国家更是先后颁发《加快构建大众创业万众创新支撑平台的指导意见》等多项政策文件，在土地、税收、融资、人才等方面给予创新创业重点支持。大众创业、万众创新是新常态下我国经济发展新的"发动机"，对于促进经济持续健康发展将起到重要推动作用。

（一）创新创业是河南经济增长的"倍增器"，发展方式的"转换器"

河南作为农业大省、人口大省，产业结构调整、发展方式转变、增长动力转换一直是全省努力的方向。2014年5月，习近平总书记在河南考察时提出，希望河南围绕加快转变经济发展方式和提高经济整体素质及竞争力，着力打好"四张牌"，即以发展优势产业为主导推进产业结构优化升级，以构建自主创新体系为主导推进创新驱动发展，以强化基础能力建设为主导推进培育发展新优势，以人为核心推进新型城镇化，着力解决好教育、就业、社会保障、医疗卫生等人民群众的切身利益问题，在拓展更大更广发展空间的同时，努力让人民过上更好的生活。因此，河南紧紧围绕习总书记的指示，全面把握"新常态"下的新机遇，让创业创新成为经济增长的"倍增器"、发展方式的"转换器"，支撑河南在更高的平台上实现经济可持续发展，为全国产业转型升级提供经验和启示。

近年来，河南省全力支持创新创业，积极打造制造业提质增效新引擎，支持重点行业、骨干企业建设双创平台，营造鼓励员工开发新技术、新产品、新服务的创新创业环境，促进技术产品创新和经营管理的优化。2015年9月，李克强总理到河南调研，曾是建国初期国家重点项目的洛阳矿山机械厂（中信重工）以创客空间模式建立了5个大工匠工作室和16个工人创客群体，直接参与者达到500多人，并带动4000多名一线工人成长成才。李克强总理对国有大企业的大工匠给予赞扬，并勉励工人创客努力攻克重大装备技术和工艺难题，创出中国制造的金字招牌。同时，李克强总理还明确提出，推动大众创业万众创新形成企业和经济发展新动能，让新型城镇化与农业现代化相辅相成互促共进。随着我省中原经济区、粮食生产核心区、航空港经济综合实验区、自贸区、大数据综合试验区等系列国家战略的实施，河南更需要将科技创新摆在经济社会发展全局的核心位置，加快构建现代产业体系和现代创新体系。

（二）创新创业是河南经济转型的主抓手，是跨越发展的主战场

产业发展，创新驱动。河南经济要实现转型发展、跨越发展，必须坚持以科技创新为引领，加快产业结构优化调整步伐，做到"传统产业新型化、新兴产业规模化"。"十三五"时期，我省进入加快中原崛起河南振兴，全面建成小康社会的重要时期，创建国家自主创新示范区不但是河南实现创新驱动、转型发展过程中的一个重要机遇，更是河南加快转型升级、实现率先发展，建设有河南特色、依靠自主创新推动社会经济又好又快发展的新路子和新模式的客观需要和重大探索。

习近平同志强调指出，国家自主创新示范区要为转变经济发展方式提供支撑，要发挥示范区制度创新的作用，强调示范区要服务国家区域发展战略。这充分体现了建设国家自主创新示范区的战略意图，揭示了国家自主创新示范区建设的主要方向。北京拥有丰富的科教资源，中关村的目标是建成具有全球影响力的科技创新中心；武汉光电子产业特色突出，东湖高新区的目标是打造以"世界光谷"享誉全球的世界一流科技园区。可以看出，国家自主创新示范区都是基于所在城市或区域的发展特色，与国家战略需求紧密结合，各自代表一种发展模式，并且有特定的示范价值。因此，河南省创建国家自主创新示范区，在示范区先行先试的试点框架内，要有独具特色的试点内容，做好国家自主创新示范区创建的顶层设计。

秉承这一历史使命，提出建设具有国际竞争力的中原创新创业中心，可以充分突出河南特色，深挖河南潜力，推动河南在自主创新上力争走在世界前列，示范引领全国类似地区的发展。在"十三五"期间，自创区要全面贯彻落实党的十九大精神，围绕"五位一体"总体布局和"四个全面"战略布局，坚持"创新、协调、绿色、开放、共

享"发展理念,把创新发展摆在发展全局的核心位置,以加速驱动创新创业为重点,以创新政策的先行先试为切入点,以深化体制机制改革为动力,建成具有国际竞争力的中原创新创业中心,为河南率先建成小康社会、让中原更加出彩奠定坚实基础。同时也要把握开放创新发展新趋势,坚持市场导向,以全球视野、开放眼光,配置创新资源要素。突破科技创新壁垒,以更宽广的视野谋划和推动协同创新,推动创新链、人才链、产业链和服务链融合对接,构筑区域自主创新体系,提高区域创新体系整体效能。积极营造有序市场竞争氛围,优化创新创业生态系统,做强"众创空间",激发创新活力,推动大众创业、万众创新。到 2020 年,自创区自主创新能力显著增强、创新型产业集聚发展、创新创业蓬勃发展、创新创业队伍强大、开放创新体系完善。

（三）河南创新创业发展特色突出,基础扎实

近年来,河南认真落实《国家创新驱动发展战略纲要》,大力实施"创新创业、引领中原"行动,全省创新创业活动愈加活跃,规模不断增大,效益显著提高,郑州航空港经济综合实验区、中信重工机械股份有限公司入选国家首批双创示范基地,装备制造、机器人、新材料、生物医药、新能源汽车及动力电池、电子信息等领域的一大批自主创新产品得到全国乃至世界认可,郑洛新自主创新示范区主要的创新产品在国际上的地位不断增强,河南特色、河南品牌已逐渐享誉全球。因此,扎实的创新创业基础,有助于自创区建成世界级别的创新创业中心,进而引进更多创新创业人才进入河南,在河南发展,推动河南创新创业跨越发展的同时,更大幅度地集聚高端创新创业人才来豫发展,形成良性循环。

——装备制造业领域自主创新产品。中信重工 6 米以上大型磨机国内市场占有率达 81%,一拖集团大轮拖市场占有率 30.9%,郑煤机液压支架占中国市场份额约为 22.6%,平原滤清器是中国汽车零部件滤清器行业龙头企业,全球占有率达 23%,豫新空调热交换技术世界领先、国内首位,新航集团汽车转向系统居行业前三位;卫华集团桥

门式起重机、豫飞重工军用起重机全国第一。

——机器人及智能装备领域自主创新产品。洛阳市规划建设机器及智能装备产业园，设立中国科学院自动化研究所（洛阳）机器人与智能装备创新研究院，重点围绕高精度传感器、自动控制系统、伺服和执行部件等关键技术进行创新突破。目前，中信重工消防机器人年销量超过1000台，瑞恒智能成功研发国内首台重型桁架机器人并实现量产。新乡市重点围绕轴承装备、印刷装备等进行智能创新，目前日升公司是轴承装备（数控机床）行业第一；新机公司创新位居数字印刷设备行业前三名。

——新材料领域自主创新产品。郑州是全国唯一的"国家火炬计划超硬材料产业基地"和"超硬材料及制品区域特色国家高新技术产业链"建设基地的核心区域，拥有河南工业大学、国家磨料磨具质量监督检验中心、河南省复合超硬材料及制品工程技术研究中心、耐火材料国家工程研究中心、中硅高科多晶硅工程技术研究中心等。其中：郑州三磨所、郑州华晶超硬材料检验设备市场占有90%以上，国内人造金刚石三大生产企业之一。洛阳双瑞钛合金铸件产品占国内船用钛合金的70%以上，钛合金高尔夫球头占全球高尔夫球头市场三分之一以上。中硅高科国内率先实现千吨级多晶硅生产规模，产量居全国首位。中钢洛耐院荣获国家科学技术进步二等奖、中国耐火材料专业领域唯一的大型综合性研究机构。

——生物医药领域自主创新产品。郑洛新自主创新示范区拥有华兰生物、普莱柯、佐今明、凤凰制药、拓新生化、新乡双鹭、华隆生物、华星药厂、驼人集团等龙头企业，其中华兰生物血液制品、拓新生化生物核苷国内市场占有率第一，华隆生物公司干细胞分离存储技术达到同行业先进水平，驼人集团麻醉包、镇痛泵等产品市场占有率超过20%，普莱柯动物疫苗产品市场份额位居行业前列。

——新能源汽车及动力电池领域自主创新产品。郑洛新自主创新示范区拥有宇通客车、新能电动、中航锂电、科隆集团、河南环宇、中科科技、河南锂动等多家龙头企业，其中宇通客车是世界规模最大、工艺技术条件最先进的大中型客车生产基地，中国客车行业最先进、世界规模最大的新能源客车基地，新能源客车占国内市场30%以上，同时拥有全球领先的整车阴极电泳生产线和具有国际先进水平的底盘车间。中航锂电动力电池新能源汽车车型使用率第一，科隆集团锂电材料年销量国内前三，中科科技锂电池隔膜产品填补国内空白。

——电子信息领域自主创新产品。郑洛新自主创新示范区拥有解放军信息工程大学、洛阳中科信息产业研究院、洛阳中科科技园、洛阳国家863软件孵化器、新乡中电22所等龙头企业，区域内富士康公司是全球最大的电子产业专业制造商、全球最大苹果手机生产基地，汉威电子是中国一卡通领域首家创业板上市公司，新开普是国内最早从事气体传感器研究、生产的厂家之一，国内领先的气体传感器和气体检测仪器仪表企业，国内气体传感器市场占有率60%以上；中航光电、洛阳金诺光电子是国内最大的军民用光电连接器生产企业，占据全国75%的3G市场份额；中部蓝宝石单晶片生产基地、超大规格蓝宝石晶体工艺品填补了多项国内、国际技术空白（见表2-3）。

表2-3　　　　郑洛新自主创新示范区工业龙头企业情况一览

	龙头企业	主要产品国内地位
装备制造	郑州煤机集团、中信重工、一拖集团、中铁装备、平原滤清器、豫新空调、豫北、河南矿山、洛阳LYC轴承	郑煤机液压支架占中国市场份额约为22.6%；世界最大的矿业装备和水泥装备制造商；平原滤清器是中国汽车零部件滤清器行业龙头企业；中信重工6米以上大型磨机国内市场占有率达81%，全球占有率达23%；一拖集团大轮拖市场占有率30.9%；豫新空调热交换技术世界领先，国内首位；新航集团汽车转向系统居行业前三位；卫华集团桥门式起重机、豫飞重工军用起重机全国第一
机器人及智能装备	中信重工、新乡日升、新机创新、一拖汇德工装、中航613所等	中信重工消防机器人年销量超过1000台；新乡日升是轴承装备（数控机床）行业第一；新机创新位居数字印刷设备行业前三名；瑞恒智能成功研发国内首台重型桁架机器人并实现量产

续表

	龙头企业	主要产品国内地位
新材料	河南工业大学、国家磨料磨具质量监督检验中心、河南省复合超硬材料及制品工程技术研究中心；省级技术中心、省级检测化验中心；耐火材料国家工程研究中心、中硅高科多晶硅工程技术研究中心	郑州是全国唯一的"国家火炬计划超硬材料产业基地"和"超硬材料及制品区域特色国家高新技术产业链"建设基地的核心区域；洛阳双瑞钛合金铸件产品占国内船用钛合金的70%以上、钛合金高尔夫球头占全球高尔夫球头市场三分之一以上份额；郑州三磨所、郑州华晶超硬材料检验设备市场占有90%以上，国内人造金刚石三大生产企业之一；中硅高科国内率先实现千吨级多晶硅生产规模，产量居全国首位；中钢洛耐院荣获国家科学技术进步二等奖、中国耐火材料专业领域唯一的大型综合性研究机构
生物医药	华兰生物、普莱柯、佐今明、凤凰制药、拓新生化、新乡双鹭、华隆生物、华星药厂、驼人集团等	华兰生物血液制品、拓新生化生物核苷国内市场占有率第一；华隆生物公司干细胞分离存储技术达到同行业先进水平；驼人集团麻醉包、镇痛泵等产品市场占有率超过20%；普莱柯动物疫苗产品市场份额位居行业前列
新能源汽车及动力电池	宇通客车、新能电动、中航锂电、科隆集团、河南环宇、中科科技、河南锂动等	宇通客车是世界规模最大、工艺技术条件最先进的大中型客车生产基地；中国客车行业最先进、世界规模最大的新能源客车基地，新能源客车占国内市场30%以上；全球领先的整车阴极电泳生产线和具有国际先进水平的底盘车间。中航锂电动力电池新能源汽车车型使用率第一；科隆集团锂电材料年销量国内前三；中科科技锂电池隔膜产品填补国内空白
电子信息	解放军信息工程大学、洛阳中科信息产业研究院、洛阳中科科技园、洛阳国家863软件孵化器、新乡中电22所等	富士康是全球最大的电子产业专业制造商、全球最大苹果手机生产基地；汉威电子是中国一卡通领域首家创业板上市公司；新开普是国内最早从事气体传感器研究、生产的厂家之一，国内领先的气体传感器和气体检测仪器仪表企业，国内气体传感器市场占有率60%以上；中航光电、洛阳金诺光电子是国内最大的军民用光电连接器生产企业，占据全国75%的3G市场份额；中部蓝宝石单晶片生产基地、超大规格蓝宝石晶体工艺品填补了多项国内、国际技术空白

二 建设开放创新先导区

乔布斯说：创新就是把各种事物整合到一起。有创意的人只是看到了一些联系，然后总能看出各种事物之间的联系，再整合形成新的东西，这就是创新。在《国务院关于同意郑洛新国家高新区建设国家自主创新示范区的批复》中提出将郑洛新自主创新示范区建设成为开放创新先导区。这就要求自创区要对内引领国内创新，对外参与全球创新竞争，营造创新创业生态圈，打造创新资源聚集高地，成为全国具有示范和带动作用的区域创新平台，为中西部地区探索依靠开放合作促进创新驱动发展做出示范。

（一）区位交通优越，为建设开放创新先导区奠定了良好的基础

河南省位于天下之中，承东启西，望北向南，贯通全国的铁路、航空、高速公路、电力、电信主干线在此交汇，是我国极其重要的综合性交通枢纽，区位具有举足轻重的位置。随着临空经济、郑欧班列、跨境贸易电子商务试点等快速崛起，河南成为集全球信息、交通、物流、高端制造、结算等一体的新的基地型、枢纽型省份，是中部崛起的领跑者，在推动中部崛起中具有十分重要的节点作用。而自创区更是位于河南省的核心位置，郑州新郑国际机场开通国内外客货航线 143 条，覆盖了除非洲、南美洲以外全球主要经济体，1.5 小时航程可覆盖全国三分之二的主要城市，进入国内大型枢纽机场行列，是国家一类航空口岸，货运航线已通达全球主要货运集散中心，形成了覆盖全球的航空货运网络。随着郑欧班列常态化运行、跨境贸易电子商务试点的加快实施，肉类、药品、汽车等各类口岸及国际陆港功能的不断完善，郑州的交通物流优势更加凸显。同时，米字形高铁建设加速，郑州到北京、上海、武汉等城市的三小时铁路客运交通圈形成，周边城市缩小到两小时。预计到 2020 年河南与周边省份的高速省界出口将比 2015 年翻一番，达到 40 个以上，高速公路里程全国第一。以铁路为基础的米字形高铁，以航空经济为代表的郑州航空港和以高速公路为代表的陆路出口为河南对外开放奠定了良好的基础。

随着河南全面推进开放，将实现由交通大省到开放强省的转变。独特的交通优势为自创区资金、信息等各种生产要素的流动和聚集提供了便利的条件，其建设发展不仅会对自创区的经济发展产生积极的推动作用，还会对周边市级地区、整个中部地区、整个国家的经济产生巨大的辐射作用，并且还在不断增加，打造"开放创新先导区"，

河南优势突出。

（二）创新实力雄厚，有利于示范带动全国开展创新创业

近年来，河南经济始终以一条昂扬向上的轨迹发展着，综合发展水平连续多年稳居全国前五位。良好的经济基础有利于集全省之力，为自创区开展创新示范提供强劲的财力保障，加大自创区国家层面政策的先行先试，积极推进机制体制和政策创新。与此同时，郑州、洛阳、新乡属于老牌的创新示范城市，是国家级创新区的"优等生"，在加快推动创新创业上积累了深厚的经验，"用世界眼光打造开放创新先导区"，突出了郑洛新自主创新示范区引领示范和辐射带动作用，形成可复制、可推广的经验和做法。

——郑州市。郑州是河南省实施创新驱动发展战略的先行区、核心区，具有较好的基础条件和较强的科技实力，是全国首批创新型试点城市、全国科技进步示范城市。特别是在郑州航空港经济综合实验区上升为国家战略的背景下，对推进郑州市先行先试、改革创新，发挥创新资源优势，聚集产业领军人才，引领区域经济结构调整和发展方式转变，具有重要支撑作用；郑州国家高新技术产业开发区在高技术产业发展、创新创业、科技创新体系等方面具有优势；龙子湖高校园区在技术转移、创业孵化等方面具有发展优势，拥有信息安全创新创业综合体、金融智谷创新创业综合体、生物技术创新创业综合体、医药研发创新创业综合体、物联网创新创业综合体，具备了一定的基础条件。

——洛阳市。洛阳是中国（河南）自由贸易试验区的重要组成部分，是全国科技进步先进市、国家知识产权示范城市，是新材料产业国家高技术产业基地、高端装备国家高新技术产业化基地、硅材料及光伏国家高新技术产业化基地；是新中国重点建设的新型工业城市和先进制造业基地，先后荣膺中国制造业名城、国家新材料高技术产业基地等称号。洛阳作为国家重要的科技研发基地，有13家省部级科研院所，各类专业技术人员14万余人，企业科技成果转化率达到85%，是国家创新型试点城市、全国科技进步先进市、国家知识产权

示范城市。洛阳市高新区为 1992 年获批的国家级高新区，其新材料、智能装备制造等特色产业已经形成了规模和示范带动效应。洛阳国家高新区是装备制造（节能环保装备）国家级新型工业化产业示范基地、国家创新型科技园区，洛阳涧西区是军民结合国家级新型工业化产业示范基地。

——新乡市。新乡是全国科技进步先进市、国家知识产权示范城市，是新型电池及材料国家高新技术产业基地、制冷国家高新技术产业化基地、国家火炬计划生物医药特色产业基地、国家火炬计划起重机械特色产业基地。新乡是中西部地区唯一的国家产业集聚集群创新发展综合改革试点城市，是国家新能源材料及电池材料产业区域集聚发展试点城市，新乡国家经开区是国家循环经济示范园区，长垣县产业集聚区是装备制造（起重机械）国家级新型工业化产业示范基地。新乡拥有国家级高新区、国家物理与化学电源产业园，涌现出华兰、金龙、科隆等一大批创新能力较强的企业，被确定为国家科技进步先进城市。新乡高新区为国家级高新区，以绿色环保家电、生物新医药和汽车零部件等为主导产业。

（三）开放活力突显，有利于领跑全国创新创业发展

计熟事定，举必有功。"十二五"时期特别是党的十八大以来，河南省委、省政府立足发展大局和长远谋划推动科技创新，把构建现代创新体系作为"一个载体、四个体系、六大基础"建设的重要内容，突出抓好主体、平台、载体、机制、专项、人才等关键环节，河南省现代创新体系日益完善，科技创新在经济社会发展中的核心地位日益突出，局部领域创新走在全国前列，整体创新水平实现跨越发展，创新型省份建设迈出坚实步伐，创新引领发展的作用不断显现，高端创新资源加速集聚，创新能力显著提升，创新活力日益增强。

——在推动政策创新上。"十三五"时期，河南更是将科技创新摆在经济社会发展全局的核心位置，加快构建现代创新体系，明确提出：以推进双创强化活力根基，以推进全面创新培育动力源泉，抓好主体、平台、载体、机制、专项、人才等关键环节，进一步优化创新

创业环境，打造富有竞争力的区域创新高地，迈进创新型省份。自创区在围绕破除束缚科技创新创业和科技成果转化产业化的体制机制障碍等方面，率先形成创新驱动发展新制度新机制，加大政策先行先试力度。在落实和完善股权激励、收益分配等政策，让创新主体自主决定科研经费使用、成果转移转化，强化政策的配套细化，加大已出台政策的落实和对试点政策的总体评估等"共性"政策试点推广的同时，还在积极探索更多对本区域适用性更强的"个性"政策。鼓励本土企业与大型央企、科研院所、高等院校开展创新合作，突破技术瓶颈，提高创新能力。

——在积极融入"一带一路"建设上。积极推进开放式创新，坚持引进来与走出去相结合，拓展创新合作的深度和广度，发挥后发优势，为中西部科教资源相对短缺的地区探索依靠开放合作促进创新驱动发展做出示范。"十三五"期间，河南进一步加大开放合作，积极吸引集聚国内外科技资源，通过深化改革提高科技资源利用效率。在推进开放式创新上，先后出台了一批有针对性的鼓励技术转移政策，积极承接产业转移的同时，大力推动省外先进适用技术成果和人才向河南转移。在推动自创区加快承接技术转移转化，大力开展科技开放合作时，抓住世界经济深度调整带来的技术、人才流动性增强的机遇，积极开展与发达国家和先进地区的技术合作。鼓励有条件的企业和科研机构"走出去"布局创新网络，增强优势领域的国际竞争力。积极吸引国际学术组织、产业组织等在郑洛新示范区搭建各类创新交流合作平台，创造条件吸引国际知名高等学校在郑洛新示范区创办中外合作的高水平院校，建立国际合作研究中心。支持郑洛新示范区企业参与跨国公司全球研发创新网络，鼓励示范区高校、研发机构及企业开展跨国产业技术研究、高端人才培养以及知识产权共享。依托郑州国家服务外包示范城市，大力承接国际（离岸）服务外包业务。

——在推进城市群创新发展上。加快推进了郑州、洛阳、新乡三市交通体系、生态环保、产业发展、社会保障等一体化进程，继续推进半小时经济圈，构筑郑洛新城市群协同创新的基础。鼓励引导郑州、洛阳、新乡间加强创新要素互通流动，推动区域内高校、科研院所、企业开展跨区域产学研合作、共建创新平台基地，探索跨行政区合作利益分配机制。创新协调推进机制，建立联席会议制度，形成"省统筹、市建设、区域协调，部门协作"的协调推进机制。依托郑州、洛阳丝绸之路主要节点城市辐射带动作用，引导郑洛新示范区全方位融入"一带一路"建设。依托北斗云谷、电子商务产业园，对接郑州航空港经济综合试验区与郑州跨境贸易电子商务服务试点，积极融入"网上丝路"。

——在拓展创新合作的深度和广度上。自创区构建中部区域创新协作体系，强化与武汉东湖国家自主创新示范区、长株潭国家自主创新示范区、南昌高新区、合肥高新区、太原高新区的战略合作，促进区域间产业联盟、关键技术开发、科技成果转移和产业化，实现创新资源互通共享。把郑洛新国家自主创新示范区建设与粮食生产核心区、中原经济区、郑州航空港经济综合实验区国家战略及"一带一路"建设紧密结合起来，依托郑州、洛阳丝绸之路主要节点城市辐射带动作用，引导郑洛新自创区全方位融入"一带一路"建设，同时对接郑州航空港经济综合试验区与郑州跨境贸易电子商务服务试点，积极融入"网上丝绸之路"。

三　建设技术转移集聚区

《国务院关于同意郑洛新国家高新区建设国家自主创新示范区的批复》提出建设技术转移集聚区。即建立健全技术转移转化体系，充分发挥郑洛新的区位和交通枢纽优势，促进创新要素合理流动，形成跨区域、跨领域、跨机构的技术流通新格局。建设技术转移集聚区，需要在推动高新技术产业的发展上抢先布局，以载体建设为引领推动园区集聚创新发展。

——建立健全技术转移体系。建立郑洛新科技成果信息系统，定期发布科技成果包，完善科技成果信息共享机制。建立科技成果转移转化项目库，推广各地方、各部门科技成果在线登记汇交。加强科技成果转移转化服务，努力实现科技成果转移转化供给端与需求端的精准对接。

——支持产学研协同开展科技成果转化。支持郑州大学、洛阳理工学院等高校及科研院所与企业共建研发机构、技术转移机构及技术创新联盟，联合开展技术开发、成果应用等，通过协议定价、挂牌交易等形式实现科技成果市场价值；鼓励高等院校与科研院所通过转让、许可或者作价投资等方式，向企业转移科技成果，鼓励企业探索"研发众包"等技术合作新模式，集社会众智实现开放式创新。

——完善科技成果转移转化多元投入机制。设立郑洛新示范区成果转化专项基金，用于成果转化风险补偿、成果转移转化中介机构运营经费资助等，引导信贷资金、创业投资资金以及各类社会资金支持郑洛新示范区内重点产业科技成果转移转化。强化科技奖励政策的产业化目标导向，建立以创新质量和实际贡献为主要标准的科技奖励评审和激励机制，提高科技奖励评审中产业化绩效权重系数和成果转化类项目的奖励比例，优先奖励在郑洛新示范区内率先成功实现成果转化和产业化，并取得明显经济社会效益的重大科技项目。

四　建设转型升级引领区

《国务院关于同意郑洛新国家高新区建设国家自主创新示范区的批复》提出建设转型升级引领区。即通过促进高端要素集聚，大力培育具有比较优势的战略性新兴产业，利用高新技术改造提升传统优势产业，加快发展现代服务业，加快形成三次产业协调、创新驱动主导、绿色低碳发展的新格局。

（一）转型发展先进制造业，培育具有比较优势的战略性新兴产业

自 2015 年起，我国明确提出加快推动供给侧结构性改革，《中国制造 2025 河南行动纲要》出台，指出要加速智能制造渗透，实现制造大省向制造强省的历史性跨越。瞄准技术前沿，把握产业变革方向，围绕郑洛新自创区战略布局，从技术链、价值链和产业链出发，

着力发展高端装备制造、电子信息、新材料、新能源、生物医药等新兴产业，推动新兴产业链创新链快速发展，加速形成全国有影响力的特色新兴产业集群。

（二）改造提升传统产业，全力推动供给侧结构性改革

着眼技术改造、装备升级、品牌质量提升，应用新技术、新工艺、新材料，改造提升郑洛新装备制造、新材料产业等优势产业，推进传统产业创新转型。依托自创区盾构及掘进技术国家重点实验室、超硬材料模具国家重点实验室等创新平台，突破传统产业关键技术，促进产业转型升级。深入推进传统产业供给侧改革，重点放在去产能、去库存、去杠杆、降成本、补短板。

（三）加快服务业转型升级，建设现代服务业强省

实施郑洛新自创区三年服务业行动计划，大力发展工业设计和创意、商务咨询、法律会计服务等生产性服务业，推动生产性服务业向专业化和高端化发展。推动生活性服务业向高品质和定制化转变。到2020年服务业占示范区生产总值的比重达到50%以上。

（四）大力发展现代农业，做优做大农业品牌

河南是农业大省，粮食产量全国第二，粮食总产量占全国总产量的10%，小麦总产量占全国的四分之一，河南省粮食转化能力在全国处于领先，食品加工业已经成为河南的支柱产业。务农重本，国之大纲。农业是一个国家和地区发展富强的重要推动力之一，既是基础性产业，也是战略性产业，既是稳增长的基石，也是潜力大、前景好的产业。河南身担中华大粮仓的使命，其农业品牌是我国现代化大农业建设的示范与标杆。因此，我省农业创新发展，对促进经济社会健康发展和保持大局稳定发挥了至关重要的作用。随着国家粮食核心区战略的实施，河南农业及上下游相关的食品加工、冷链物流等产业发展迅速，正在加速由传统农业向现代农业，由种植（养殖）农业向观光农业、体验农业转变。加快推动农业创新发展，有利于为全国农业转型发展提供示范，进而带动全国类似地区的农业发展，实现农业增效、农民增收。因此，打造开放创新先导区，通过结合全省农业产业

发展实际，找准突破口和着力点，重点聚焦、重点谋划、重点推进，盯住深加工、盯住效益、盯住市场，大力推进农业产业化，推进一二三产业融合发展，拉长产业链条，做深价值链，做优品牌产品，提高综合效益，加快转变农业发展方式。

（五）"互联网+"优先，创新发展互联网经济

持续扩容郑州国家互联网骨干直联点省际出口和国际出口，建设阿里巴巴云计算中心、IBM郑州数据中心，为郑洛新自创区互联网经济发展提供技术支撑。推动物联网、云计算与传统产业结合，加快推进基于互联网的商业模式、服务模式及供应链、物流链等各类创新，培育发展新产业、新业态、新模式，打造郑洛新自创区新的产业增长点。依托"互联网+"推进三产融合发展，培育融合主体、创新融合方式，建立多形式利益联结机制，全力推动产业转型升级。

五　建设创新创业生态区

《国务院关于同意郑洛新国家高新区建设国家自主创新示范区的批复》提出建设创新创业生态区。即通过完善技术创新服务体系，加快建设科技企业孵化器、众创空间等各类创新创业载体，大力发展科技金融，努力打造创新要素集聚、创业载体丰富、创业服务专业、创新资源开放的创新创业生态体系，不断壮大科技型中小企业群体，形成创新要素集聚、创业载体丰富、创业服务专业、创新资源开放的创新创业生态体系。

（一）打造创新创业服务链

通过运营与创新创业相关的知识流、资金流、人才流、信息流等流动性资源，推动高端创新创业要素向郑洛新自创区聚集，培育形成从项目初选到产业化的完整创新创业服务链，为不同业态、不同发展阶段的企业提供高效、专业、全面的服务。

（二）加快构建创新创业支撑平台

在郑洛新自创区内积极引进创新工场、创客咖啡等新型孵化器，鼓励支持各类线上虚拟众创空间发展。鼓励示范区内企业借助互联网

等手段，开展研发创意、制造运维、生活服务等众包，最大限度集聚社会智慧与力量，开拓集智创新、便捷创业、灵活就业的新途径。在自创区内积极推动社会公共众扶、企业分享众扶与公众互助众扶，共同帮助初创企业和小微企业成长。积极稳妥推进实物众筹、股权众筹和网络借贷，拓展创新创业投融资新渠道。

（三）强化人才支撑

着眼郑洛新示范区发展需求，以"高精尖"人才队伍建设为重点，加强人才的引进培育和使用，加强院士工作站、博士后科研工作站、海外高层次人才创业园建设。建立人才流动机制，提高社会横向和纵向流动性，促进人才在郑洛新示范区内有序自由流动。创新人才激励机制，鼓励建立技术、专利等多种要素参与的收入分配方式，加强对科研人员的股权、期权、分红激励，支持科研人员兼职和离岗转化科技成果，激发科研人员创新创业活力。

第三章

郑洛新国家自主创新示范区发展路径

经过长期积淀和发展，郑洛新区域实现了创新要素、创新主体、创新载体的集聚和提升，形成了区域创新发展的路径依赖。当前及未来一个时期，随着外部竞争环境日益激烈以及区域经济转型升级的深入推进，推动郑洛新创新发展路径更新转换，推动创新发展至关重要。

第一节　郑洛新国家自主创新示范区
创新路径演化与存在问题

一　创新发展路径演化历程

郑洛新自创区区域创新发展路径经过路径生成、路径强化阶段后，目前已经步入了路径依赖较强的发展时期，面临着路径锁定的发展风险，迫切需要转入路径更新转换的新阶段。

（一）路径生成阶段

郑洛新自创区创新路径生成最早可以追溯到"三线建设"时期。郑州、洛阳、新乡都是国家"三线建设"的重要布局城市，技术创新要素沉淀在这个时候已经形成。其中在"一五"时期国家投资建设的156个重大项目中，有7个安排在郑州和洛阳，并配套布局建设了多个国家级科研院所，实现了从科研到生产的紧密联系；之后国家又相继在郑州、洛阳、新乡建设了一大批工业项目和部级科研院所，形成了雄厚的工业基础和人才、技术储备，促进了区域创新发展路径生成。洛阳矿山机械厂（今中信重工）、洛阳工学院（今河南科技大学）、洛阳有色金属设计院、郑州三磨所、新乡新太行等企业和科研院所都在这一时期建立，并成为行业技术创新的策源地，推动了行业的裂变和规模的壮大。

（二）路径强化阶段

按照要素集聚、完善创新体系、发展高新技术产业的要求，20世纪90年代，郑州、洛阳、新乡相继建设高新技术开发区，步入了创新路径强化的阶段。其中，郑州高新区始建于1988年，1991年国务院批准为国家级高新技术产业开发区；洛阳高新区成立于1992年，是经国务院批准的53个国家级高新技术产业开发区之一；新乡高新区始建于1992年，1994年省政府批准为省级开发区，2012年升级为国家级高新区。三个高新区以及其他园区的建立，推动区域进入了要素集聚和产业集聚的发展阶段，在一定程度上强化了创新发展的路径。

（三）路径锁定阶段

近些年，郑洛新高新区发展更多依靠的是政策相对优惠的红利、固定资产投资的拉动、周边地区劳动力成本优势、区域消费市场优势等推动发展的阶段，区域内创新要素集聚发展相对缓慢，包括创新性人才、支持创业的风投资金和产业基金、企业以及研发机构创新主体建设等等，区域真正通过技术创新特别是原始自主创新的发展还比较少，而且技术创新更多依赖的是引进技术、模仿创新、集成创新，自主创新能力还比较弱。总体上看，郑洛新区域技术创新陷入了"技术引进→技术升级→技术落后→再引进"的封闭循环路径，导致了区域技术变迁的路径锁定，区域创新能力无法实现质的提升。

（四）路径更新转换阶段

当前，区域传统动能已经弱化，可以说，郑洛新产业发展和创新能力发展已经进入了加快破除路径依赖、解除路径锁定、更新发展路径的新阶段，迫切需要进行创新模式的路径转化（见图3-1）。

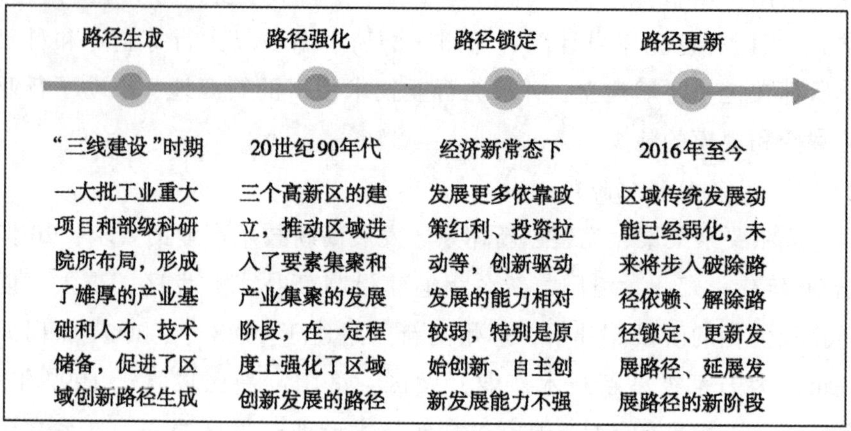

图 3-1   郑洛新国家自主创新示范区创新发展路径演化历程

二   创新发展路径转换存在问题

近年来，郑洛新区域自主创新能力取得了显著的提升，但在路径更新转换方面也还面临一些突出矛盾和问题，主要表现在以下几个方面。

(一) 创新人才匮乏

区域技术创新能力的提升在很大程度上取决于人力资本的积累和存量。新经济增长理论认为，技术进步取决于人力资本建设的水平，在人力资本较强的溢出效应下，使经济呈现规模收益递增的发展态势（Paul M. Romer，1986；Lucas，1988）。郑洛新区域人力资本培育、集聚、沉淀能力相对较弱，对自主创新能力的提升作用亟待加强，构建依靠人力资本发展的自主创新发展路径还面临较大困难。一是人才培育能力弱，郑洛新区域知名高校较少、"双一流"学科建设不足，区域内"双一流"学科数量与其他 16 个示范区所在城市相比差距显著；二是人才集聚能力弱，愿意到郑洛新发展的高层次人才较少，区域创新环境和人才发展环境有待进一步优化，对人才的吸引能力亟待加强；三是人才沉淀能力弱，郑洛新区域高校数量在全省各地市中较多，但人才流失严重，在区域内沉淀下来的高科技人才较少。与其他国家自主创新示范区相比，郑洛新在科技活动人员数量、大专以上学历人才数量、中高级职称人员数量等方面还存在一定差距，特别是与周边的武汉、西安相比还存在较大差距，在区域创新要素集聚方面的能力还亟待提升（见表3-1）。

表3-1　　　　　国家自主创新示范区科技创新人员情况

序号	示范区	科技活动人员	大专以上	中高级职称	留学归国人员
1	北京中关村	433410	1462494	345576	21521
2	武汉东湖	125807	305771	93642	2668
3	上海张江	241391	523758	96557	9877
4	深圳	128162	304392	29866	2312
5	苏南（南京）	54331	109108	23375	1658
6	天津	62850	241908	39296	3722
7	长株潭（长沙）	59643	131483	28534	1583
8	成都	78602	212579	42524	9053
9	西安	101479	276585	115354	3769
10	杭州	74665	181991	25427	1976
11	珠三角（广州）	116642	298308	54825	3048
12	郑洛新（郑州）	81805	150033	29164	2834
13	山东半岛（济南）	38514	152226	33679	679
14	沈大（大连）	39476	135144	40669	4721
15	福厦泉（厦门）	23650	73163	24064	883
16	合芜蚌（合肥）	57582	108944	26214	4331
17	重庆	25753	79696	24490	1827
	郑洛新位次	7	11	11	8

（二）创新投入不足

技术创新由于自身高投入、高风险的特点，需要多层次的资本供给体系支撑。目前，河南省研发经费投入强度和研发人员投入强度仍然较低，现有的投融资体系还不健全，资金支持自主创新的力度还有待进一步提升，中小企业尤其是中小科技型企业融资难、融资贵的问题依然较为突出。2015 年，河南省 R&D/GDP 仅为 1.19%，低于全国平均水平近 1 个百分点；郑州市 R&D/GDP 为 2%，低于全国平均水平近 0.1 个百分点；而同期北京、深圳已经达到 4%，武汉、杭州已经达到 3%。从各自主创新示范区 R&D 经费内部支出水平来看（见图 3-2），郑州、洛阳、新乡高新区总体处于中下游水平，科技研发投入有待进一步提升。

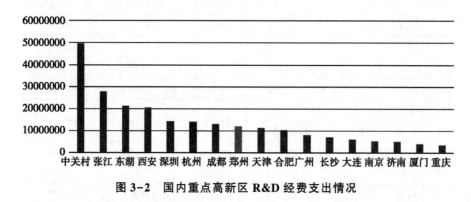

图 3-2 国内重点高新区 R&D 经费支出情况

（三）创新主体能力不强

企业是技术创新的主体，从发达国家和地区实践经验看，80% 左右的技术创新是在企业完成的，对经济发展起决定性作用的技术几乎全部来自企业。总体上看，郑洛新区域企业技术创新能力总体上还比较弱，企业经营活动多集中在中低端环节，科技含量和附加值较低，市场竞争力相对较弱，部分核心关键技术受制于人，制约了高新技术产业的发展和传统优势产业的转型升级。从各示范区重点高新区高新技术企业数量情况看，郑州高新区高新技术企业数量为 148 家，占园区入驻企业数量比重的 16.9%，在各示范区重点园区中均处于后列（见图 3-3）。

（四）技术转换能力不强

郑洛新三地虽然集聚了全省多数的科研院所和创新载体，但产学研合作深度不够，企业孵化水平和规模较低。与全国其他示范区相比，郑洛新国家级工程技术中心、国家实验室等国家级科研载体平台不足，国

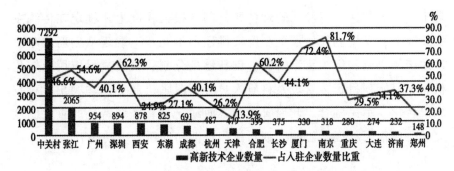

图 3-3　国内重点高新区高新技术企业数量及占比情况

家级孵化器发展滞后，创新创业活力不足，技术转化能力不强。在技术创新收入上，在全国 17 个国家自主创新示范区重点高新区中，郑州高新区的技术收入规模为 451 亿元，占营业收入比重 11.9%，在 17 个选取的高新区中分别位居第 12 位和第 11 位（见图 3-4）。

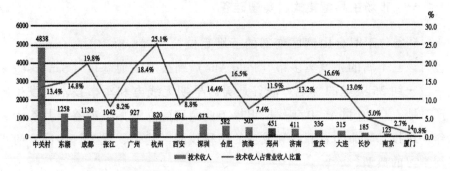

图 3-4　国内重点高新区技术收入及占园区营业收入情况

（五）体制机制问题

技术创新、制度创新、产业创新具有内在统一与内在相关性，只有其中一种创新而没有另外两种创新的经济增长呈现出显著的边际递减性。[①] 研究和实践也表明，一个国家和地区高新技术产业发展得好坏及快慢，关键在于是否建立了有利于创新的制度。[②] 目前，郑洛新

---

① 王艾青：《技术创新、制度创新与产业创新的关系分析》，《当代经济研究》2005 年第 8 期。
② 吴敬琏：《制度重于技术——论发展我国高新技术产业》，《经济社会体制比较》1999 年第 5 期。

自主创新示范区现行经济管理体制机制在很大程度上还锁定在传统发展路径上，支持创新发展的制度安排还不尽完善，缺乏从创新战略出发的统筹协调和组织决策机制，创新链条分割、科技成果应用及转化机制、科研项目资金管理及科研人员考核激励机制等问题突出，科技成果转化、军民融合、政府管理等方面缺乏具有区域特色的重大制度突破，在很大程度上影响了创新的积极性和创新效率的提升。

第二节　国外典型区域发展路径模式与借鉴

国外在自主创新和科技园区建设方面取得了显著的成绩及经验，为郑洛新自主创新示范区建设提供了参考借鉴。

一　市场主导型模式：美国硅谷

硅谷位于旧金山湾区南部的圣塔克拉拉县（Santa Clara County），包含该县下属的帕罗奥多市（Palo Alto）到县府圣何塞市（San Jose）一段长约 25 英里的谷地。硅谷是美国早期无线电和军事技术研发生产基地，自 20 世纪 50 年代斯坦福工业园区建立开始，硅谷以其每十年一次技术革命的发源地和成功的高科技园区代表，成为许多国家纷纷学习的典型。

（一）演化历程

美国硅谷建设发展有着百年的演化发展历史。一个世纪之前，这里是一片果园和葡萄园。1909 年，美国第一个有固定节目时间的广播电台在圣何塞诞生；1933 年，森尼维尔（Sunnyvale）空军基地（墨菲飞机场）成为美国海军飞艇的基地，在基地周围开始出现一些为海军服务的技术公司。二战结束后，美国大学回流的学生骤增。为满足财务需求，同时给毕业生提供就业机会，斯坦福大学采纳 Frederick Terman 的建议开辟工业园，允许高技术公司租用作为办公用地。最早入驻的公司是 20 世纪 30 年代由斯坦福毕业生创办的瓦里安公司

（Varian Associates），惠普公司也是此期间最成功的例子之一。20 世纪 50 年代及以前，硅谷以发展军事技术为主。战争使得电子产品需求增加，硅谷企业直接从中受益。20 世纪 50 年代后，硅谷企业在国防经费的支持下建立起科技基础设施和相关的支持机构，企业争相发展科技，区域科技能力逐步提升。

20 世纪 60 年代，半导体技术及产业成为当时成长最快的产业之一，在硅谷诞生了 Intel、National Semiconductor 等一批科技型企业。20 世纪 70 年代，这一时期代表性产业为 PC 及局域网络（LAN）产业，代表性企业有 Apple、Sun Microsystems、Silicon Graphics 等。

20 世纪 80 年代，软件技术与产品重要性日增，软件设计逐渐成为硅谷发展的重要产业之一。20 世纪 90 年代，互联网产业逐渐兴起并呈现高速成长态势，代表性企业有 3Com、Cisco、Netscape、Yahoo、eBay、Google 等。

2000 年至今，硅谷的代表性产业为移动通信、生物科技（Biotech）与纳米科技（Nanotech），代表性厂商如 Salesforce、Nanostellar 等。2000 年硅谷 GDP 超过 3000 亿美元，占美国全国的 3% 左右。2004 年，硅谷共获准 9060 项专利，占加利福尼亚州的 47%，占美国专利授权总数的 11%。2005 年，硅谷的风险投资额占美国风险投资额总量的 26%。在经济全球化的推动下，硅谷通过吸引全球资金、技术、人才，形成了与全球经济高度互动的发展模式。到 2006 年以后清洁技术（Clean Tech）等新兴产业也成为硅谷发展的重点（见图 3-5）。

（二）经验借鉴

美国硅谷区域创新和产业发展为国家自主创新示范区建设提供了良好的经验借鉴，主要有以下几个方面。

高度的市场化运作与必要的政府引导支持有机结合，为硅谷的发展提供了适宜的外部环境。硅谷的形成和发展是市场化的产物，企业通过市场化运作实现自主创新的高技术成果产业化。政府很少直接介入，而是通过制定各种适当有效的政策措施和完善法律制度来推动硅

1900—1945年	1950年代	1960—1970年代	1980—1990年代	2000年至今
美国早期无线电和军事技术研发基地。1909年，美国第一个有固定节目时间的广播电台在圣何塞诞生；1933年，成为美国海军飞艇的基地，在周围开始出现一些为海军服务的技术型公司	"二战"结束后，美国的大学回流的学生骤增，为给毕业生提供更多的就业机会，美国斯坦福大学建立斯坦福工业园区，允许高技术公司租用为办公用地，惠普公司是最成功的例子之一	20世纪60年代，半导体技术推动区域半导体产业快速发展，Intel等一大批公司诞生；1970年代，PC及局域网络（LAN）技术及产业快速发展，产生了苹果、太阳微系统等一批科技公司	软件和互联网服务产业快速发展。80年代，软件技术与产品重要性日增并逐渐成为硅谷发展的重要产业；90年代网络产业兴起并实现快速发展，思科、雅虎、Google等高科技公司诞生	以移动通信、生物科技与纳米科技等为代表的技术和产业快速发展，并成为硅谷新的创新增长点；到2006年以后，以清洁技术等为代表的新兴产业发展壮大，成为硅谷发展的新的重点

图 3-5　美国硅谷发展演变历程

谷企业的成长，包括为新成立的企业免费（或只收少量租金）提供临时工作场所，为企业家免费提供培训，制定法律允许大学、研究机构、非营利机构和小企业拥有联邦资助发明的知识产权等。在发展初期，政府采购对硅谷高新技术产业发展尤其是新兴产业发展起到极大的促进作用，之后政府通过加大研发投入力度等政策促进硅谷技术发展，地方政府通过担保、税收等政策支持中小企业发展。

完善的人才流动机制和途径，促进海内外科技人才顺畅地向区域集聚。美国硅谷建立了面向全球一体化的科技人才流动机制，将其科技人力资本和科技人力资源的积累置于全球一体化考虑，吸引世界各国一流的科技创新人才自由地向美国硅谷集聚。在海外科技人才中发展中国家最多：美国硅谷的亚裔员工中，华裔占51%、印度裔占23%、越南裔占13%、菲律宾裔占6%、日本裔占4%、韩裔占3%。其中，华裔和印度裔创办的高科技创业企业占到美国硅谷企业总数的23%。硅谷完善的人才流动机制表现在如下三个方面：一是美国硅谷内新企业之间的人才流动机制。20世纪60和70年代，人才在美国硅谷新企业之间的流动已内化为美国硅谷的一种生活方式。二是美国硅谷与周边大学和研究机构人才的充分流动机制。以美国硅谷与近邻的斯坦福大学人才合作和流动机制为例：一方面，美国硅谷新企业发展对斯坦福大学教学和科研模式提出新的挑战，急切要求斯坦福大学在教育内容和教育模式方面适应美国硅谷新企业发展和管理的新要求；另一方面，斯坦福大学也改变了学校教学和科研人员的管理模式，如允许教员和研究人员每周有一天到美国硅谷公司兼职，甚至允许其有1—2年的时间离职创业。与此同时，学校鼓励他们在校发明创造，获得知识产权及收益，应用性成果在一年之内未向企业转移的，发明者可自主向企业转让，学校一般不再收取回报。三是形成了吸引世界其他各国一流科技人才硅谷创业的良好机制。

组建孵化器，缩短起步周期和创业周期。美国各级政府出资组建了500多家高新技术企业孵化器。这些"孵化器"以帮助高新技术企业特别是高科技开发人员为己任，通过为高新技术企业创业者提供低租金办公场所、秘书、通信设施、计算机和技术、法律、管理知识咨询等多种形式服务与支持以及"孵化"其生长的风险资金，试图把高新技术、人才、资金、资源和企业家才能有机结合起来。据统计，在美国500家企业孵化器中，经"孵化"的高新技术企业的成功率为75%，是未经"孵化"高新技术企业的成功率的3倍。实践证明，"孵化器"是提高高新技术企业"临界规模质量"的有效途径，是提高高新区高新技术企业"集聚规模"和"集聚能力"的必由之路，也是强化高新区整体形象设计和实践的可行策略。美国硅谷形成的高科技企业涌现现象与其孵化功能水平高度密切相关。

提高人才开发水平，为海外科技人才创业提供扶持。由于美国硅谷有跨国公司的人才支撑，同时形成了完善的高层次人才流动机制，因此硅谷企业很容易吸引到国际一流的营销专家。从这种意义上讲，高新区建设成功的关键，不在于各种比较优势的简单集中和放大，而是一种创新的文化和机制，一种能促进科技创新人才特别是海外科技人才流动、创业制度条件创新和完善的过程。因此，高新区成功的本质是形成科技创新人才资源高地的制度和机制，成功的关键在于对其所需要的科技创新人才的吸引。美国硅谷可以说是世界上最先进的人才集聚区域，目前美国硅谷共有40多个诺贝尔奖获得者，有上千个科学院和工程院院士。早在 1989 年，美国硅谷就聚集了约 33 万名高层次科技人才，其中自然科学家和工学博士有 6000 多名。

发展风险投资，为科技创业提供"天使资金"。这在发达国家都有成功的政策操作实践，硅谷人才科技水平的世界领先，与其风险投资的发达是密切相关的。据统计，美国硅谷的风险投资超过了美国的三分之一，1998 年美国硅谷的风险投资总额为 412 亿美元，占地区 GDP 的 2%，年均增长 276%。其中 90% 投入到了通信、软件、电子、生物技术等产业。目前美国硅谷的风险投资公司有 200 多家。同时，纳斯达克股票市场为美国硅谷创业公司创造了上市融资的有利条件，并为美国硅谷的风险投资提供了退出渠道。美国麻省理工学院安德森强调，"风险投资是新经济，没有风险投资就没有新经济"。美国全国风险资本协会进行的一次调查显示，1999 年在美国上市企业中，有一半企业是受风险投资资助的。

引导和扶持海外科技人才创办中小型科技企业，为区域创新注入发展活力。美国为了扶持中小型科技企业发展，在税收和贷款、技术发明等方面提供扶持帮助。为了加快中小型科技企业生成和成长，美国近年来也调整科技政策，实施了小企业技术创新计划（SBIR），在建立技术转让机构和网络上大做文章，加快高新技术成果向中小型科技企业市场化和产业化转化的速度和规模。美国的国家实验室、大学、工业研究机构都建立了不同规模的技术转让机构，并有专职人员负责与工业企业签订合作研究与开发协议。美国 1982 年颁布的《小企业技术创新法案》规定各部门将 1% 的预算费用用于小企业的 R&D 相关的技术创新活动。1992 年初美国在联邦技术转让法案中增加了国家实验室与私营企业合作研究与开发的有关规定，鼓励国家实验室向私营企业转让高新技术。高新技术转移机制和法规的建立完善，促进了高新技术市场的形成，大大促进了高新区中小高科技企业的成长。科技型小企业持续成长机制不仅为美国就业和社会稳定做出了重要贡献，而且为世界高层次人才在美国集聚提供了有效载体，促进了美国自主创新能力国际领先地位的巩固。

二　政府引导型模式：印度班加罗尔科技园

班加罗尔位于印度南部，是卡纳塔克邦（Karnataka State）的首府。班加罗尔科技园发展历史并不长，1990 年印度电子工业部批准成立 3 个软件科技园区（Soft Technology Park，简称 STP）：班加罗尔（Bengaluru）、浦那（Pone）和布巴内斯瓦尔（Bhubaneswar），被称为"IT 金三角"（见图 3-6）。经过 20 多年的建设发展，班加罗尔科技园已经远远领先于其他两个软件科技园区。在班加罗尔周围，有印度理工大学、班加罗尔大学、农业科学大学、航空学院等 10 所综合大学和 70 所技术学院的技术支撑，每年培养 1.8 万名电脑工程师；在班加罗尔经营高科技行业的企业 4500 多家，其中有外资参与经营的企业就有 1000 多家（包括我国的华为技术有限公司）。如今的班加罗

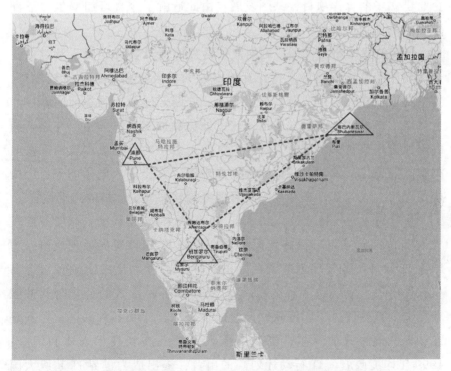

图 3-6　印度班加罗尔、浦那、布巴内斯瓦尔软件科技园位置

尔被称为全球第五大信息科技中心，拥有"亚洲的硅谷"的美誉。印度班加罗尔科技园的成功有以下几个方面值得借鉴：

注重人力资源的培养和积累。印度政府从 20 世纪 50 年代开始到 80 年代，用了 40 年的时间建立起了世界第四大教育体系，其教育成就以数学、计算机和通信领域最为突出。到了 20 世纪 90 年代，包括 6 所著名理工大学在内的印度 200 多所工学院，每年能培养出约 20 多万名软件技术人员。到 1998 年时，印度的软件产业技术人才在世界上已明显占有数量上的优势。此外，自独立以来，印度同欧美国家的市场联系和交流从未中断，印度政府自 20 世纪 60 年代开启的鼓励到发达国家的留学政策，为印度 IT 产业发展提供了有力帮助；同时，班加罗尔分别与美、中、日、以色列等国签署大量技术开发合作计划，如班加罗尔科技园中最著名的软件企业 Infosys 与微软、IBM、Intel 等企业建立多个合作项目，共图发展，由此造就了今日班加罗尔"亚洲硅谷"的地位。

合理的战略路径设计。班加罗尔科技园能从实际出发，及时抓住全球软件产业转移趋势，充分发挥本地软件人才和语言的比较优势，集中发展软件外包这一新兴产业业态，并制定适合本国本地的软件产业战略，即将软件产业发展定位在以外包和加工出口为主，并逐渐向高附加值环节转移。目前，园区内企业正由早期的低成本软件开发向高智能信息化开发转移，价值链逐步升级，逐步进入电子商务、无线应用程序、嵌入软件和客户关系管理编写软件等价值链的高端位置。

政府的大力扶持政策。20 世纪 80 年代末 90 年代初，印度开启较大规模的 IT 产业基础设施建设并全力推行 IT 软件发展系列政策，为印度 IT 软件产业发展创造了良好条件。1986 年印度政府颁布《计算机软件出口、发展和培训政策》，广泛鼓励各种形式的合作与软件职业培训，直接促进了印度软件产业的合资、合作和各种联盟，尤其是在知识密集的班加罗尔，更是不惜大力投入高新技术人才和资金；1999 年印度政府《IT 行动计划》的出台，提出成为世界 IT 超级大国的目标，更是带动和保证了班加罗尔科技园的巨大发展。此外，政府为了鼓励社会与科研机构合作，还以优惠价格提供厂房、办公楼、水、电、气和通信等基础设施。

产学研合作紧密。印度高校都设有董事会，董事会里有很多大公司的成员反映企业要求，教师队伍中也有不少来自第一线的专家，教学内容与企业的需求和实践联系十分密切。与此同时，班加罗尔地区的大学也积极鼓励和支持高校师生到该科技园中从事创新、创业活动。这种双向互动的模式，不仅实现了人才合理流动，也逐步形成了班加罗尔科技园良好的自我发展能力和良性循环机制，从而使产学研的合作更加密切。

完善的内部规范体系。在班加罗尔科技园内部，除了各项硬性的和强制性的规范制度外，诚信守约是各个软件企业间互相合作、共同开发软件项目所遵守的最起码的游戏规则，"追求卓越"的职业精神也成为一个基本的工作原则，这些非强制性的规范被班加罗尔的软件工程师奉若神明，在无形之中激励或者约束着人们的行为方式和人际关系，使之趋向合作和信任，提高其区域竞争力。

三　社团推动型模式：法国索菲亚·安蒂波利斯科技园

索菲亚·安蒂波利斯科技园（Sophia Antipolis Science Park，简称 SASP）位于法国东南部滨海阿尔卑斯省（Alpes-Maritimes）的尼斯城附近，距离尼斯城区16公里。园区占地2300多公顷，分布于5个市镇，入驻企业1100多个（其中外资企业占十分之一），创造就业岗位2万多个。在法国40多个高科技园区中，索菲亚园区是创办最早、规模最大、也是最有影响的一个，与英国剑桥科技区、芬兰赫尔辛基高科技区并称欧洲三大科技园区，已发展为欧洲的"电信谷"。

（一）演化路径

索菲亚·安蒂波利斯科技园创办较早，理念也比较先进，但其成长为世界瞩目的"电信谷"，却经历了一段较长时间的功能演变与升级、资源积累与转化的过程，大体可分为三个阶段，每一阶段园区均发展形成了不同的形态、功能及产业特点。总体来讲，园区是由国立

巴黎矿业大学、协会（电信谷协会）和各类企业俱乐部协同推进方式
发展的，经历了从高技术中心到国际化科技园区、再到全球知名高科
技产业新城的演变，同时也实现了从外部驱动型向内生增长型产业集
群的进化（见图 3-7）。

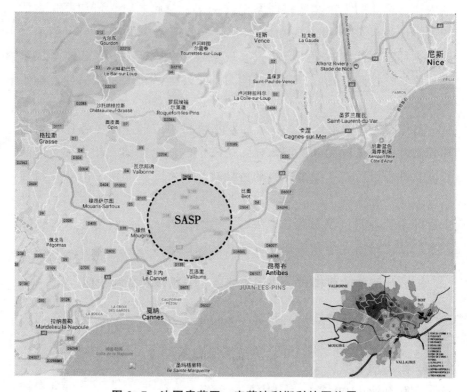

图 3-7 法国索菲亚·安蒂波利斯科技园位置

　　建设起步期（20 世纪 60 年代）。20 世纪 60 年代，硅谷高科技产
业发展模式引发世界关注和借鉴。时任法国国立巴黎矿业大学校长兼
参议院的皮埃尔·拉菲特提出构建国际性科技园的构想，并确定选址
在尼斯城附近。1969 年索菲亚·安蒂波利斯协会的成立宣告了园区正
式开始建设。园区最初规模较小，初始占地仅 126 公顷，且一期仅开
发了 45 公顷，由于仍处在开发阶段，入驻的仅有 IBM、得州仪器的
研发中心和巴黎矿业学院的若干实验室。

创新资源集聚期（1970—1990 年）。从资源禀赋的角度来看，索菲亚·安蒂波利斯地区的科技和基础几乎是空白，除了尼斯大学外，周围没有其他高校和工业，缺乏起始的产业基础和学术氛围。因此，SASP 早期发展阶段的基本特征是外向型发展，其主要任务是以多种渠道吸引外部大型企业前来投资进行研发生产活动。1973 年年底安蒂波利斯园区总面积扩大到了 2400 公顷，随着园区基础设施逐渐完善，当地政府、混合集团等强化了国际营销策略，吸引了大批跨国公司前来投资；同时在法国政府的布局下，法国航空、法国电信、国家科学研究院等本土大型企业和科研机构也相继落户到园区。另外，园区也积极引入了咨询顾问公司、律师事务所等服务机构，完善了配套服务。凭借着良好的自然条件和基础设施、积极的国际营销策略及准确的产业定位，园区迅速汇聚了大量的国际、国内科技资源，取得了飞速发展。

创新资源本地化时期（1990 至今）。进入 90 年代之后，当知识经济和全球化创新过程成为潜在经济增长主要的驱动力时，SASP 陷入了路径依赖的发展危机，大型跨国公司大幅度缩减规模、部分业务在国际市场上分包等外部因素的冲击都降低了园区吸引外部资源的速度；另外，本地劳动力市场的缺乏成为制约园区成长的瓶颈。然而，危机却促成了 SASP 增长体制的转变，即从外生驱动到内生驱动过程的转变，而且促进了企业之间、研究机构之间与本地互动关系的发展。在这一时期，该地区出现了两个显著变化，一是尼斯大学积极参与到科技园建设中，培训了大量毕业生，带动了当地劳动力市场的兴起；特别是尼斯大学的博士研究项目，加强了工程师与科研人员之间的交流和联系，逐渐满足了园区日益增长的对高素质人员的需求；另一方面，中小型企业迅速繁衍，盘活了本地资源，这些中小型企业主要是由以前大公司的工程师创办的，凭借与原公司非正式的网络联系，它们承担了大企业的部分分包项目，促进了技术的扩散和知识的本地化。

（二）经验借鉴

索菲亚·安蒂波利斯科技园的演进历史及"电信谷"的巨大成功，对郑洛新自主创新示范区的建设和区域创新体系的构建均有重要的启示。

注重创新资源要素的集聚。索菲亚·安蒂波利斯科技园注重对区域生态的保护，合理控制开发强度，为区内企业和居民提供了优质的工作与生活环境，保证了园区的"天然吸引力"。同时，科技园以教育科研为核心，强调以人为本，在保持区域生态环境的前提下，不断完善交通、居住、娱乐等配套功能。尽管在土地利用效率方面受到一定质疑，但这种建设理念确保了园区的可持续发展，科技园也因其宜居宜业的环境、完善的城市功能受到了众多科技型企业和高科技人才的青睐，成为欧洲乃至全球最具吸引力的城市区域之一。

促进技术创新资源的本地化和根植化。参照 SASP 的成功经验，地区经济的发展必须依赖创新知识的本地化。从建立科技园区到形成有竞争力的产业集群必须完成从外部资源集聚到内外资源整合的飞跃。首先，对外部科技资源的吸引和聚集是先决条件，其中需要依靠区域自然条件优势、大学的声誉和信用、政府的政策措施等多方力量的协作与支持。其次，大学是创新知识的源泉，是地区人才库的培训和生产基地，加强产学研结合，推进大学与科技园区的交流、大学与地区资源的互动，是构建区域创新体系中的重要环节。再次，加强外部资源与本地互补性资源的互动交流是关键。围绕园区创新成果，构筑产业链的核心，打造产业集群，并将其融入区域经济系统，进而才能拉动本地的经济增长。最后，国家或地区政府要在基础设施建设、创新环境营造上当仁不让，在园区主导产业选择、优势产业培育上给予适度的引导和扶持。

多方参与的管理体制为园区的成功建设提供了重要保障。安蒂波利斯科技园区建设主体、管理模式虽进行了多次调整，但始终坚持了政府、企业和民间协会等多方参与的原则。一方面，园区的建设由民间发起，开发初期很快面临资金不足、招商困难等障碍，地方政府的及时干预和强势推动保障了园区的顺利建设，如通过协调扩大城区规模等方式帮助园区筹集了开发资金，通过组织国际营销等渠道协助园区聚集了科技资源；另一方面，园区建设成熟后，地方政府逐渐弱化了对园区的行政管理职能，进而采取了由基金会等负责、政府扶持的市场化运作模式，这种模式较好地结合了政府作用和市场力量。

产学研有机融合高效推进了园区的转型发展。首先，园区通过建立企业俱乐部、行业协会等组织促进了交流与碰撞，如著名的"电信谷协会"，其成员几乎囊括了区内所有电信相关行业企业和科研机构；其次，园区设立了"产业竞争力集群"等产学研合作平台，并提供设施及资助，鼓励企业之间、企业与大学及研究机构的合作与分享；最后，园区积极引导技术转移机构、企业孵化器、风险投资等创新创业服务业的发展，建立了多元化的服务网络，有效促进了区内技术、人才和资金等创新要素的流动与融合。

多层次、专业性的人才培养机制为园区的持续创新提供了动力源泉。安蒂波利斯科技园区从发展初期就着重引进知名教育与培训机构，建设了集学位教育（如综合性大学、商学院等）、职业教育（如工程师学校、技术学院等）、培训咨询等为一体，公共教育和私人培训结合的多层次人才培养机制，为区内企业培养了大批管理型、技术型人才。

第三节　郑洛新国家自主创新示范区创新发展路径选择

围绕聚变、转换、突破，夯实基础、加大投入、强化支撑、推动协作，实现郑洛新自主创新能力发展路径的更新提升。

一　战略叠加，组合发力

近年来，我省在战略谋划方面先后取得了一系列重大标志性突破，在粮食生产核心区、中原经济区、郑州航空港经济综合实验区三大国家战略规划基础上，中国（郑州）跨境电子商务综合试验区、中国（河南）自由贸易试验区、郑洛新国家自主创新示范区、国家大数据综合试验区、中原城市群规划、郑州国家中心城市等一批国家战略平台先后获批，初步构建形成了五大国家战略规划和五大国家战略平台的完备格局，强化了组合叠加效应，为加快河南创新发展、更好服务全国大局赢得了历史性机遇、提供了更强有力的战略支撑。建设郑洛新自主创新示范区，必须加强与其他战略规划与战略平台的联动，努力把战略优势转为发展优势，加快形成战略叠加效应（见表3-2）。

表3-2　　　郑洛新自创区与其他战略规划（平台）的联动对接

序号	战略规划/平台	主要联动方向
1	粮食生产核心区	粮食高产创建示范； 有害生物预警与控制； 新品种选育引进和繁育； 测土配方施肥； 气象防灾减灾
2	中原经济区	积极培育战略性新兴产业； 提高自主创新能力：实施企业创新能力建设工程，强化与高等院校、科研院所及跨国企业的战略合作，建设一批企业技术中心、工程（重点）实验室、工程（技术）研究中心等研发平台； 优先发展教育事业
3	郑州航空港经济综合实验区	建设高端航空港经济产业体系； 建设绿色智慧航空都市
4	中国（河南）自由贸易试验区	以国际化多式联运体系、多元化贸易平台为支撑，打造对外开放高端服务平台； 引领创新创业，扩大制造业与服务业开放领域；推动高端人才自由便利流动，吸引人才落户河南等
5	国家大数据综合试验区	推进大数据的创新应用，在政务、服务、产业等领域开展大数据创新应用试点示范； 建立健全大数据创新创业支撑体系，加快推进大数据创新平台建设，培育引进一批创新型企业，完善大数据产业链，促进大数据新模式新业态发展
6	中国（郑州）跨境电子商务综合试验区	建设一批跨境电子商务实用型人才培训基地； 鼓励跨境电子商务领域创业创新，为创业人员提供场地、人才、技术、资金支持和创业平台孵化服务，推动大众创业、万众创新 实施国家电子商务专业技术人才知识更新工程，健全跨境电子商务人才公共服务体系，引入一批知名跨境电子商务人才中介服务机构，形成专业化、国际化的跨境电子商务人才服务市场

序号	战略规划/平台	主要联动方向
7	中原城市群规划	发挥国家自主创新示范区引领带动作用,完善区域创新平台,健全区域创新创业生态系统,深度融入全球创新网络,促进各类创新资源综合集成,大力推动大众创业、万众创新,激发各类创新主体、创业人才的动力活力,努力在创新创业方面走在全国前列
8	郑州国家中心城市	推动创新要素向郑州集聚; 推动郑州建设区域创新中心城市

二　集聚资源,聚焦高端

人才、资金等创新资源是自主创新示范区建设发展的基础保障和重要支撑。理论和实践表明,创新要素在空间上的集聚在很大程度上提高了要素集聚的外部经济性和创新效率,从而推动了区域创新能力的提升。未来一个时期,推动郑洛新区域创新路径更新转换的一个重要任务就是要推动创新要素向示范区集聚发展,推动创新要素本地化和根植化发展。

加快建设世界一流大学和一流学科,加大科技人才培养力度。紧密对接国家一流大学和一流学科建设方案,引导郑州大学等高校加强基础研究和追求学术卓越,改善高校治理结构,促进学科均衡协调发展和交叉融合,推动建成若干所具有较高水平和影响力的大学,培育一批在全国乃至全世界占有一席之地的特色重点学科。把握在京高校外迁机遇,着力对接在京高等教育资源,吸引国内外知名大学在示范区合作建设分校、办学机构或重大科教平台。推动郑洛新三市在示范核心区布局建设高校,并鼓励本地高校与世界一流大学开展国际学科联合建设。

改变财政资金投入方式,加强资金引导支持力度。针对高新技术产业资金需求的特点,改变过去政府"撒胡椒面"的普惠制创新支持政策,通过设立政府创新引导基金,撬动社会资本投入来引导企业加大 R&D 投入,加大对郑洛新自主创新示范区的资金引导和政策支持。

通过省财政设立郑洛新国家自主创新示范区发展专项资金，郑洛新三市分别设立示范区发展专项资金，重点支持示范区培育主导产业和创新主体、建设重大公共创新平台、集聚高端创新人才、开展重大活动等，推动示范区普惠性政策实施和体制机制改革先行先试。设立郑洛新国家自主创新示范区科技成果转化引导基金，积极争取国家相关基金。省直各单位的相关资源向示范区倾斜，形成支持示范区发展的强大合力。发挥政府资金杠杆作用，引导社会资源加大支持力度，共同推进示范区重大项目建设，为示范区建设提供重要支撑。

适应创新资金需求特点，推动风险资本集聚发展。技术创新具有显著的不确定性和投资风险，对融资模式和融资渠道的要求较为特殊。相对银行及其他金融机构，风险资本（venture capital）具有较强的风险偏好性，其投资的对象是尚未成熟、仍处于创业期的创新性企业，在地域分布上呈现出显著的集聚特征。美国硅谷、印度班加罗尔等地区的成功，在很大程度上得益于风险投资的参与和支持。在技术研究早期阶段，也正是由于风险投资的参与和推动，使得科学技术研究转化为生产力的周期大大缩短。推动郑洛新自主创新能力建设，必须适应技术创新对资金内在需求的特点，积极开拓构建天使投资基金、风险投资基金、私募股权投资基金等多元化融资渠道，提高对中小企业孵化、创新发展资金支持的力度，推动中小企业创新能力提升。

三　三链协同，五维聚合

强化"互联网"思维，推动产业链、创新链、资金链"三链协同"，构建产、学、研、金、政"五维聚合"，探索系统性、整体性、协同性创新模式，加速离散式创新向体系化创新转变，破解"创新孤岛化""资金泡沫化"并存的困境，推动技术从实验室走向生产线，实现科技创新的"聚变"和"裂变"效应。

开展"互联网+"创新，打造经济发展新引擎。把推进"互联网+"行动作为实施创新驱动战略的关键举措，加速互联网与郑洛新自主创新示范区建设各领域的渗透融合，发展新技术、新产品、新业态、新模式。充分运用互联网和开源技术，推动各类要素资源聚集、开放和共享，大力发展众创空间，建设"双创"（大众创业、万众创新）综合服务体系，加快形成大众创业、万众创新的社会氛围。推动"互联网+"关键技术研发和产业化。鼓励互联网企业参与省产业技术创新战略联盟建设，提升相关产业"互联网+"融合水平。

围绕产业链部署创新链，提高创新活动有效性。判断技术创新活动效率和效益的重要标准是能否转化为推动产业和经济发展的现实动力，否则创新成果只能是散落在社会经济系统中的"技术孤岛"。随着全球竞争由产品竞争转入产业链竞争，技术创新的模式也由过去的单项技术突破转为多项技术的集成创新，产业链上下游技术的关联性和融合性在一定程度上决定了产业整体竞争力水平。因此，在郑洛新自主创新示范区建设过程中，应紧紧围绕区域主导产业链需求部署创新活动。一方面，依托产业链布局技术创新项目，将技术创新活动进行统筹和串联，使创新成果相互衔接、集成，支撑产业链整体发展创新；另一方面，产业链上的创新活动主体，通过建设产学研联盟整合创新资源，实现技术的群体突破，进而提升产业链创新能力。

围绕创新链完善资金链，提高资源投放精准性。技术创新是高投入伴随高风险的活动，任何一项新技术的突破和新产品的形成都离不开大量资金支持。一项产品的创新要依靠产业链上各环节技术创新来实现，因此需要在产业链、创新链的不同环节上精准合理地投入创新资金，提高创新资金的使用效率，完善政府对技术创新的支持机制。一方面，需要对科技资金的投放强度和投放方式进行安排，不断提高科技创新资金的投入效率；另一方面，需要进一步完善金融政策、综合运用多种金融手段为技术创新提供更加灵活的服务方式，实现资金链对创新链的支撑保障，提高创新资金投放的精准性。

推动"五维聚合"，推动科技成果高效转换。围绕郑洛新自主创新示范区主导产业关键技术领域，积极引导企业、高等院校、科研机构等建立机制灵活、互惠高效的产业技术创新战略联盟，强化金融部门资金支持和政府部门政策支持，深入推进协同创新，突破产业发展核心技术，提升产业集群主导产业核心竞争力。在高端装备、电子信息、生物科技等重点行业领域，试点开展行业协会（龙头企业）、高等院校、科研机构、金融部门、政府部门等五部门行业联席议事制度，探索通过契约关系建立共同投入、联合开发、利益共享、风险共担的协同创新机制，让各方各得其所、利益共享、风险共担，实现科技成果高效转换。探索郑洛新科技成果转化应用公共服务平台，建设科技成果推广机构、技术产权交易所、科技市场等多种形式的技术交易场所平台，有效聚合各类信息资源，使科技成果的供应方与需求方实现有效对接，形成有利于技术成果迅速转移转化的市场体系，加快促进科技成果向现实生产力转化，推动创新技术从"实验室"走向"生产线"。

四　夯实载体，增强功能

平台决定高度，载体功能有多强，创新发展水平就有多高。推进郑洛新自主创新示范区创新载体建设，应加快建立以企业研发机构为主体、区域和产业创新载体为支撑的创新载体体系，加强科技资源整合集聚和开放共享，着力打造全省创新增长极和创新公共大平台，着力形成区域集群创新效应。

加大企业研发机构建设。实施"两站两室三中心"培育工程，支持企业建立院士工作站、博士后科研工作站、重点实验室、工程实验室、工程技术研究中心、工程研究中心、企业技术中心等研发机构，培育一批拥有自主知识产权核心技术的创新型企业，推动示范区中小企业研发机构全覆盖、大中型企业省级研发机构全覆盖。推动以中科院、清华、北大、上交大为代表的国际一流高等院校、科研院所在河南设立新型研发机构，提升创新载体能级。

加快多元化科技孵化器建设。科技孵化器是培育和扶植中小科技型企业的重要载体，它为刚刚起步的初创企业提供良好的研发及生产空间，对于降低创业成本，提高科技成果转化成功率，具有重要的助推作用。推进郑洛新自创区提质转型发展，应围绕主导产业及战略性新兴产业发展需求，规划建设功能完善、创新活跃的中小科技企业孵化园，积极发展科技金融、创业辅导、创业培训、市场拓展、知识产权代理等中介服务，吸引创新型人才、风险资本等入驻，着力培育打造一批具有自主创新能力的"科技小巨人"企业。坚持创新与创业、线上与线下、孵化与投资相结合，建设一批低成本、便利化、全要素、开放式的众创孵化空间，构建众创空间—孵化器—加速器创业孵化链条。

大力培育高新技术企业和科技型"小巨人"企业。高新技术企业和中小科技型企业是技术创新主体的生力军，是最具发展活力和发展前景的创新主体，是抢抓未来产业转型制高点的重要支撑。推动示范区创新能力提升，必须加快培育发展一批创新能力强、成长速度快、发展潜力大的科技中小型企业。重点通过采取政策、资金、项目等支持，鼓励和引导中小科技型企业加大创新力度，加强技术改造升级，支持其采用新技术、新工艺、新装备，调整优化产业和产品结构，研发生产具有核心竞争力的特色产品，加快向"专、精、特、优"方向发展。

五　融合联动，开放创新

充分利用国内外市场创新资源，积极参与国际科技合作，加大开放创新力度，加快承接技术转移，嵌入高端创新体系，加快构建"开放创新、全球孵化、郑州整合"的创新链条。

积极构建开放合作体系。牢固树立开放意识，构建开放合作体系，广泛汇聚创新资源。制定开放合作政策和措施，推动示范区各级政府与省外知名高等学校、科研机构建立紧密科技合作关系；支持国内外知名高校、科研机构和企业在示范区内设立或共建新型研发机构、技术转移机构；提升企业创新开放合作水平，实施"引技引智"工程，重点面向发达地区开展针对性的科技招商活动，引进一批高水平研发机构、高新技术项目和科技企业孵化器入驻示范区；支持示区企业积极主动融入全球创新网络，提高利用省内外创新资源的能力，借力缩小创新差距，支撑带动全省经济发展走上创新驱动、内生增长轨道，加快抢占新一轮产业竞争制高点，推动郑州成为全球创新价值链重要节点。鼓励支持示范区企业走出去，通过企业合资、并购等方式，开展国际科技合作，参与全球创新链竞争，快速提升创新能力。

加快国家技术转移郑州中心建设和运行。以国家技术转移郑州中心为核心，积极融入全球和全国创新网络，主动承接技术转移，促进知识产权交易。推动国家技术转移郑州中心运行体系化、网络化，吸引国内外知名高等学校、科研机构参与运行，引导新建一批技术转移服务机构，提高技术转移和成果对接水平及成效。充分发挥国家技术转移郑州中心对示范区的辐射带动作用，把示范区打造成为支撑全省科技创新的技术转移集聚区。

促进郑洛新区域创新协同联动发展。统筹优化区域创新布局，建立一体化协同推进机制，加快搭建创新合作的联动平台，集成推进示范区各项工作。建立省市会商制度，由省直有关部门和郑洛新三市政府定期会商，针对示范区建设发展中存在的问题，研究制定有效措施，加大政策和资金支持力度，促进示范区发展。搭建示范区信息共享平台，建立各片区联动发展和定期磋商工作机制，加快形成示范区一体化创新发展格局。统筹整合创新资源，推动创新要素在示范区内各区域间、示范区和其他区域间合理流动和高效组合，构建协同有序、优势互补、科学高效的区域创新体系。

促进军民科技融合发展。发挥郑洛新军工资源优势，推进军工与民用的深度融合，打通军民科技成果双向转移转化渠道，形成全要素、多领域、高效益的军民深度融合发展格局。加快建立军民创新规划、项目、成果转化对接机制，支持在示范区内设立研发机构和科技成果转化基地，建设军民融合协同创新研究院，加强同解放军信息工程大学、中船重工、新航集团等合作，支持洛阳创建国家军民融合创新示范区。

第四章

郑洛新国家自主创新示范区
自主创新能力评价

自主创新是在中国的经济社会发展背景下提出的具有中国特色的名词，源于技术创新，它是指依靠自身力量进行的技术创新。本章首先对自主创新的概念和路径进行科学分析，然后借鉴国外自主创新模式对提高郑洛新区域自主创新能力进行深入分析和研究。

第一节　郑洛新自主创新能力评价

从企业自主创新能力、高校和科研机构自主创新能力等四个方面构建了包含 17 个指标的区域自主创新能力评价指标体系，并基于该指标体系对 2010—2015 年河南省及郑洛新自主创新能力做描述性统计。

一　指标体系构建

（一）企业自主创新能力指标

企业自主创新能力主要从企业的投入、产出能力两个方面构建指标。企业的自主创新投入能力由于数据获取不易，主要采用规模以上企业数；企业自主创新的产出能力同样结合数据获取难易程度，选取了规模以上工业利税总额、规模以上工业利润总额。

（二）高校和科研机构自主创新能力指标

高校和研究机构的自主创新能力从高校和科研机构的科研能力、科技创新活跃程度、与政府间的合作关系等多个角度构建指标。采用高校和科研机构 R&D 全时当量指标，反映河南省内高校和科研机构对于科技创新人员的投入力度；选取高校和科研机构专利授予量，用于反映河南省内高校和科研机构的科技水平和科技创新活跃程度，其中高校和科研机构发明专利授予量反映了河南省内高校和科研机构的原始创新能力。

（三）中介服务机构扩散能力指标

从技术扩散程度以及对经济的影响两个角度构建中介服务机构的扩散能力主要评价指标。技术扩散程度则选用单位合同成交额，其中单位合同成交额是指技术市场成交金额与成交合同额的比值；科技创新对于河南省区域经济的拉动程度的评价主要选取了技术交易市场成交金额占 GDP 的比重。

（四）创新环境

创新环境主要从国内生产总值、运输业以及地方财政支出三个方面构建河南省科技创新环境的评价指标。国内生产总值选取了人均 GDP、第二产业产值占 GDP 总量的比值和第三产业产值对第一产业产值之比三个指标，其中人均 GDP 体现了经济发展情况以及人口规模的相对指标以及创新所带来的经济成果，第二产业产值占 GDP 总量的比值和第三产业产值对第一产业产值之比反映了河南省的产业升级进展状况；运输业为国民经济和人民生活服务的数量指标，本文选取了客运量以及货运量两个指标用于反映河南省整体实力；地方财政支出主要从科技支出以及教育支出两个方面用于评价。其中选取地方财政科技支出和地方财政科技支出占 GDP 的比重两个指标，反映地区政府对科技活动的重视程度，即衡量河南省对于科学技术投入的力度和强度（见表 4-1）。

二 实证研究

自主创新能力是一个动态发展、不断提高的过程，它的提高也是一个时间性的变量。因此，为了更加全面地分析郑洛新区域自主创新能力，本节实证研究主要从以下几个方面进行：

表 4-1　　　　　　　　　郑洛新自主创新能力评价指标

一级指标	二级指标	指　　标
企业自主创新能力	投入能力	规模以上企业数（个）
	产出能力	规模以上工业利税总额（万元）
		规模以上工业利润总额（万元）
高校和科研机构自主创新能力	投入能力	高校和科研机构 R&D 全时当量（人年）
	产出能力	高校和科研机构专利授予量（个）
		高校和科研机构发明专利授予量（个）
中介服务机构扩散能力	扩散能力	单位合同成交额（亿元）
		技术交易市场成交合同金额占 GDP 的比重（%）
创新环境	宏观经济	人均 GDP（元/人）
		第二产业产值占 GDP 总量的比重（%）
		第三产业产值对第一产业产值之比（%）
	运输业	客运量（万人）
		货运量（万吨）
	地方政府	地方财政教育支出占 GDP 的比重（%）
		地方财政科技支出（亿元）
		地方财政科技支出占 GDP 的比重（%）
		地方财政教育支出占地方一般财政预算支出的比重（%）

（一）指标权重的确定

客观赋值法确定指标权重。设原始评价指标值矩阵为 $X_K = (x_{ij}(t_k))_{3\times17}$（$k=1，2，3，4，5，6$），标准化处理后矩阵为 $Y_K = (y_{ij}(t_k))_{3\times17}$，指标权重向量：$W_K = (w_j(t_k)\cdots，w_{17}(t_k))^T$，加权标准化矩阵 $U_K = (u_{ij}(t_k))_{3\times17} = (w_j(t_k) \times y_{ij}(t_k))_{3\times17}$

最优化思想确定指标权重的基本思想是：在一定的距离意义下，从最有利于郑洛新 3 个市的角度出发，即以各市加权标准化值到理想解 $U^* = \{u_j^*(t_k)/j，j=1，2\cdots，17\} = \{w_j(t_k) \times y_j^*(t_k)/y_j^*，j=1，2\cdots，17\}$ 的距离平方 $d_i(t_k)$ 为准则，描述第 t_k 时刻第 j 个评价指标的权重系数 $w_j(t_k)$ 基于以上思想，构建如下最优化模型：

$$\min Z = \sum_{i=j}^{3} d_i\ (t_k) = \sum_{i=1}^{3} \sum_{j=1}^{3}\ (y_{ij}\ (t_k)\ -y_j^*\ (t_k)\ )^2 w_j\ (t_k)^2\ (4.1)$$

$$s.\,t. \sum_{j=i}^{17} w_j\ (t_k)\ = 1$$

$$w_j\ (t_k)\ >0,\ j=1,\ 2,\ 17;\ k=1,\ 2\cdots,\ 6$$

其中 $t = \{t_k/k=1,\ 2\cdots,\ 6\} = \{2010,\ \cdots,\ 2015\}$；$y_j^*\ (t_k)$ 表示 t_k 时刻第 j 个评价指标的理想值。

本文 $y_j^*\ (t_k)$ 表示 t_k 取 3 个市中的每个指标的最大值构成的集合，运用 lingo 软件对模型（4.1）进行求解，得到了从 2010 年到 2015 年 17 个评价指标的权重，如下表 4-2 所示。

表 4-2　　　　　　河南省 2010—2015 年指标评价比重

年份	w1	w2	w3	w4	w5	w6	w7	w8	w9
2010	0.066	0.073	0.075	0.033	0.034	0.044	0.054	0.081	0.051
2011	0.071	0.062	0.077	0.033	0.04	0.044	0.055	0.078	0.054
2012	0.071	0.063	0.08	0.035	0.038	0.045	0.054	0.078	0.059
2013	0.073	0.055	0.078	0.033	0.036	0.044	0.054	0.077	0.062
2014	0.071	0.06	0.077	0.035	0.036	0.046	0.055	0.073	0.077
2015	0.072	0.065	0.07	0.034	0.036	0.047	0.055	0.072	0.08

年份	w10	w11	w12	w13	w14	w15	w16	w17	
2010	0.066	0.068	0.012	0.061	0.057	0.066	0.058	0.07	
2011	0.063	0.07	0.023	0.066	0.068	0.067	0.058	0.071	
2012	0.063	0.073	0.022	0.062	0.061	0.067	0.058	0.071	
2013	0.066	0.073	0.024	0.062	0.062	0.068	0.062	0.071	
2014	0.064	0.068	0.022	0.063	0.061	0.066	0.056	0.07	
2015	0.064	0.058	0.023	0.063	0.062	0.066	0.061	0.072	

（二）综合评价

对河南省及郑州、洛阳、新乡等三市的区域自主创新能力进行综合评价分析。评价分三个基本步骤，分别为：

（1）理想解法横向基本步骤

确定正理想解 U_0^+（t_k）和负理想解 U_0^-（t_k），正理想解 U_0^+（t_k）= $\{\max u_{ij}(t_k)/j \in J^+\}$；负理想解 U_0^-（t_k）= $\{\min u_{ij}(t_k)/j \in J^-\}$。同时，分别计算第 i 个地区到正理想解 U_0^+（t_k）和负理想解 U_0^-（t_k）的距离，即 D_t^+（t_k）$= \sqrt{\sum_{J=1}^{17}[u_{ij}(t_k)-u_{0j}^+(t_k)]^2}$，$D_t^-$（$t_k$）$= \sqrt{\sum_{J=1}^{17}[u_{ij}(t_k)-u_{0j}^-(t_k)]^2}$。其中：$D_t^+$（$t_k$）表示第 t_k 时刻第 i 个地区到正理想解的距离，D_t^-（t_k）表示第 t_k 时刻第 i 个地区到负理想解的距离。利用 D_t^+（t_k）和 D_t^-（t_k）计算三个地区相对贴近度 C_t^*（t_k），计算方法如下：

$$C_t^*(t_k) = \frac{D_t^-(t_k)}{D_t^+(t_k)+D_t^-(t_k)} \tag{4.2}$$

（2）理想解法纵向基本步骤

利用加权标准化矩阵 U_K，计算各指标的增长系数矩阵 B_K，其矩阵元素 $b_{ij}(t_k) = y_{ij}(t_k)-y_{ij}(t_{k-1})$，在增长系数矩阵和权重系数矩阵的基础上求加权增长系数矩阵 ΔU_k，即 $\Delta U_k = (\Delta u_{ij}(t_k)) = (w_j(t_k) \times b_{ij}(t_k))$。同理，可以分别求出正理想解和负理想解的距离以及相应的贴近度 ΔC_t^*（t_k）

$$\Delta C_t^*(t_k) = \frac{\Delta D_t^-(t_k)}{\Delta D_t^+(t_k)+\Delta D_t^-(t_k)} \tag{4.3}$$

（3）综合评价基本步骤

综合考虑各地区的优劣程度和增长程度，确定被评价地区在 t_k 时刻的评价值 u_i（t_k），计算方法为 $u_i(t_k) = \alpha C_i^*(t_k) + \beta \Delta C_i^*(t_{k-1})$，其中 α 和 β 表示相对重要程度，且满足 $\alpha+\beta=1$，当 $\alpha=1$，$\beta=0$ 时，有 $u_i(t_k) = C_i^*(t_k)$，表示只考虑地区自主创新能力的优劣程度；当 $\alpha=0$，$\beta=1$，有 $u_i(t_k) = \Delta C_i^*(t_{k-1})$，表示只考虑地区自主创新能力的增长程度。同时，为考虑各评价指标对于区域创新能力的影响程度，利用求得的指标权重，对每个评价指标进行二次加权，得到各评

价指标的评价值 F_j，即 $F_j = \sum_{i=1}^{3} \times w_{ij} \times u_i (t_k)$，（$j = 1$，…，17；$k =$ 2010，…，2015），F_j 越大表示该指标对提高该区域自主创新能力起的作用越大。

三　实证结果

1. 当时 $\alpha = 1$，$\beta = 0$，即只考虑郑洛新各区域自主创新能力优劣，依据上述基于理想解法的综合评价的基本步骤，得郑洛新自主创新综合评价值，以及 2010—2015 年，17 个评价指标的评价值 F_j（见表 4-3、表 4-4）。

表 4-3　　　　　郑洛新自主创新能力评价值（$\alpha = 1$，$\beta = 0$）

	综合评价值						评价值排序					
	2010	2011	2012	2013	2014	2015	2010	2011	2012	2013	2014	2015
郑州	0.7573	0.7751	0.7886	0.8123	0.8377	0.8849	1	1	1	1	1	1
洛阳	0.6645	0.6752	0.6941	0.6512	0.6577	0.6621	2	2	2	3	3	2
新乡	0.5329	0.5662	0.5634	0.6522	0.6593	0.6548	3	3	3	2	2	3

表 4-4　　　　　17 个评价指标的评价值 F_j（$\alpha = 1$，$\beta = 0$）

区域自主创新能力		综合评价值						评价值排序					
		2010	2011	2012	2013	2014	2015	2010	2011	2012	2013	2014	2015
企业自主创新能力	y1	0.497	0.501	0.496	0.532	0.551	0.579	6	3	3	3	4	4
	y2	0.517	0.434	0.391	0.432	0.441	0.469	5	9	8	9	10	10
	y3	0.608	0.585	0.459	0.463	0.507	0.524	3	2	5	6	6	5
高校科研机构自主创新能力	y4	0.301	0.292	0.273	0.282	0.292	0.414	16	17	14	16	16	14
	y5	0.305	0.313	0.283	0.295	0.307	0.419	14	15	17	14	14	12
	y6	0.305	0.319	0.273	0.284	0.299	0.411	14	14	14	15	15	15
中介机构扩散能力	y7	0.292	0.298	0.273	0.274	0.283	0.291	17	16	14	17	17	17
	y8	0.364	0.356	0.301	0.312	0.338	0.363	12	12	13	12	12	16

续表

区域自主创新能力		综合评价值						评价值排序					
		2010	2011	2012	2013	2014	2015	2010	2011	2012	2013	2014	2015
创新环境	y9	0.42	0.456	0.371	0.407	0.431	0.459	11	7	10	10	11	11
	y10	0.569	0.474	0.473	0.483	0.518	0.602	4	6	4	8	5	4
	y11	0.347	0.346	0.338	0.307	0.336	0.419	13	13	11	13	13	12
	y12	0.475	0.428	0.417	0.438	0.485	0.514	7	11	6	6	8	7
	y13	0.614	0.475	0.406	0.549	0.648	0.72	2	5	7	2	3	3
	y14	0.453	0.514	0.334	0.407	0.475	0.499	8	3	12	10	9	9
	y15	0.703	0.652	0.538	0.63	0.741	0.785	1	1	2	2	1	1
	y16	0.447	0.433	0.385	0.409	0.496	0.544	10	10	8	9	7	5
	y17	0.458	0.435	0.626	0.682	0.732	0.767	9	9	1	1	2	2

2. 当时 $\alpha = 1$，$\beta = 0$，即只考虑郑洛新各区域自主创新能力增长程度，依据上述基于理想解法的综合评价的基本步骤，得郑洛新自主创新综合评价值，以及2010—2015年，17个评价指标的评价值 F_j（见表4-5、表4-6）。

表4-5　　　　郑洛新自主创新能力评价值（$\alpha = 0$，$\beta = 1$）

	综合评价值						评价值排序					
	2010	2011	2012	2013	2014	2015	2010	2011	2012	2013	2014	2015
郑州	0.4577	0.5096	0.4682	0.5321	0.5879	0.6544	1	1	1	1	1	1
洛阳	0.3855	0.4997	0.4612	0.4564	0.4987	0.5022	3	2	2	3	3	3
新乡	0.3884	0.4901	0.4587	0.4188	0.5109	0.5276	2	3	3	2	2	2

表4-6　　　　17个评价指标的评价值 F_j（$\alpha = 0$，$\beta = 1$）

区域自主创新能力		综合评价值						评价值排序					
		2010	2011	2012	2013	2014	2015	2010	2011	2012	2013	2014	2015
企业自主创新能力	y1	0.438	0.521	0.487	0.542	0.561	0.590	4	3	5	2	2	4
	y2	0.391	0.466	0.416	0.442	0.451	0.466	6	4	10	7	7	9
	y3	0.507	0.554	0.492	0.473	0.517	0.585	2	2	3	4	4	2

续表

区域自主创新能力		综合评价值						评价值排序					
		2010	2011	2012	2013	2014	2015	2010	2011	2012	2013	2014	2015
高校科研机构自主创新能力	y4	0.264	0.301	0.288	0.292	0.302	0.314	16	17	17	17	17	17
	y5	0.291	0.316	0.344	0.327	0.33	0.345	14	15	16	14	14	15
	y6	0.278	0.303	0.331	0.314	0.317	0.332	14	14	15	16	16	16
中介机构扩散能力	y7	0.295	0.32	0.348	0.331	0.334	0.349	17	16	14	15	15	14
	y8	0.326	0.351	0.379	0.362	0.365	0.38	12	12	12	12	12	12
创新环境	y9	0.408	0.433	0.461	0.444	0.447	0.462	11	7	6	6	6	6
	y10	0.426	0.451	0.479	0.462	0.465	0.48	5	6	4	5	5	5
	y11	0.317	0.342	0.37	0.353	0.356	0.371	13	13	13	13	13	13
	y12	0.387	0.412	0.44	0.423	0.426	0.441	7	11	9	10	10	9
	y13	0.474	0.499	0.527	0.51	0.513	0.528	3	5	2	3	3	3
	y14	0.356	0.381	0.409	0.392	0.395	0.41	8	3	11	10	10	11
	y15	0.574	0.599	0.627	0.61	0.613	0.628	1	1	1	1	1	1
	y16	0.391	0.416	0.444	0.427	0.43	0.445	10	10	8	9	9	8
	y17	0.395	0.42	0.448	0.431	0.434	0.449	9	9	7	8	8	7

3. 当时 $\alpha=0.9$，$\beta=0.1$，即同时考虑郑洛新各区域自主创新能力优劣和增长程度，但是更多地考虑各区域自主创新能力优劣。依据上述基于理想解法的综合评价的基本步骤，得郑洛新自主创新综合评价值，以及2010—2015年，17个评价指标的评价值 F_j（见表4-7、表4-8）。

表4-7　　郑洛新自主创新能力评价值（$\alpha=0.9$，$\beta=0.1$）

	综合评价值						评价值排序					
	2010	2011	2012	2013	2014	2015	2010	2011	2012	2013	2014	2015
郑州	0.4647	0.5166	0.4752	0.5391	0.5949	0.4647	1	1	1	1	1	1
洛阳	0.3925	0.5067	0.4682	0.4634	0.5057	0.3925	3	2	2	2	3	3
新乡	0.3954	0.4971	0.4657	0.4258	0.5179	0.3954	2	3	3	3	2	2

表 4-8　　　　　17 个评价指标的评价值 F_j（$\alpha = 0.9$，$\beta = 0.1$）

区域自主创新能力		综合评价值						评价值排序					
		2010	2011	2012	2013	2014	2015	2010	2011	2012	2013	2014	2015
企业自主创新能力	y1	0.482	0.565	0.531	0.586	0.605	0.482	4	3	5	2	2	4
	y2	0.444	0.512	0.461	0.487	0.496	0.444	6	4	10	7	7	9
	y3	0.552	0.598	0.536	0.517	0.561	0.552	2	2	3	4	4	2
高校科研机构自主创新能力	y4	0.309	0.345	0.332	0.336	0.346	0.309	16	17	17	17	17	17
	y5	0.336	0.36	0.388	0.371	0.374	0.336	14	15	16	14	14	15
	y6	0.323	0.347	0.375	0.358	0.361	0.323	14	14	15	16	16	16
中介机构扩散能力	y7	0.34	0.364	0.392	0.375	0.378	0.34	17	16	14	15	15	14
	y8	0.38	0.405	0.433	0.416	0.419	0.38	12	12	12	12	12	12
创新环境	y9	0.462	0.487	0.515	0.498	0.501	0.462	11	7	6	6	6	6
	y10	0.48	0.505	0.533	0.516	0.519	0.48	5	6	4	5	5	5
	y11	0.371	0.396	0.424	0.407	0.41	0.371	13	13	13	13	13	13
	y12	0.441	0.466	0.494	0.477	0.48	0.441	7	11	9	10	10	9
	y13	0.528	0.553	0.581	0.564	0.567	0.528	3	5	2	3	3	3
	y14	0.41	0.435	0.463	0.446	0.449	0.41	8	8	11	10	10	11
	y15	0.628	0.653	0.681	0.664	0.667	0.628	1	1	1	1	1	1
	y16	0.445	0.47	0.498	0.481	0.484	0.445	10	10	8	9	9	8
	y17	0.449	0.474	0.502	0.485	0.488	0.449	9	9	7	8	8	7

4. 当时 $\alpha = 0.1$，$\beta = 0.9$，即同时考虑郑洛新各区域自主创新能力优劣和增长程度，但是更多地考虑各区域自主创新能力增长程度。依据上述基于理想解法的综合评价的基本步骤，得郑洛新自主创新综合评价值，以及 2010—2015 年，17 个评价指标的评价值 F_j（见表 4-9、表 4-10）。

表 4-9　　　　郑洛新自主创新能力评价值（$\alpha = 0.1$，$\beta = 0.9$）

	综合评价值						评价值排序					
	2010	2011	2012	2013	2014	2015	2010	2011	2012	2013	2014	2015
郑州	0.4047	0.4566	0.4152	0.4791	0.5349	0.4047	1	1	1	1	1	1
洛阳	0.3325	0.4467	0.4082	0.4034	0.4457	0.3325	3	2	2	2	3	3
新乡	0.3354	0.4371	0.4057	0.3658	0.4579	0.3354	2	3	3	3	2	2

表 4-10   17 个评价指标的评价值 F_j ($\alpha=0.1$, $\beta=0.9$)

区域自主创新能力		综合评价值						评价值排序					
		2010	2011	2012	2013	2014	2015	2010	2011	2012	2013	2014	2015
企业自主创新能力	y1	0.485	0.568	0.535	0.597	0.606	0.485	4	3	5	2	2	4
	y2	0.447	0.515	0.465	0.498	0.497	0.447	6	4	10	7	7	9
	y3	0.555	0.601	0.54	0.528	0.562	0.555	2	2	3	4	4	2
高校科研机构自主创新能力	y4	0.312	0.348	0.336	0.347	0.347	0.312	16	17	17	17	17	17
	y5	0.339	0.363	0.392	0.382	0.375	0.339	14	15	16	14	14	15
	y6	0.326	0.35	0.379	0.369	0.362	0.326	14	14	15	16	16	16
中介机构扩散能力	y7	0.343	0.367	0.396	0.386	0.379	0.343	17	16	14	15	15	14
	y8	0.383	0.408	0.437	0.427	0.42	0.383	12	12	12	12	12	12
创新环境	y9	0.465	0.49	0.519	0.509	0.502	0.465	11	7	6	6	6	6
	y10	0.483	0.508	0.537	0.527	0.52	0.483	5	6	4	5	5	5
	y11	0.374	0.399	0.428	0.418	0.411	0.374	13	13	13	13	13	13
	y12	0.444	0.469	0.498	0.488	0.481	0.444	7	11	9	10	10	9
	y13	0.531	0.556	0.585	0.575	0.568	0.531	3	5	2	3	3	3
	y14	0.413	0.438	0.467	0.457	0.45	0.413	8	3	11	10	10	11
	y15	0.631	0.656	0.685	0.675	0.668	0.631	1	1	1	1	1	1
	y16	0.448	0.473	0.502	0.492	0.485	0.448	10	10	8	9	9	8
	y17	0.452	0.477	0.506	0.496	0.489	0.452	9	9	7	8	8	7

从郑洛新综合评价值来看，郑洛新整体自主创新发展缓慢。2010—2015 年间，综合评价值变化不明显，其中最高值 0.8849 也没有突破 1，说明郑洛新自主创新整体实力落后；随着 α 和 β 的变化，郑洛新的综合自主创新能力排名均以郑州市名列前茅，位居第一位；新乡和洛阳的评价值均在 0.6 左右波动，表明郑洛新除郑州市自主创

新水平较高外，新乡和洛阳的自主创新能力相差不大。

从郑洛新自主创新构成要素评价结果来看：一是企业主体地位突出。2010—2015 年间，17 个指标评价值排名前几位的分别为地方财政科技支出、规模以上工业企业利润总额、规模以上企业数、货运量、规模以上企业利税总额、第三产业产值/GDP 和第二产业产值/GDP。其中：有 3 个指标均是用于评价企业自主创新能力，且规模以上工业企业数、规模以上企业利税总额和规模以上企业利润总额这三个评价指标，在 2010—2015 期间排名顺序变化波动不大，因此，结合以上实证研究进一步可以认为提升企业的自主创新能力是提高郑洛新自主创新能力的关键。二是高校和科研机构的自主创新能力较差，且对提升郑洛新自主创新能力起到的作用不大。评价高校和科研机构自主创新能力的 R&D 全时当量、专利授予量、发明专利授予量这三个指标的排名基本维持在第十四、十五、十六、十七位，排名较后，且波动较小，说明评价高校和科研机构的这三个指标在提升郑洛新自主创新能力方面的作用不大。三是中介服务机构的扩散能力差，对提升郑洛新自主创新能力起到的作用不大。评价中介服务机构扩散能力的指标，单位合同成交额以及技术交易市场成交合同金额占 GDP 的比重的排名基本维持在第 14—17 和 12 位，单位合同成交额的排名靠后，对提升郑洛新自主创新能力作用较小，但是有上升趋势；而技术交易市场成交合同金额占 GDP 的比重一直稳定在第十二位，其力量也是很薄弱的。四是地方财政科技支出对提升郑洛新自主创新能力影响程度最大。2010—2015 年期间，地方财政科技支出排名一直维持在第一位。创新环境在很大程度上影响郑洛新自主创新能力的提升。2010—2015 期间，人均 GDP、第二产业占 GDP 比重、第三产业占 GDP 比重、货运量、地方财政科技支出等指标排名都处于前五位左右，这充分说明创新环境优劣在很大程度上影响着河南省自主创新能力的高低。

第二节   提升自主创新能力的建议

河南省区域自主创新能力的提升是建立在以政府为导向、企业为主体、高校和科研机构为动力、中介机构为桥梁的综合体系基础上的，这是因为自主创新能力不仅仅是各创新构成要素的简单叠加，各构成要素之间存在着相互协作和相互制约。主要建议如下。

一   优化经费结构，实施研发投入倍增工程

一是加大财税政策支持力度。在优化结构、提高效益、开展绩效评估基础上，整合现行各类财政扶持资金，并逐年加大扶持力度，通过重点支持新兴、特色优势产业基地建设的方法，重点支持新兴产业和特色优势产业的产学研资合作、科技创新服务平台建设、品牌培育、质量提升、专利开发、标准制定、软件开发及服务外包、节能和清洁生产、高技术产业化、高端生产性服务、高端人才培育和"补链"型企业发展等重点项目，确保工业创业创新倍增计划的实现。大力鼓励企业建立健全企业工程（技术）中心和科研开发机构，对经认定的国家、省、市级企业工程（技术）中心，分别给予不同额度的专项资助，资助资金专项用于企业工程（技术）中心的工艺设备购置和人才队伍培育等。

二是大力推进产学研资合作。加大对企业与境内外的高校、科研单位以多种形式共建研发机构的支持力度，对共建研发机构开发的项目，科技管理部门择优给予补助。鼓励省内外各类高校和科研单位主动走进企业、举办技术项目对接等活动，接受企业委托，定向开展科研攻关、攻克技术难题。定向攻关项目被企业接受后，由工业主管部门根据项目情况对相关承担单位给予奖励，科技主管部门择优予以立项并推荐申报上一级政府科研课题，市、县（市）、区予以配套资助。继续加大知识产权保护和表彰奖励力度，深入实施专利、品牌、标准

等自主创新三大战略，大力推进知识产权产业化开发和规模化发展。

三是调整优化科技计划体系。对科技部门归口管理的科技计划专项进行梳理和整合，按科技成果转化、企业技术研究与开发、科技金融、重大科技专项、科技企业孵化器、应用基础研究、科普与软科学等重点工作设置科技专项。同时，各专项项目的名称和内容按有利于提高 R&D 经费支出的原则进行设置。各市根据产业结构特点和科技工作重点尽快调整和优化科技计划体系设置。

四是优化财政科技经费的投入方式。改革和优化财政科技经费投入方式，引入后补助、政策性补助、科技金融等新的投入方式。科技项目实行以前期资助和后补助相结合的支持方式，对于市场导向类项目中需要政府引导企业开展的科研项目，主要由企业提出需求、先行投入和组织研发，根据企业的研发投入和研发产出以后补助方式给予支持，提高财政科技经费对企业研发投入的带动效应。

二　强化企业引领，实施创新主体培育工程

一是围绕构建现代产业体系，重点支持龙头企业与科研院所、高校及国内外知名研发机构开展合作，共建科技研发和成果转化平台，培育独立法人实体、市场化运作的新型高端研发平台。着力引进世界知名大学、研发机构、世界 500 强企业来示范区设立重点实验室、技术研发中心、院士工作站，不断增强企业技术创新的能力和水平。

二是利用龙头企业体量大、创新能力强和市场资源丰富的优势，结合行业技术创新需求，以众包方式向全社会征集优秀创新成果，在满足龙头企业技术创新的同时，促进有技术实力的创业者快速聚集，充分发挥龙头企业在技术创新、项目培育、产业带动的示范引领作用。通过政策设计，引导龙头企业加大研发经费投入，对研发经费投入高的企业予以财税支持。

三是着力培育高新技术企业和科技型企业，通过采取差异化"靶向"扶持措施，加速推动一批创新能力强、特色显著、极具发展潜力的高成长性科技型企业做大做强。助推科技型中小微企业快速成长，

完善所得税优惠、创业补助、贷款贴息等扶持政策，适时跟进股权投资、上市辅导、转型孵化等专业服务，促进科技型中小微企业发展。支持科技型企业加大研发经费投入，支持其建设研发机构、引进创新团队、推广和应用科技成果，加大新技术、新工艺、新产品创新研发力度。

三 加强载体建设，实施创新基础支撑工程

一是鼓励骨干企业、科研院所、高校、投资机构、行业组织等，以"众创空间+孵化器"的集群孵化模式，围绕自身优势自建、合建特色众创空间及孵化器等创业载体。资助营运机构建设创业载体、搭建技术公共（服务）平台、举办创业活动、引进风险投资、提升品牌形象等，为创业企业提供全方位的优质服务。大力支持有条件的创业载体积极争创国家级众创空间、孵化器，打造创业载体品牌。

二是围绕装备、食品、电子信息、汽车及零部件、现代家居、服装服饰及现代物流、现代金融、信息服务、文化旅游、健康养老等重点产业领域，结合"产业集聚区"和服务业"两区"、专业园区发展规划，打造"创新、生态、智慧、人文"的智慧生态园区，为知名企业引进、龙头企业打造和科技型企业成长提供创新载体支撑，促进多层次双创主体加速成长。重点建设北斗导航产业园、机器人产业园、联东U谷郑州生态科技产业园、亿达软件园、新三板产业园等双创载体，助推双创企业成长为高新技术企业和科技型企业。

三是围绕智慧生态园区建设目标，加快保税加工贸易产业园、智能制造产业园、汽车产业园、电子信息产业园、生物医药产业园、互联网产业园、服务贸易产业园等园区基础设施建设，不断优化园区配套环境。在园区设立园区服务中心、互动展示中心和交流中心等基础配套，作为园区功能提升的载体和形象展示的窗口。通过园区一卡通、智能停车和立体化安防等智能化配套设施，提升园区硬环境水平。通过园区公共服务平台、员工生活服务平台等信息化平台，并以园区门户网站作为园区线上展示的窗口和服务的入口，提升园区的软

环境水平。根据企业和人才的需求，提供大容量双回路供电保障、万兆光纤接入和无线 WiFi 全覆盖等办公基础条件，以及高中档餐饮、快餐连锁、咖啡厅、便利店、酒店式公寓、公共交通、银行、健身房、运动场等生活配套设施。

四　突出产业转型，实施高新技术产业提质工程

坚持以产业高端化、高新化、高产化发展为方向，在原有重点优势产业基础上，进一步凝练目标和方向，整合资源，集中力量扶持发展一批重点优势产业和新兴产业，把有限的资源配置到最有核心价值的产业和企业上去，着力巩固既有比较优势，培育构建新优势；同时，坚持统筹兼顾、全面发展，以特色优势产业基地、公共服务平台和创新平台等建设为抓手，积极推进各县（市）、区现有特色产业加速创新转型发展，整体提升优化产业结构，增强国际竞争力。

一是做强做优五大重点先进制造业。着力推进信息化改造，做强做优装备、食品、电子信息、汽车及零部件、现代家居、服装服饰等主导产业。其中，装备制造、电子信息、汽车及零部件四个产业，重点是在扩大规模的同时，全力主攻核心技术，向产业链的高端领域拓展，增强智能化的整机制造能力，提高关键零部件档次；食品产业，重点是推进产业链向高端延伸，加大研发投入，加强营销模式创新，提高国际国内市场开发经营能力，继续保持竞争优势。

二是做大做强五大现代服务业。抢抓机遇，加强分类引导，瞄准国际前沿水平，集中优质资源，实行积极引进和重点培育扶持并举，着力做大做强现代物流、现代金融、信息服务、文化旅游、健康养老等已有一定基础、发展前景广阔的五大主导产业，推动生产性服务业向专业化转变、向价值链高端延伸，推动生活性服务业精细化、品质化发展，促进服务业提高比重和水平。

三是大力推进各类开发区（园区）、城市功能区提升转型发展。紧紧围绕发展成为高产优质的主产区、创业创新的示范区、统筹城乡和谐发展的新城区的要求，进一步完善规划，优化功能布局，突出主

导产业，以新兴、特色优势产业基地建设为抓手，强化专业化招商，推进产业链整合，实行集约发展、转型发展、高端发展，加快把各类开发区（园区）、城市功能区建设成为现代制造业基地、高新技术产业基地、有优势的高端服务业基地、创业创新的优质服务基地，提升各类开发区（园区）、城市功能区的发展水平和贡献率。

四是着力培育新兴、特色产业基地。以各类开发区（园区）、城市功能区为重点，以"5+5"主导产业为主攻方向，加强产业规划，完善产业政策，大力扶持一批拥有自主专利和品牌、核心竞争能力强、发展态势好、成长性高的"苗子型"企业；进一步强化专业化招商选资，大力引进一批优势企业和项目，加快推进新兴产业基地建设。通过产业链带动、品牌带动、市场带动、资源循环利用、企业重组改造等多种途径，大力培育发展一批主导产业突出、特色显明、规模大、创新能力强的特色优势产业基地。

五是大力培育"两创"示范企业，夯实工业创新发展基础。以科技型企业、高新技术企业、优势骨干企业、上市企业和高端服务企业为重点，以提高发展潜力、创新能力、竞争实力为目标，大力实施自主知识产权战略，加快推进自主创新，积极培育一批在自主研发、联合创新、科研成果产业化、二次创新能力突出的科技创新示范型企业；深入实施自主品牌战略，大力推进"品牌之都"建设，积极培育一批品牌开发经营示范企业；进一步推进和实施技术标准战略，积极培育一批在参与标准制（修）订、采标等方面取得重大成效的标准化示范企业；大力推进信息化与工业化融合，积极培育一批在信息技术应用、嵌入式改造等方面取得重大进展的信息化示范企业；全面实施大中小企业联动成长计划，大力发展总部经济，推进"虚拟制造""虚拟经营"，积极培育一批带动力强、引领作用突出的领军型企业；大力推动企业加强股份制改造，促进企业上市，积极培育一批资本经营示范企业。

五　推进协同创新，实施科研成果转化增速工程

一是促进科技成果转化。出台科技成果转化政策，重点支持新技术应用或新产品推广，支持区内龙头企业与各类国家级创新中心、国家（市级）企业技术中心、产业技术研究院和产业创新联盟等研发创新机构合作，支持区内企事业单位在海外设立研发中心、孵化器，吸引市内外高校、科研院所在我区设立分支机构、中试基地。

二是建设公共技术平台。支持对产业有影响力的企业及第三方服务机构按照市场化方式，推动资源跨界融合发展，引入"互联网+线下实体"方式，建立成果中试熟化、检验检测、加工制造等公共技术平台。支持国际云计算中心建设，建成高级数据中心、国际数据传输大通道和网络汇接交换中心等中国云计算大数据服务平台。

三是促进军民融合技术转化。根据军用技术转民用推广目录、"民参军"技术与产品推荐目录、国防科技工业知识产权转化目录。鼓励军工企业和国防科研机构开放平台、转移技术、参与民用紧缺技术研发，推进军用先进技术成果产业化。支持地方企业承接国防技术研发、装备制造、部件生产和军品维修，促进军民科技成果双向转移和产业化互动。

四是构建科技服务体系。搭建线上线下科技创新公共服务平台，具体包含科技金融公共服务平台、知识产权公共服务平台、科技人才公共服务平台、企业资质项目资金申报平台、科技型企业统计查询平台、科技型企业综合服务平台等，实现科技型、创新型企业资质认证、债权融资、股权投资、知识产权、科技人才、项目资金政策申报、科技服务和企业信息统计等专业服务。构建运营服务与商务推广、孵化培育与投融资、人才培养与人才交流、技术支持与网络通信、生活配套与基础保障等五大服务体系，为园区企业提供企业入驻、法律事务、投融资、项目政策资金申报、市场拓展、财务管理、人力资源、知识产权、管理咨询和产业投资等十大增值服务，为创业创新企业提供整体解决方案，全方位助推人才培养、企业成长和产业

发展。

六　完善资本市场，实施科技金融创新工程

一是依托示范区科技创新专项资金，加大创业创新投融资扶持。加大对创业企业和项目的信贷融资支持，试点开发知识产权质押贷款、股权质押贷款、融资租赁、信用担保、科技保险、供应链金融及投贷联动等科技金融创新产品，每年依托示范区帮助园区内科技创新型企业获得科技金融支持。

二是依托创业投资引导基金，构建科技股权投资体系。依托示范区创业投资引导基金，采用政府引导、市场化运作、专业化管理方式，联合区内行业龙头企业及相关专业机构，在移动互联网、移动游戏、移动新媒体、文化创意、金融科技、企业级服务、互联网教育、云计算、大数据、物联网、机器人等示范区战略性新兴产业重点领域设立种子投资、天使投资、风险投资等专业化股权投资基金，引导社会资本投资示范区科技型双创企业。

三是依托风险补偿保证资金，构建科技债权融资体系。优化政府和社会资本合作模式，信息共享，畅通融资渠道。支持市内金融机构在区内建立科技支行，合作提供低融资成本的科技金融产品。

四是创新和健全双创企业融资服务体系。对示范区科技金融公共服务平台进行全面升级，解决双创企业融资效率不高的问题。完善机器人、通用航空、新能源汽车等新兴产业融资租赁、金融租赁模式，降低企业设备费用投入。开展"创新（创业）券"试点工作，支持双创企业购买创业创新相关服务。

五是加大改制上市工作力度，构建科技企业上市募资体系。建立科技型企业上市后备资源库，指导企业制定上市路线图，引导企业通过各类资本市场上市融资。推动设立 OTC 科技创新板，支持双创企业通过区域股权交易市场实现股权和债权募资。支持符合条件的双创企业在 OTC 科技创新板、新三板、创业板、主板和境外上市或发行票据融资。

七　创新筑巢引凤，实施人才高地建设工程

一是实施科技顶尖专家集聚计划。科技顶尖专家，主要指具有国际视野和战略眼光，科技创新成果在国际上有重要影响，或能快速抢占产业制高点的顶尖人才（团队）。到 2020 年，重点引进和支持 100 名（个）以上科技顶尖专家（团队），来示范区创办企业，与区内科技型企业合作创立科技成果产业化基地、新型产业技术研究院等。科技顶尖专家在示范区的双创项目，经立项认定，根据项目进展和企业运营情况，可享受科研成果产业化配套资金、政府股权投资基金跟进投资、项目资助、融资贷款担保、专家公寓、安家补助、子女入学和医疗保健等支持政策。

二是实施创新型企业家培育计划。创新型企业家主要指既通科技又懂市场，在相关领域开创技术新路径、商业新模式、产业新业态，对示范区创新驱动发展和经济转型升级起到引领示范作用的企业家。入选示范区创新型企业家培育计划的，可享受贷款贴息、人才公寓、人才奖励、研发投入配套、专题研修、安家保障等支持措施。

三是实施高水平双创人才引进计划。高水平双创人才主要指符合示范区新兴产业发展和产业转型升级方向，带团队、带技术、带项目在示范区创办优秀企业或进行知识成果转化的创业创新人才。对入选示范区高水平双创人才引进计划的，可享受初创扶持、创业场所、人才公寓、跟进投资、安家保障等支持措施。

四是实施技术技能人才培养计划。积极吸引国内外知名院校、企业大学等有影响力的培训教育机构协同培养符合示范区产业规划的专业技术、技能人才。

八　构建科技生态，实施双创氛围营造工程

广泛宣传动员，统一思想，增强广大党员干部双创责任感和使命感，积极引导创业创新。充分利用各级官方网站、官方微博和微信公众号等媒体，及时公布解读双创有关政策和信息，打造双创政策和信

息服务一站通。在中央、市级和区级媒体策划开展郑洛新双创主题宣传，加强双创故事策划与宣传，积极采集双创企业经验，集中展示新区双创工作亮点、成果、政策支持、创业故事、创业环境，营造浓厚的双创氛围。开展"郑洛新创客"评选活动，发动全省高校学生和社会创业者积极参与郑洛新创业创新活动。策划开展"创响中国"巡回接力郑州站、洛阳站、新乡站活动，承办活动启动仪式、双创政策宣讲、创业培训、创业沙龙和创意设计等。大力支持行业协会、科研院所、投资机构和企业积极举办以双创为主题的郑洛新双创论坛、郑洛新双创文化节、郑洛新创业故事、郑洛新双创大赛等活动。设立"双创奖"，对双创中涌现出来的典型事迹和人物予以大力宣传报道和表彰奖励，及时宣传推广双创成功经验。充分利用省内高交会、洽谈会等展会，大力展示科技含量高、带动就业强的双创成果，引导全省双创深入开展。

九　健全法律法规，实施知识产权推进工程

实施知识产权运用计划。建立健全重大经济活动知识产权审查评议制度，在重大产业规划、重大招商引资项目、高端人才引进计划、重大经济和科技项目等活动中开展知识产权评议，规避知识产权风险。开展科技创新专利导航服务，加强专利、商标、文献、标准等信息整合和利用，为各类创新主体明确研发方向、确定技术路线提供导航服务。加强战略性新兴产业专利布局，支持龙头（重点）企业开展以产品链、创新链为纽带的国内外专利布局，占领产业发展制高点，加快培育一批知识产权密集型产业基地。加强企业知识产权试点示范工作，推动企业贯彻企业知识产权管理国家标准，引导企业提升知识产权管理水平和掌握核心专利技术，培育一批具有国际影响力、拥有自主知识产权、知名品牌和核心竞争力的科技创新型企业和高新技术产业集群。探索建立知识产权"价值评估—交易撮合—风险分担—收储运营"新型服务体系，推进知识产权商品化、市场化、资本化，扩大知识产权质押融资规模。逐步探索建立示范区一体化、专业化，高

效率的知识产权服务管理体制。

　　实施知识产权保护计划。建立示范区知识产权管理中心，搭建知识产权公共服务平台，健全知识产权行政执法体系，加强关键环节、重点领域、新业态、新领域创新成果的知识产权保护。加大知识产权侵权行为惩治和违法犯罪打击力度，开展知识产权综合执法，健全知识产权维权援助网点和快速维权通道，为示范区知识产权法庭发挥司法保障作用创造有利条件。推进侵犯知识产权行政处罚案件信息公开。建立企业海外知识产权风险预警机制，为企业应对海外知识产权纠纷提供必要的信息和法律服务。建立知识产权管理和保护信用标准，强化对侵犯知识产权等失信行为的惩戒。

第五章

郑洛新国家自主创新示范区
产业转型升级

加强郑洛新国家自主创新示范区产业转型发展研究，建设产业转型升级引领区，是全面贯彻国家创新驱动战略，优化发展空间和功能布局，推动高新技术产业加快发展和传统产业转型升级的重要举措，既是国务院给予河南省的重大历史使命，也是实现中原在实现中华民族伟大复兴中国梦的进程中更加出彩的重大历史责任。

第一节　产业发展现状和存在问题

"十二五"以来，示范区以高新技术发展和传统产业改造为重点，实施创新驱动战略，推动产业集聚集群和高端化发展，初步形成以装备制造、新材料产业为主体，电子信息、新能源汽车及动力电池、生物医药等产业发展格局，初步构建了中西部地区重要的高新技术产业高地，成功创建了郑洛新国家自主创新示范区。

一　产业发展现状

（一）产业发展更具特色

郑洛新三市国家级高新区围绕各自主导产业，大力推进产业招商，装备制造、新材料、电子信息、新能源汽车和动力电池、生物医药等产业快速发展，产业集群发展态势明显。郑州高新区，形成电子商务、信息枢纽、软件和网络、文化创意、智能仪器仪表、电子电器、电子物流、科技服务等八大产业集群。洛阳高新区，形成了以机器人及智能装备制造产业、新材料产业为重点，培育发展新能源及新能源汽车产业、生物医药产业的"2+2"产业发展格局。新乡高新区，形成了绿色环保家电、生物新医药和汽车零部件等产业。2015年，郑洛新国家高新区分别实现营业总收入4203.9亿元、1689亿元、711.3亿元；实现工业总产值3817.9亿元、1450.9亿元、697.7亿元，已成为全省和全市经济增长重要战略核心。

（二）市场竞争更具地位

围绕装备制造、新材料、电子信息、新能源和动力电池、生物医药等高新技术领域，龙头企业、前沿技术、拳头产品不断涌现，国际国内行业地位不断凸显。在国家高新区综合实力排名分别提高到第12、20和74位。装备制造业，中铁装备是国内最大的盾构研发制造基地，拥有国内领先、世界先进的高端盾构机技术；中信重工是全球领先的重型矿山装备供应商和服务商。新材料产业，是我国重要的超硬材料研发生产基地和耐火材料关键技术发源地，超硬材料占全国市场的六成以上。电子信息产业，河南汉威电子股份有限公司是我国传感器和物联网领域最具影响力的企业之一，是国内唯一一家主业从事传感器行业的上市公司。新能源产业，新能源客车产量占全国的三分之一以上，动力电池领域具有全国影响力；中航锂电填补了国内大容量动力电池生产装备的空白。生物医药产业，形成华兰生物高档血液制品、拓新生化核普（酸）类产品等具有全国影响力的"专新特"领域。

（三）双创发展更具活力

围绕万众创新、大众创业，郑洛新高新区积极构建以企业为主体的产学研协同创新体系和创业载体平台，体制机制加速改革，实现了创新创业要素的整合和产出的高效。除了高新区高校云集优势外，拥有中铁隧道、郑州机械所、中棉所、三磨所等国家级重点实验室和一批创新基地，拥有国家技术转移郑州中心，建立了知识—产业—资本—知识再生产的经济循环过程，从而实现产学研用创新体系的跨区域、跨领域和跨机构的技术流通与转化，形成了能够直接或间接创造财富的知识和由知识转化为财富以及它们之间所结成的各种创新价值链关系。建成省级以上科技企业孵化器、大学科技园、众创空间61家，累计创业孵化面积426万平方米，构建了"创业苗圃、孵化器、加速器"的链条孵化模式，加速了科技型企业成长和科技成果产业化。瞪羚企业集聚发展态势明显，郑州高新区拥有瞪羚企业92家，位列全国第二，仅次于北京中关村。

（四）"四新"发展更具潜力

国家级高新区作为高新技术产业和企业的集中区集聚区，新技术、新产业、新业态、新模式快速发展，示范区共有高新技术企业530家，其中郑州、洛阳和新乡高新区分别有306家、200家和24家。一批掌握行业核心技术、占据行业重要地位、全国市场份额领先的科技型企业，智能制造、网络协同制造、个性化定制、服务型制造成为引领制造业高端化的新型模式并加以推广，中国一拖集团、中航锂电、中信重工等企业成功创建了智能制造工厂试点。"互联网+"、物联网、云计算、电子商务等新兴产业快速发展，其中仅郑州高新区就集聚了全省70%以上的骨干软件企业和85%以上的动漫企业、网络企业、电子商务企业，尤其是电子商务产业和动漫产业发展势头迅猛。

二　存在问题

我省制造业正处于新旧动能接续转换、结构转型关键时期，面对诸多困难和制约因素，示范区转型发展难度很大。

一是经济总量不大。郑州、洛阳和新乡市高新区生产总值分别为230亿元、85亿元和207亿元，分别为三市地区生产总值的3.1%、2.4%和10.4%，而在全国146个高新区中，42家高新区GDP占所在城市比重超过20%，21家超过30%，7家超过50%。

二是产业结构不优。郑洛新国家高新区工业总产值占全部营业收入的比重分别为90.8%、88.2%和98.1%，而全国146个国家高新区工业总产值占全部营业收入的比重仅为73.5%。高新技术产业和科技服务业比重偏低，还未形成知名产业集群。同时，生产性服务业和现代化服务业发展严重滞后。

三是创新能力不强。郑州、洛阳、新乡高新区规模以上企业开展研发的分别有 81 家、63 家和 30 家，占规模以上企业比重仅为59.56％、60.58％和 47.62％，研发经费占主营业务收入比重为3.25％、2.94％和 1.91％，相比全国高新区研发投入占主营业务收入比重 5.5％，研发机构覆盖面和投入强度较弱，还赶不上每万名从业人员拥有发明专利 162.3 件的全国平均水平。

四是基础配套不够。相对于上海、北京、武汉等高新区而言，基础设施、人才培养、风险投资、政府服务等相对不足，互联网信息基础设施建设滞后，工业化信息化融合程度不够；人力资本总体不足，缺乏高层次技能人才；风险投资机制还不够健全，中小企业融资环境较差；政府管理体制不活，创新创业体制机制有待改善。

五是区域竞争加剧。全国各地和省内其他地区都将高新技术产业和现代服务业作为发展重点，积极承接国外和东部地区产业转移，国家级和省级工业园区政策趋同化明显，独特性和吸引力不够强，与东部地区产业配套方面差距较大，与西部地区相比政策成本优势不突出，在承接产业转移的过程中，都将更加困难。

三 转型发展更具紧迫性

（一）经济进入新常态，加快经济转型发展的要求

近年来，影响我省制造业成本最主要的劳动力、能源、原材料、土地和物流等要素成本发生了显著变化，劳动力成本逐步提高，能源、矿产品等资源性生产资料价格上升，环境成本日益提高，低成本竞争优势逐渐减弱，传统模式发展空间越来越小，比较优势的变化倒逼经济转型。目前，我国进入到以中高速、优结构、新动力为主要特征的新常态，我省也进入了蓄势崛起、跨越发展的关键时期和爬坡过坎、转型攻坚的紧要关口。要实现经济社会的全面协调和可持续发展，必须把握新常态、适应新常态、引领新常态，按新常态要求实施

创新战略，大力推进郑洛新国家自主创新示范区建设，加快高新技术产业发展，推动经济从资源依赖型转向创新驱动型转变，减少对劳动力、资源能源等传统经济要素过度依赖，不断破除束缚经济增长潜力的各种制度障碍，降低制度性交易成本，构建新的比较优势，才能促进经济步入增长更趋平稳、动力更为多元、前景更加稳定的新阶段，引领我省经济转型发展又好又快。

（二）实施区域发展战略，建设中原城市群的要求

《国家新型城镇化规划（2014—2020年）》提出，要优化城镇化布局和形态，构建以陆桥通道、沿长江通道为两条横轴，以沿海、京哈京广、包昆通道为三条纵轴，以轴线上城市群和节点城市为依托、其他城镇化地区为重要组成部分，大中小城市和小城镇协调发展的"两横三纵"城镇化战略格局。国家"十三五"规划明确要把中原等城市群作为带动发展的新空间，制定实施新时期促进中部地区崛起规划。《促进中部地区崛起"十三五"规划》提出，要发展壮大长江中游城市群、中原城市群、皖江城市带、山西中部城市群，健全功能完备、布局合理的城镇体系，形成经济充满活力、生活品质优良、生态环境优美的新兴城市群；同时，支持武汉、郑州建设国家中心城市，增强要素集聚、科技创新和服务功能，提升现代化和国际化水平。但是与京津冀协同发展，长江经济带、珠江三角洲等区域相比，还是与武汉国家中心城市相比，不论是高新技术、科研企业数量、创新创业平台、企业发明专利、成果转化效率等方面，科技创新能力和竞争力相对较弱。"十三五"期间，城市群竞争将成为国家与地区竞争的主要形式，高新区特别是郑洛新国家自主创新示范区将成为引领区域经济的重要引擎，要顺应形势和趋势，将其打造成为国内重要的创新性产业基地。

（三）全球产业竞争加剧，融入全球创新链的要求

从国际看，今后一个时期，世界经济多极化、经济全球化深入发展，国际环境更趋复杂多变。发达经济体呈现缓慢复苏，新兴经济体在整体趋缓中出现分化，但仍快于发达经济体。国际产业分工格局调

整和竞争加剧，发达国家加快制造业回归，与我国产业结构的关系由互补为主向互补与竞争替代转变；新兴经济体与我国产业的同构竞争加剧，对我国劳动密集型产业形成挤压。世界主要发达国家纷纷实施创新驱动战略，美国工业互联网、德国工业 4.0 等加速推进，重新形成了对我国技术发展的新优势。我省必须适应郑洛新国家自主创新示范区获批新机遇，加快建设高新技术开发区，大力推动供给侧结构性改革，突破被长期锁定在全球价值链低端环节的加工工厂角色，减少无效和低端供给，扩大有效和中高端供给，促进要素流动和优化配置，实现更高水平的供需平衡，加强产业链、创新链、人才链、资金链和政策链等对接发展，全面融入国家"一带一路"全方位开放格局，主动融入全球和全国创新网络，构建开放型经济体系。

第二节　产业发展趋势分析

一　产业结构不断优化，服务业占比大幅提高

产业结构是衡量国家和地区经济发展水平的重要指标，在一二产业规模足够大的基础上，第三产业占比越高就表明国家和地区发展程度越高，反之则说明国家和地区发展程度越低。

从发达国家发展规律来看，在一定地理区域内总是呈现由生产制造向服务环节、低端向高端服务的转移，如以研发、营销、金融、售后、成果转化等生产性服务业，还有高端人士健康管理、现代商贸等生活性服务业。目前，主要发达国家第三产业占比普遍高于 70%。从国内发展看，2015 年第三产业增加值达到 341567 亿元，增长了8.3%，占国内生产总值比重为 50.5%，首次突破 50%；同期，上海市、北京第三产业增加值占生产总值的比重分别为 67.8%、79.8%，基本迈入了国际先进地区水平；而浙江、广东、湖北等地占比基本在 50%左右或者以下。

从高新区发展来看，先进地区高新区重点围绕信息技术、科技服务、文化创意、总部经济等产业，总体呈现现代服务业与高新技术产业融合发展以及知识型、总部型的发展趋势。（1）中关村国家自主创新示范区，重点发展基于信息技术的新兴服务业、电子商务业、现代物流业、科技服务业和节能环保业，拥有我国规模最大、业态最为丰富的现代服务业集群，服务业企业销售收入占规上企业总收入比例超过60%。（2）张江高科技园区，重点发展信息技术、文化创意、低碳环保等为主导产业，服务业企业销售收入占园区总收入比例超过三分之二。（3）无锡国家高新技术产业开发区，重点发展临空物流、现代金融、科技服务等现代服务业，服务业增加值占GDP比重超过三分之一。（4）武汉东湖国家自主创新示范区，重点发展高新技术服务和节能环保产业，服务业增加值占园区总收入超过30%。（5）西安高新技术产业开发区，重点发展以科技服务为主导，金融服务、总部经济和创意设计为特色的产业，服务业增加值占开发区GDP比重超过50%。

以示范区为引领的郑洛新三市集聚了全省53%的国家高新技术企业、45%的科技型中小企业、45%的上市企业和76%的新三板挂牌企业，以及47.6%的科技人才，已成为河南省创新资源最集中、创新体系最完备、创新活动最丰富、创新成果最显著的区域，产生了大量服务业需求，但是在2015年产值结构中，服务业仅占营业总收入的比重不到10%，比例偏低，服务业特别是现代服务业发展较为滞后。示范区在建设过程中，要重点发展技术含量和附加值高、创新性强、发展潜力大、辐射带动作用突出的高新技术服务业，大力引进现代物流、科技金融、科技研发、创意设计、商务服务、健康养生等龙头企业，以现代服务业提升制造业水平、以制造业集群提升服务水平，促进示范区产业结构优化，提升服务业比重和水平。

二　服务业重心调整，生产性服务加快发展

在经济学界，服务业有两个70%理论：西方发达国家服务业占GDP的70%、生产性服务业又占服务业的70%。目前，虽然我国服

务业占 GDP 的比重超过一半，但是生产性服务业发展较为滞后，主要原因是存在"低端制造+低端服务""跨国制造+外商服务""国企垄断+限制保护"和体制机制等问题。一是低端锁定循环。制造和服务是相互相成的，我国制造产业虽然经过跨境并购、产业转型，但是在国际产业分工中处于低端的境地没有明显改变，低端制造带来的低端要素集聚，也难以推动服务业高端化和深度化发展。二是外部供需循环。特别是我国出口替代战略的选择，我国承接了大量国际龙头企业的制造业环节，特别是像苹果企业对研发、营销等"微笑曲线"上下游的垄断，并向日韩及台湾地区转移部分服务业和高端制造环节，大陆只承担低端制造组装环节 1.6%，分享利润很低。三是内部封闭循环。我国国有企业往往"大而全"，从原材料、研发、制造、营销和售后等环节，实现了全产业链的低效组合，虽然国有企业改革不断推进，以资本纽带还实际控制或占有股份，没有真正能够将专业化的生产性服务业外包出去，这种实质的"内置化"服务减少了市场需求，不利于市场活力健康发展。四是体制机制问题。虽然我国放开了服务业准入，但是在金融、信息服务、科技研发等产业还存在一系列问题，进入门槛、隐形壁垒等还在相当程度上存在，不利于生产性服务业发展。

在发达国家和国内沿海发达地区，制造业服务化成为发展趋势，主要是通过非核心服务业外包，再加上制造低端价值链环节外包，造就了企业或者行业的服务化。最著名的企业莫过于苹果公司，通过专利设计和科技研发，将制造环节承包给富士康等企业，将低端服务业承包给印度等服务外包地区，实现了企业轻资产化发展，国内小米、华为、三一重工等企业不断推动了服务化发展。

示范区中信重工、中国一拖、新乡航空工业集团公司等企业成功入选国家智能制造试点，生产性服务业迈上新台阶。未来五年时间内，示范区要围绕重点企业打造千亿产业集群，大力推动制造企业非核心生产性服务外包，并将需求本地化，鼓励龙头企业将制造环节特别是标准化环节外包出去，以核心技术、核心品牌、核心市场等为重点，建设科技研发园区、创意设计园区、商务服务园区、信息产业园区等，推动企业向服务型制造企业转型发展，推动生产性服务业壮大规模、优化结构、提升水平，促进集聚集群发展。

三 产业边界逐渐模糊，跨界融合快速发展

随着互联网等新技术的应用，跨界融合好像突然涌现在我们面前，新工匠精神、制造服务业、互联网技术等带动了产业跨界融合发展，有效提升了生产效率。

以制造服务业为纽带的产业快捷融合。在服务业发展过程中，逐渐实现了服务业的工业化发展，即是产品化、标准化、连锁化，这种本是工业产品特征实现了产业转移。旅游产业通过推出工业化、标准化的金融产品、旅游产品和健康医疗产品，加以复制推广，实现了旅游与文化、农业、金融、养老等产业的耦合发展。同时，制造业从制造环节向"微笑曲线"两端转移，实现了以产品为中心制造和服务一体化发展，全面提升产品附加值。如海尔电器推动生产冰箱向电子商务、现代物流等产业延伸。龙头阳光电源等光伏企业，与阿里云等合作，推出光伏互联网金融战略项目，借助众筹模式，让光伏电站投资走向社会大众。

以互联网技术为纽带的产业跨界融合。互联网经济发展形成了一条以互联网为纽带的产业跨界和融合的新模式，互联网已经成为嫁接传统产业与新兴产业之间的桥梁，是产业跨界投资和融合的重要平台。一方面，传统企业积极用互联网思维武装自己、改造自己、提升自己，传统商贸、商超、零售企业纷纷向互联网转型，如苏宁设立苏宁易购、海尔设立海尔商城，推动了我国电子商务市场高速发展。另一方面，随着大数据、云计算、移动互联网的发展，互联网与传统经济的融合正在加速，联袂向生产、消费领域的广度和深度渗透，促使生产、消费、服务和流通一体化，互联网正在加速与金融、教育、娱乐、医疗等产业快速发展。

以新工匠精神为纽带的产业跨界融合。新工匠精神，是指一个企

业在原有产业和产品中，能够做到行业龙头，一定具有核心技术和先进的运营管理理念，通过将原有心得和技术巧妙地嫁接到新的产业或者产品，是对工匠精神的延伸和拓展。如小米电器，充分利用技术研发、管理运营和市场营销能力，致力将生产领域从智能手机为中心转向智能穿戴和智能家居，通过互联网等技术促进了与智能手机耦合发展。李书福通过将生产摩托车核心心得和管理运营经验，将生产领域拓展到吉利汽车，并收购了沃尔沃汽车。

示范区产业融合发展还处于初步阶段，产业间和产业内部融合发展程度较低，要充分利用现代信息技术，云计算以超强的存储和计算能力，大数据以快速准确的挖掘能力，以互联网为纽带，促进产业跨界融合发展。

四　创新创业逐渐活跃，带动四新经济发展

创新创业是指基于技术创新、产品创新、品牌创新、服务创新、商业模式创新、管理创新、组织创新、市场创新、渠道创新等方面的创业活动。以信息、文化等为核心的创新创业体系，打造了一批科技小巨人和瞪羚企业，促进了与传统产业的融合发展，也促进了高新产业集聚集群发展。

近年来，我国创新创业政策环境日益完善，市场活力进一步迸发，全国各类市场主体数量持续快速增长，2016年全国一季度新登记市场主体301.1万户，比上年同期增长10.7%，明显快于经济增速；"互联网+"和新兴服务业市场主体增速明显加快，如信息传输、软件和信息技术服务业新登记企业6.2万户，同比增长39.7%；文化、体育和娱乐业新登记企业2.7万户，同比增长37.9%。文化、信息等产业创新创业的快速发展，也带动了产业规模迅速壮大，均高于制造业和服务业平均增速。高新区作为创新创业的重要载体，成为推动产业结构向高端化、智能化、集约化转型的重要力量。如北京中关村核心区打造"一城三街"，即创新创业孵化一条街、科技金融一条街、知识产权与标准化一条街。深圳市推进创新、创业、创客、创投四创联

动，打造集专业孵化、创业投融资、种子交易市场于一体的深圳湾创业广场。杭州市将特色小镇发展思路引入双创工作，将优美风景、古老文化与众创空间的有机融合，为创业者提供"在出世和入世之间自由徜徉"的有效载体。

示范区在创新创业发展方面，具有先天的优势和机遇，并已具有一定产业基础。要围绕信息技术、新型材料、生物医药、新能源汽车等制造业和现代金融、现代物流、科技研发、商务服务等服务业领域，大力吸引大学生、返乡科技工人等创新创业，以信息技术和文化产业为切入点，推动高新技术产业集聚集群发展。

五 突出生态绿水青山，推动企业清洁发展

产业是生态文明的"基底"。"绿水青山就是金山银山"，不仅仅是我们的口号，更应该是我们严格落实的目标。习近平总书记曾指出"必须加快推动生产方式绿色化，构建科技含量高、资源消耗低、环境污染少的产业结构和生产方式，大幅提高经济绿色化程度，加快发展绿色产业，形成经济社会发展新的增长点。"

早在 2003 年，国家环保部出台了《国家生态工业示范园区申报、命名和管理规定》等系列文件，支持国家级经济技术开发区、国家高新技术产业开发区、发展水平较高的省级工业园区或其他特色园区开展示范园区创建活动，鼓励工业园区实行生态工业生产组织方式和发展模式，促进工业园区绿色低碳发展，促进工业领域生态文明建设。截至目前，全国已经有北京、上海、广东、浙江、江苏、河南等地108 个工业园区获批国家生态工业示范园区，其中河南包括郑州市上街区生态工业示范园区、郑州经济技术开发区等两个国家生态工业示范园区（批准建设）。

2013 年，国家发改委印发了《循环经济发展战略及近期行动计划》，提出要按照"布局优化、企业集群、产业成链、物质循环、集约发展"的要求，推动各类产业园区实施循环化改造，构建循环经济产业链，实现企业、产业间的循环链接，提高产业关联度和循环化程

度,促进园区绿色低碳循环发展。截至目前,全国共有园区循环化改造示范试点 3 批 68 个,其中包括南昌、深圳、孝感、安庆、泸州等 5 个高新技术产业开发区。

示范区绿色发展过程中,要积极争取国家生态工业示范园区和园区循环化改造示范试点,以争创促发展,以产业链思维、循环经济思维、生态发展思维,按照“横向耦合、纵向延伸、循环链接”的原则构建循环经济产业链,推进园区资源高效循环利用,形成园区企业之间原料(产品)互供、资源共享的一体化。

第三节　产业转型升级方向和重点

一　先进制造业转型方向和重点

（一）坚持产业链思维,以延链补链推动向高端化延伸

加大装备制造、新型材料、新一代信息技术、生物医药、新能源汽车及动力电池等战略新兴产业延链、补链、强链力度,以示范区龙头企业、单打冠军为依托贯穿,形成对全产业链的控制;以中间体和零部件企业主动融入,提升产业中间的地位;通过细分产业分析,加大对高、新产品企业的引进和发展,引导同类产品同类企业集聚、上下游产业链协同发展,推动产业结构优化升级、产品结构高端化和终端化。

1. 轨道交通产业。从产业链发展看,上游包括原材料(铁轨、铁路配件、轨道工程)和基础建筑(工程机械、基础建筑、桥路高架项目),中游包括机械装备(机车车体、零部件、辅助设备)和电气设备(牵引供电工程、通信、变电站、变压站),下游包括公用事业(轨道运营)、运输服务(物流、客货运输)、其他(航空、公路、港口)。从示范区发展基础来看,龙头企业为辉煌科技股份有限公司、河南思维自动化设备股份有限公司、河南蓝信科技股份有限公司等,

产品优势是轨道交通控制领域技术和产品。

下一步发展重点，围绕产业链和龙头企业发展战略，加快向产业上下游延伸，以高精尖和高附加值产品为重点，以轨道交通产业园为载体，重点发展城际快速、城市轨道交通系统开发及车辆制造、轨道检测设备、工务专用设备、轨道交通用高性能金属材料制造、轨道交通通信信号系统、轨道交通工程机械及部件、轨道交通专用设备、电子静态轨道衡、电子动态轨道衡等产品，打造千亿级地铁产业集群。

2. 工业机器人产业。从产业链发展看，上游生产核心零部件：包括减速器、伺服系统、控制器；中游是本体生产商，包括工业机器人本体、服务机器人本体。下游是系统集成商，包括单项系统集成商、综合系统集成商。从示范区发展基础来看，仅洛阳市机器人及智能装备研发生产企业达 112 家，企业主要包括中信重工（国内最大的特种机器人及智能装备研发制造基地）、一拖汇德公司、中航工业光电所、洛阳德平科技公司、洛阳沃德福工程技术公司、洛阳鸿元轴承公司等企业，产业链相对完善。

下一步发展重点，重点是充分发挥中科院（洛阳）自动化所、洛阳先进制造研发基地、洛阳智能装备创新中心等科研平台作用，逐渐扩大应用领域，围绕汽车、机械、电子、危险品制造、国防军工、化工、轻工、食品饮料等领域需求，攻克控制器、精密减速器、伺服电机及驱动器、专用轴承、传感系统等机器人核心零部件技术，大力发展工业机器人、特种机器人及生产加工成套设备，以及医疗健康、家庭服务、教育娱乐等服务机器人。

3. 3D 打印（增材制造）产业。从产业链发展看，上游材料包括光敏树脂、尼龙类、金属类、生物类、PLA/ABS、石膏等，中游设备包括激光器、振镜、控制系统、设备集成、配套软件，下游服务包括桌面式打印、工业服务和云打印。从示范区发展基础来看，现建有郑州友嘉精密机械产业园、新乡 3D 打印产业园、河南筑诚电子科技有限公司等，产业发展基础较好。

下一步发展重点，应充分加强与西安交通大学等国内技术研发先进院校合作，重点支持郑州友嘉精密机械产业园、新乡3D打印产业园等项目建设，发展面向航空航天、汽车、家电、文化创意、生物医疗、创新教育等领域的重大需求，突破粉末/丝状材料高、能束烧结或熔化成形、丝材挤出热熔成形、液态树脂光固化成形、液体喷印成形、片/板材粘结或焊接成形等一批关键核心技术，生产金属增材制造装备、非金属增材制造装备、关键零部件和专用材料，发展3D打印设备及应用服务，开发相应数字模型、专用工艺软件及控制软件，在三维图像扫描、计算机辅助设计等领域实现突破。

4. 废弃资源综合利用产业。从产业链发展看，上游领域包括工业"三废"的排放，以及生活中产生的废品、废水等，市场主体是固体废品、废气、废水等废料供应商；中游领域是废料的回收和再加工过程，市场主体是废弃资源加工企业；下游产业则是废品的再利用市场，直接面对消费者或企业。从示范区发展基础来看，集聚企业主要有尚德电力、阿特斯光电、双瑞风电叶片、LYC公司、中重自动化公司、中航锂电、洛阳石化工程公司、洛阳耐火材料研究院、洛阳矿山机械工程设计研究院、河南省工业传热节能设备工程技术中心、洛阳浮法玻璃集团技术中心、河南省有色金属加工装备工程技术研究中心、中色科技、第四设计院、天誉环保、豫新公司、瑞昌公司等，洛阳高新区为国家节能环保装备产业示范基地。

下一步发展重点，应加大先进节能环保技术、工艺和装备研发力度，重点发展电器电子、秸秆、建筑垃圾、废旧轮胎、工业尾矿（渣）等固体废弃物再生利用装备，研发推广重点行业脱销、脱硫、除尘等气体有害物控制系统及收集回用装备，突破新型干法水泥生产线协同处置生活垃圾、城市垃圾处理、电袋复合除尘、湿式低温电除尘等技术，研发水处理、土壤修复等技术和装备。

5. 耐火材料产业。从产业链发展看，上游领域包括矿物/原材料（菱镁矿、氧化物、石英、黏土、各种黏着剂），中游领域包括各种耐火材料，下游领域作为基本材料广泛应用于钢铁、玻璃、水泥、有色等领域。从示范区发展基础来看，企业主要有四方汇达、河南华晶、郑州新亚、河南富耐克、河南亚龙、河南远发、郑州金海威、郑州三祥、河南德亚、河南亚龙、郑州旭日磨具、郑州市东辉钻石、郑州金贝、郑州德爱蒙、河南四方等企业，产业规模位居全国第一方阵，是我国重要的超硬材料研发生产基地和耐火材料关键技术发源地，超硬材料占全国市场的六成以上。

下一步发展重点是：耐火材料。依托中钢洛耐院、洛阳特种材料研究院等科研机构，着重突破长寿命低碳耐火材料关键技术，开发更长寿、无污染、节能型、功能化的耐材产品，大力发展优质合成不定形耐火材料、合铬质耐火材料等新型绿色耐火材料以及电子玻璃等高端新材料。积极布局 T1500、T1200 和 T1000 等碳纤维复合材料，提升高性能碳纤维规模化制备水平和下游复合制品延伸能力。超硬材料重点围绕精密机械、高端汽车、电子信息、航天航空、国防军工等高精度领域的需求，充分发挥郑州三磨所等科研优势，加快数控机床、修整技术、专用磨削液等技术应用，大力发展高速度、高厚度、超薄、复杂型面等高品级大单晶及复合超硬材料，突破发展新型磨削工具、刀具、锯切与钻进工具等高性能超硬材料制品，探索发展高分子材料、超硬材料等前沿领域，推动制品将向系列化、标准化、专业化方向发展。

6. 新一代信息技术产业。从产业链发展看，上游包括单晶/多晶硅、玻璃基板、芯片制造、网速测试、发电芯片等，中游包括集成电路及专用设备、新型平板显示、信息通信设备、发光二极管，下游包括通信设备、计算机制造、消费电子、工业控制、智能卡、仪器、音响等产品。从示范区发展基础来看，企业主要有阿里巴巴、中电集团27 所、辉煌科技、汉威电子、威科姆、金惠计算机、信大捷安、新益华、旭飞光电、生茂光电、航天九院、天迈、大华安防、新乡云计算数据中心、软通动力、甲骨文实训基地、青峰网络等企业，世界重要的智能终端研发生产基地，在信息安全、智能测控、北斗导航等领域实力强劲。其中河南汉威电子股份有限公司是我国传感器和物联网领域最具影响力的企业之一，是国内唯一一家主业从事传感器行业的上市公司，占据国内气体传感器市场份额的 70%。

下一步发展重点，要紧抓"互联网+"等国家战略机遇，顺应云计算、物联网、大数据等新技术，以"外引内育、软硬兼顾、融合发展"为导向，重点发展智能终端、北斗导航、物联网、软件产业等新兴产业，打造成为国内重要的新一代信息技术产业集群。智能终端，发展可穿戴设备、智能电视、智能家居、数字影音等新型智能终端产品，加快发展智能车载、移动医疗、移动执法等行业应用智能终端，培育壮大智能终端产业集群。北斗导航，加快生产芯片、模块、天线和应用终端制造和配套产品，加速在交通、农业、林业、水利、安全生产和紧急救援、行政执法等领域应用，打造国家北斗导航产业研发、生产和应用基地。物联网，发展智能仪器仪表、通信传输设备等行业应用传感设备，加快物联网在智能工厂、智能家居、精准医疗、智慧物流、绿色环保等重点领域的推广应用，构建完善的物联网硬件制造、软件集成和运营服务产业体系，打造物联网产业集群。软件产业，发展智能终端嵌入式软件、智能设计与仿真软件、工业平台软件等行业应用软件，提升具有优势的信息安全、轨道交通、智能电网等行业应用软件研发及推广水平，积极发展面向云计算、大数据、智能制造等领域的中间件、数据库、操作系统等软件产品，培育具有国内影响力的特色产业集群。

7. 生物医药。生物医药主要包括化学创新药、现代中药、生物医药产业和高性能医疗器械。其中，化学创新药产业上游包括无机化工原料和有机化工原料，中游包括医用精细化学品（cGMP 中间体和非cGMP 中间体），下游包括片剂、针剂、粉剂、胶囊、溶剂、药水、放射性药物和其他化学药品制剂。现代中药产业上游包括中药材种养殖生产和产地加工，中游包括中药材饮片、炮制加工以及中成药生产；下游包括运输物流、仓储保管、市场营销和临床用药。

下一步发展重点，主要以大健康理念引领，重点加快生物医药和高性能医疗器械发展，推进生物产业规模化应用，培育生物服务新业态，全力壮大示范区生物医药产业规模。化学创新药，以临床用药需求为导向，在肿瘤、心脑血管疾病、高发性免疫疾病、重大传染性疾病等领域，开发具有能向性、高选择性、新作用机理的化学创新药。现代中药，运用信息技术推动中药企业改造升级，推进中药生产工艺、流程的标准化和现代化，促进现代技术与传统工艺融合；支持骨干企业为龙头，建设集种植、精深加工、商贸流通为一体的中医药产业链。生物创新药，针对重大疾病和多发疾病，开发创制新型抗体、蛋白及多肽、治疗性疫苗、核糖核酸（RNA）干扰药物、适配子药物、新型细胞制剂、特异性诊断试剂等生物制品和制剂，发展多联多价疫苗、基因工程疫苗、病毒载体疫苗、核酸疫苗等新型疫苗。高性能医疗器械，加快发展高性能医学诊疗设备，积极培育生物医学材料，引进发展高端影像设备（DR、彩超、CT、核磁）、智能家庭保健器械等全方位远程医疗服务平台和终端设备等。

8. 新能源汽车及动力电池产业。从产业链发展看，上游包括锂矿、铜矿、稀土矿、铝矿、镍矿，中游包括电池（正极、负极、隔膜、电解液）、电机、电控，下游包括整车（商务车、乘用车）和充电服务（充电设施、配套服务）。从示范区发展基础来看，企业主要有宇通客车、中航锂电、中集凌宇、蓝海新能电动车、平原航空机电、艾迪威汽车转向器、德恩智能叉车、天翔新能源专用车等企业，新能源客车产量占全国的三分之一以上，动力电池领域具有全国影响力；中航锂电填补了国内大容量动力锂电池生产装备的空白；中集凌宇生产出国内第一辆插电式混合动力城市客车。

下一步发展重点，积极发挥整车生产企业、产业联盟和科研院所作用，巩固新能源客车研发制造优势，提升动力电池研发制造水平，打造集电池生产、整车制造、商业运营于一体的完整产业链，打造国际先进的新能源汽车研发生产基地。新能源汽车，发挥整车龙头企业带动作用，集聚产业链上下游配套资源，推动无人驾驶客车产业化，推动现有乘用车企业提高新能源汽车比重。动力电池，围绕新型电池、动力电池、电池管理系统等领域，发展六氟磷酸锂、三元材料、耐高温隔膜、电池正极材料等产品。积极研发氢燃料等新型电池，进一步提高动力电池产业核心竞争力。

（二）坚持信息化思维，以技术改造推动向智能化发展

从工业1.0、2.0、3.0和目前的4.0的发展特征来看，我国大部分制造业企业正处于工业2.0向工业3.0转换的过程中，信息化或者"两化"融合是推动快速转变的重要条件。

每一次信息技术革命，都深刻地改变了人们的生产方式、生活方式、社会形态。在制造业领域，随着互联网、物联网、大数据、云计算等技术的广泛应用，将制造业的物理世界与供需的信息世界巧妙地融合在一起，以无线、宽带、移动、泛在为特征的网络化推动了制造业技术的群体性突破，在世界范围内掀起了新一轮的工业革命，像德国工业4.0、美国工业互联网、中国智能制造2025等战略，顺势而生，继续推进信息化、加快智能化建设，实现设计智能、产品智能、经营智能、制造智能、营销智能、服务智能，是制造业实现转型升级、落实战略目标的重要举措。

郑洛新国家自主创新示范区作为国家级创新最高的载体和平台，应坚持把智能制造作为主攻方向，加快中国制造2025"与"互联网+"融合发展，建立完善智能制造和信息化融合发展，推动企业开展"两化"融合管理体系贯标，深化自主可控信息技术在制造业中的集成应用。

首先，要加强工业信息基础设施建设，完善"网+云+端"（工业宽带、工业云、工业智能终端）基础设施建设规划与布局，建设低时延、高可靠、广覆盖、大容量的工业互联网。推进宽带中原建设和下一代互联网大规模商用，加快产业集聚区和专业园区光纤网、4G（第四代移动通信技术）移动宽带网和无线局域网建设，提高工业互联网支撑能力。推进网络设备与工业设备互联互通，实现人、设备与产品的实时联通、精确识别、有效交互与智能控制。加强智能制造工业控制系统网络安全保障能力。

其次，深化互联网在制造领域应用。实施"互联网+协同制造"行动，开展工业云及工业大数据创新应用试点，支持制造业云平台建

设，打造制造资源地，提供开放共享的数据挖掘分析、个性化定制和精准营销等大数据应用服务。鼓励制造业骨干企业通过互联网与产业链各环节紧密协同、全面互联，推行众包设计研发和网络化制造等新模式。鼓励互联网企业与制造企业无缝对接，培育智能监测、远程诊断管理、全产业链追溯等工业互联网新应用。建设智能制造解决方案云平台，集中展示和推广各行业优秀智能制造解决方案。

最后，加快推进制造过程智能化，在重点领域培育建设一批智能工厂、数字化车间，加快产品全生命周期管理、供应链管理系统的推广应用，促进制造工艺的仿真优化、数字化控制、状态信息实时监测和自适应控制，实现智能管控。加快精益生产、敏捷制造、虚拟制造等在装备制造企业的普及推广，运用数字化、自动化技术改造提升消费品企业信息化水平。全面推广"数控一代"技术产品，实施"设备换芯""生产换线""机器换人"改造计划，组织"机器人应用"专项行动，大力推动装备制造、新型材料、新能源汽车等行业成套设备及生产系统自动化、数控化和智能化改造，扩大数控技术和智能装备在工业领域的应用。

（三）坚持融合化思维，以军民融合推动向协同化发展

2015 年 3 月，习近平在参加十二届全国人大三次会议解放军代表团全体会议时指出，"把军民融合发展上升为国家战略，开创强军新局面，加快形成全要素、多领域、高效益的军民融合深度发展格局。"

军民融合发展主要有四种模式："军民一体化""以民掩军""先军后民""以军带民"。其中，美国"军民一体化"模式，主要推行"先军后民、以军带民"政策，私营企业可以在军队和民用领域实现技术和资源的共享共建，如洛克希德马丁公司的航空、航天技术和系统集成服务，都是军民两用的技术，据研究，军民融合给美国国防部每年节省成本 300 亿美元左右，相当于其采办费总额 20%以上。俄罗斯"先军后民"模式，由于强大的军事研发实力基础，将微电子技术、近实时导航系统、空气动力系统、核技术等两用技术转化应用，带动国民经济发展。日本"先民后军、以民掩军"的发展模式，主要

受到"二战"成果的制约，大力发展民间企业发展国防技术，在不断加大国防科研投入发展民间军事工业，有效促进了军民两用技术和产业的迅速发展。以色列"以军带民"模式，高度重视航空工业和电子工业等军工企业的军民结合，大力推行"军转民"和"民转军"。

河南是国家"三线"建设时期重点区域，军工企业较多，部分产业领域占据国内前端，在法律允许的范围内，如何将军工技术高效转化为民用技术，是实现军民融合促进协同发展的重要途径。高新区建设以平台、协同创新和机制为突破口，实现军民产业融合发展。

首先，搭建军民融合平台载体。加快推进洛阳国家军民融合创新示范区和郑州军民融合产业创新基地建设，支持军工龙头企业和解放军信息工程大学等高校建立融合协同创新研究院、国防科技工业成果信息与推广转化平台，建立完善军民技术转移转化和应用机制。支持郑州信大先进技术研究院等技术创新机构做大做强，建设军民融合科技创新产业园，为军民技术双向转化提供空间支撑。

其次，推进军民技术协同创新。依托解放军信息工程大学、中船重工725所、新航集团等龙头企业和科研院所，重点在可见光通信、北斗导航、高分辨率对地观测、金属材料、航空技术等领域，建设高校、科研院所、企业协同创新和应用平台，推动军工技术开放和成果转化。积极争取国家重点项目、重大工程和重大生产力布局，支持优势民营企业进入武器装备科研生产和维修领域。

最后，创新军民融合体制机制。探索军地供应采购合作机制，推动示范区民营高科技企业进入军方采购系统。支持军工与民用工业互动和资源共享，促进基础设施、设备资源、科技信息等资源开放共享。支持军工企业进行股份制改造，建立现代企业制度，实现投资主体多元化。引导和支持有实力、有优势的非军工单位参与国防建设。

二　现代服务业转型方向和重点

（一）发展生产性服务业，提升现代服务业水平

现代服务业是以新技术、新模式为主要支撑的新兴服务业态以及

传统服务业的"现代化",是高技术产业服务领域价值增值和传统服务业延展服务领域。而生产型服务业包括为生产活动提供的研发设计与其他技术服务、货物运输仓储和邮政快递服务、信息服务、金融服务、节能与环保服务、生产性租赁服务、商务服务、人力资源管理与培训服务、批发经纪代理服务、生产性支持服务,涉及农业、工业等产业多个环节,具有专业性强、创新活跃、产业融合度高、带动作用显著等特点。

示范区作为全省高新技术和创新要素集聚区,目前的服务业特别是生产性服务业占比严重偏低,生产制造业和现代服务业的融合不够,生产性服务业对制造业的支撑力度不足,要大力发展现代物流、科技金融、科技研发、创意设计和商务服务等生产性服务业。

现代物流。依托区位交通优势和需求基础,以物流平台、行业物流和智慧物流等为重点,完善物流基础设施,强化信息化、智能化和绿色化改造,以大产业带动规模化、新技术带动精准化、新模式带动便捷化,推动大产业与大物流良性互动发展。物流平台,积极引进和培育物流总部企业,增强物流总部集聚和物流资源整合配置功能;以强化供应链管理为目标,着力构建集仓储、整理、运输、配送、流通加工、信息处理一体化的现代物流体系。大力推广先进智能技术,应用智能化管理、电子结算等物流系统技术,大力发展现代仓储业、城市配送和第三方物流。提升物流设施设备标准化水平,建设标准化物流信息服务平台,倡导发展绿色物流。行业物流,围绕主导产业和居民需求,重点发展工业物流、大宗商品物流、城市配送物流以及农产品物流,促进物流业与制造业融合发展。引导工业企业逐步将运输、仓储、配送等物流业务从主业中分离,推进工业物流服务外包,构建一体化运作供应链管理服务体系。发展连锁经营、物流配送和电子商务等现代流通方式,支持商贸服务业与物流业对接,发展专业化、网络化、全流程的物流服务,构建城市共同配送物流体系。

加快发展电商快递物流，鼓励发展社区自提柜、冷链储藏柜、代收服务点等新型社区配送模式。智慧物流，鼓励骨干物流企业和第三方机构搭建面向社会的"互联网＋物流"信息平台，整合仓储、运输和配送信息，开展物流全程监测、预警，建立各类可开放数据的对接机制，促进物流信息充分共享与互联，促进人员、货源、车源等信息高效匹配。推广二维码、无线射频识别等物联网感知技术和大数据技术，实现仓储设施与货物的实时跟踪、网络化管理以及库存信息的高度共享，提高货物调度效率。

科技金融。积极创新科技和金融结合体制机制，创新金融模式，引进培育金融新模式新产品，不断提升金融服务业水平和辐射能力，构建多层次、多渠道、多元化科技投融资体系。创业投资，充分争取河南省先进制造业集群培育基金、战略性新兴产业投资基金和现代服务业产业投资基金投入，设立示范区级创业投资引导基金，发挥示范区科技成果转化引导基金作用，共同引导产业创业发展。积极引导社会资本设立科技孵化基金、科技投资基金、贷款风险补偿基金，加强对科技企业孵化金融支持。积极争取开展科创企业投贷联动试点，为全生命周期的种子期、初创期、成长期企业提供资金支持。开展资产证券化、供应链融资、融资租赁等模式。

科技信贷，鼓励金融机构创新科技型企业贷款模式、产品和服务，引导政策性银行、商业银行和非银行金融机构创新信贷工具，开展知识产权投融资服务，扩大质押物范畴，开发知识产权质押融资新品种，开展股权、专利权、商标权和版权等担保贷款业务。鼓励设立科技担保公司，为科技型企业提供担保、再担保及反担保等业务。通过共享项目资源、探索使用认股权证等方式建立担保与创投业务协同机制，促进科技融资性担保机构与创投机构合作。

资本市场，设立科技型企业上市后备资源库，建立以企业需求为导向、政府引导、中介机构参与的培育机制，积极推动科技型企业上市。支持符合条件的自主创新企业及其他成长型企业到创业板上市融资，促进成长中的互联网和创新型企业实现快速发展。支持符合条件的企业利用配股、定向增发、公司债、可转债等方式再融资。加快发展债券融资，支持企业通过公司债、企业债、中小企业私募债、中期票据、短期融资券、超短期融资券等各类债务工具融资。

科技研发。深入贯彻国家创新驱动发展战略，以大众创业、万众创新为出发点，着力推进科技创新和成果转化，着力推进全方位创业发展，着力促进科技链、创新链、产业链、资金链、人才链深度融合，打造郑州国家创新型增长极。创新平台，整合全区创新资源，重点发展基础研究机构、产业研发机构和企业研发机构，加快推进河南省资源与材料工业技术研究院、河南省生命医学研究中心等建设。统筹国家超硬材料工程技术研究中心、国家数字交换系统工程技术研究中心、国家电动客车电控与安全工程技术研究中心等发展，推进专利、标准、文献、科普资源等科技服务领域专家库和区域共享资源数据库建设。鼓励建设特色优势行业专业化服务平台及各类专业特色数据库，优化产业聚集地检验检测公共服务平台布局，加快知识产权投融资服务平台建设。支持建设政府型创业综合体、市场型众创空间和龙头企业型众创空间，大力发展科技研发、互联网等产业。龙头企业，坚持引进与培育并举，扶持一批专业化、市场化的科技服务龙头企业。依托技术市场促进科技成果转化，推进跨部门、跨行业、跨层级整合与并购重组，在知识产权、科技中介、科技咨询、检验检测等重点领域培育一批技术能力强、服务水平高、规模效益好的专业服务龙头企业。支持有条件的科技服务企业发展成为高新技术企业。开展科技服务企业转型试点，推动同行业企业组建产业联盟，加强合作交流，实现资源共享，增强抵御风险能力，引导形成以龙头企业为核心、中小企业协同发展的科技服务产业群。服务体系，积极推广"创业苗圃、孵化器、加速器"孵化模式，围绕工业技术和互联网+、信息服务、电子商务等领域，大力发展研发设计服务外包，培育专业化的第三方研发机构。重点发展技术转移服务、专业技术服务、创业孵化服务、知识产权服务、科技咨询服务、科技金融服务、科技人才培育、科技普及服务。

创意设计。充分发挥创意在设计、研发、推广等方面的重要作用，重点发展工业设计和数字创意，促进文化资源内通和产业经济的互动发展，文化创意与互联网深度融合。工业设计，重点围绕装备制造、新型材料、新一代信息技术、新能源汽车等优势产业链，做大做强工程设计产业，鼓励国内外龙头骨干设计企业建立工业设计创新中心。实施一批工业设计示范项目，加强基于新技术、新工艺、新装备、新材料、新需求的设计应用研究，促进工业设计向高端综合设计服务转变。集聚发展工程设计、工业设计、广告设计等创意设计行业，打造国内知名的设计品牌。数字创意，以时尚创意设计提升城市生活品质，大力发展时装、珠宝等时尚产业，建设时尚产业集聚示范区，打造成为国内时尚之都。推动"文、影、漫、游"联动发展，大力发展手机动漫、网络游戏、应用动漫及衍生品等，推动虚拟现实等新兴数字显示技术、动漫生产与集成制作技术研究及应用，促进移动互联网技术和虚拟现实技术在文化领域应用，打造国内一流的数字内容产业集群。

商务服务。突出生态化、差异化、集聚化发展，大力发展楼宇经济和税源经济，积极发展总部经济、设计服务和中介服务，推动商务服务业发展提速、比重提高、水平提升、结构优化，提高商务服务对产业发展的支撑能力。总部经济，重点围绕装备制造、新型材料、新一代信息技术等工业企业和现代服务业，引进地区企业总部及采购、营销、信息资讯、研发创意等功能性中心。做强现有总部，提供更加人性化和符合总部企业需求的服务内容，支持高端化和服务化发展。积极培育瞪羚企业等科技小巨人，鼓励具有人才、技术和品牌优势企业中小总部扎根加速发展。设计服务，重点发展设计、策划、广告等发散性、创造性和高强度的脑力智慧服务，以城市慢行放松大脑、以优美环境愉悦心情、以休闲休憩激发创造灵感，打造郑州都市区设计师的天堂。中介服务，重点发展法律、咨询、会计、审计、评估、认证、广告等知识密集型专业服务业，培育发展居民和家庭服务业，培养具有行业竞争力和社会公信力的事务所和中介法人机构，打造一批高端商务服务集群。

（二）释放创新创业活力，提升高端要素转化率

顺应国家大众创业万众创新发展趋势，推动创新与创业相结合、线上与线下相结合、孵化与风险投资相结合，完善创新创业服务模式，强化技术支撑、投融资保障和环境营造，壮大创新创业群体，形成大众创业、万众创新的生动局面。

首先，打造一批众创空间。总结推广创客空间、创业咖啡馆、创新工场等新型孵化模式，充分利用闲置工业厂房、商务科研楼宇、仓库等载体，突出线上服务平台、线下孵化载体、创业辅导体系以及技术与资本支撑等四大要素整合，利用产业集聚区、服务业"两区"、大学科技园、科技企业孵化器、小企业创业基地和高校、科研院所等载体，打造形成一批低成本、便利化、全要素、开放式的众创空间，为广大创新创业者提供良好的工作空间、网络空间、社交空间和资源共享空间。2020年，众创空间达到100个以上，其中至少10个在国内具有品牌效应。

其次，构建完善的服务体系。围绕创新机构建设和发展，支持建设一批线上与线下相结合的公共服务平台、专业技术支撑平台、人才培训服务体系，大力发展检验检测认证、知识产权、科技推广、科技咨询、科普等各类科技服务机构。通过将科技服务纳入政府购买服务范围，制定科技服务业市场准入负面清单，完善服务标准体系和诚信体系，形成覆盖全省重点产业的科技服务产业链。2020年，各类创新服务机构达到 100 家以上，其中具有跨区域影响力的品牌机构 30 家以上。加快建设企巢新三板产业园，充分利用全国 51 个联盟分院的优势资源，引进天使基金、风投基金、创投基金、众筹平台、融资平台等科技金融平台，培育新三板企业的"孵化区"，5 年培育 300 多家新三板企业。

最后，培育一批瞪羚企业。引导科技型中小企业围绕国家重大工程、河南省重点产业和行业龙头企业集聚创新发展，提升省重点产业和产业链配套能力。实施瞪羚企业培育计划，通过财税金融政策、种子资金、天使基金等投融资支持等方式，加快培育一批年营销额超亿元的"科技小巨人"。探索以发行"创新券"等"后补助"方式支持中小微企业开展科技研发和成果转化，并加大政府对中小微企业产品及服务的采购力度。2020 年，科技型"小巨人"企业达到 100 家以上。

（三）挖掘服务制造潜力，提升协同化发展能力

把服务型制造作为制造业转型升级的重要抓手，推动商业模式创新和业态创新，促进生产型制造向服务型制造转变，培育发展生产性服务业，加快制造与服务协同发展。

首先，打造生产服务新模式。实施服务型制造行动计划，引导和支持制造业企业延伸服务链条，生产模式从以产品制造为核心向产品、服务和整体解决方案并重转变，营销模式由提供设备向提供系统集成总承包服务转变。利用互联网采集并对接用户个性化需求，推进设计研发、生产制造和供应链管理等关键环节的柔性化改造，开展基于个性化产品的服务模式和商业模式创新。鼓励优势制造业企业"裂变"专业优势，通过业务流程再造，面向行业提供社会化、专业化服务。

其次，培育生产服务新业态。充分运用互联网信息技术，培育具有跨界融合、高效结合的新型产业模式，推动制造业延链增值。建立工业设计创新服务平台，培育一批专业化、开放型的工业设计企业，大力发展创意设计。积极发展面向制造业的信息技术服务业，提高制造业信息应用系统的方案设计、开发和综合集成能力。鼓励承担国家国际联合研究中心、国家工业设计中心、国家质检中心、国家产业计量测试中心等国家级重大创新平台建设任务。支持优势制造企业设立

企业财务公司、金融租赁公司等，发展大型制造设备、生产线等融资租赁服务。壮大科技服务、第三方物流、节能环保、服务外包、售后服务等生产性服务业。

最后，发展互联网平台经济。面向制造业转型升级与打造产业基地需求，建设网络协同制造、生产服务外包、智慧物流、互联网金融等各类专业化网络平台，搭建一批中小企业公共服务综合性示范平台，推进产业组织、商业模式、供应链、物流链创新，发展体验经济、平台经济、分享经济。培育壮大一批以 B2B（企业对企业）、C2B（消费者对企业）为特征的电子商务平台，鼓励行业龙头企业供应链向行业电商平台发展。围绕主导产业，打造一批提供区域和行业全程供应链服务的物流公共信息平台，建设一批智慧物流示范基地。

第六章

郑洛新国家自主创新示范区
开放创新

习近平总书记在阐述自主创新和开放创新的关系时，指出："我国的经济体量到了现在这个块头，科技创新完全依赖国外是不可持续的。我们毫不动摇坚持开放战略，但必须在开放中推进自主创新。……我们强调自主创新，绝不是要关起门来搞创新。在经济全球化深入发展的大背景下，创新资源在世界范围内加快流动，各国经济科技联系更加紧密，任何一个国家都不可能孤立依靠自己力量解决所有创新难题。要深化国际交流合作，充分利用全球创新资源，在更高起点上推进自主创新，并同国际科技界携手努力，为应对全球共同挑战作出应有贡献。……在全球化、信息化、网络化深入发展的条件下，创新要素更具有开放性、流动性，不能关起门来搞创新。要坚持'引进来'和'走出去'相结合，积极融入全球创新网络，全面提高我国科技创新的国际合作水平。"

第一节 国内外开放创新模式

美国亨利·切斯布鲁尔教授在《开放式创新——进行技术创新并从中赢利的新规则》一书中正式提出开放式创新概念。推动开放创新的因素一是全球化。国际金融危机后，创新的开放性和国际科技合作成为各国创新战略的新特点。科技园区作为各国的创新前沿和核心区域，其开放水平是决定各国创新竞争力的核心要素之一。通过对世界科技发展新趋势的研究表明，我国亟待设立开放型创新区域，以开放式创新应对全球新一轮创新竞争的挑战。金融危机后世界科技发展呈现出新趋势、新特点。首先，各国将科技创新作为参与全球竞争的核心内容。为抢占新一轮科技竞争制高点，欧美日和新兴经济体加大创新投入，纷纷推出新兴产业规划和以科技创新为核心的发展战略，争夺创新资源的国际竞争更加激烈；二是对创新体系的开放性日益重视，"创新的开放性和国际合作"成为各国创新战略的突出特点。创新战略新趋势，客观上要求各国进一步扩大开放，深化国际合作，融入科技全球化，把握科技革命和创新前沿技术的发展趋势；三是作为创新的核心与前沿区域，科技园区成为一国或地区综合科技创新能力的重要标志和支撑。体制开放和国际化发展，成为决定科技园区国际竞争力的关键要素。为此，各国政府积极通过强有力的政策支持、放松管制等多种措施打造更加开放的创新环境，促进对人才、技术、资本、信息和服务等创新资源的全球配置，提升对高端产业活动的吸引力，为科技园区发展释放活力、开拓空间，进而增强国家和创新区域的国际竞争力和影响力。

在我国，开放与创新的结合是必然的，这是经济转型升级的内在要求。在东部沿海地区，很多园区经历了三波动力转换。第一波动力，是20世纪八九十年代的乡镇企业发展，为多数园区积累了第一桶金。第二波动力，即来自于本世纪初的全球制造业的大规模转移，很多园区通过跨国公司的引驻及配套的合作实现了规模上的大幅度扩张。第三波动力，则来自于近五至十年本土高科技企业的创新发展，一部分园区通过创新驱动、科学发展，较短时间占据了国内园区的领先位置。总体而言，那些能够打破路径依赖和思维惯性的园区，以开放的姿态、创新的理念，统筹兼顾，合理发力，能够在这一轮科技与产业的竞争中抢得先机，如苏州工业园区。而一部分园区则错失良机，一步慢则步步慢，不进亦是退，在历史的长河中褪尽颜色。

一　国内外开放创新发展态势

从国际上看，全球形成若干人才、技术、资本集聚的"创新尖峰"，从而掌控新经济版图。网络和信息技术助推创新资源在全球范围内加速流动和合理配置，在开放合作背景下，可借势实现跨越式发展。制造全球化向创新全球化、社交全球化深度演进，为后发区域通过高端链接、开放创新从而实现跨越发展提供机遇。

从我国来看，中国经济进入新常态，认识、适应、引领新常态是中国经济发展的大逻辑，转型升级发展是时代主题。以五大发展理念为引领，加快实施创新驱动发展战略、推进供给侧结构性改革成为经济社会发展主线。创新驱动发展成为国家优先战略，发展从要素驱动向创新驱动转变。互联网+、中国制造2025、大众创业万众创新等国家战略为我国经济增长提供新动能。一带一路、京津冀协同发展、长江经济带三大空间战略实施，一体化发展、跨区域发展是趋势。军民融合发展提速升级，军工资源密集区域迎来改革发展机遇。

从我省来看，中部崛起进入新十年，中部地区"承东启西"的战略地位更加突出。河南肩负粮食生产核心区、中原经济区、航空港经济综合实验区三大国家战略，战略位势突出。河南省将科技创新摆在经济社会发展全局的核心位置，加快构建现代产业体系和现代创新体系。《中国制造2025河南行动纲要》出台，指出要加速智能制造渗透，实现制造大省向制造强省的历史性跨越。

二　企业开放创新的主要做法

现代企业创新是一个多要素相互作用的复杂过程．由于创新的复杂性和不确定性、市场竞争日益激烈、产品生产周期的日益缩短，使得任何一个企业不可能在其内部获得所有的全部知识与信息，企业也难以将创新活动的完整价值链纳入到内部中来。为了创新，企业不得不与其他的组织产生联系来获得发展资源。这些组织可能是其他的公司，也有可能是投资银行、政府部门、大学、科研机构等。通过企业的创新活动，企业与这些组织形成了一个个网络，影响着创新。开放式创新的本质就是创新要素的融合和集成。企业充分利用开放式创新模式，构建强大的企业创新网络，从而整合创新资源、获得溢出效应、突破技术障碍、减少创新风险。企业是一个耗散结构系统，不断地与外界交流资源、能量和信息；企业创新也是一个耗散过程，只有企业获取外部的创新要素大于企业内部耗散的创新要素时，企业才能不断创新，不断成长和发展。

开放式创新首先是企业内部不同的单元进行协同和共同创造，其次是企业间的合作和伙伴间的合作。开放式创新进一步集中和分享研发资源及力量，开展更多的公共部门及私营机构之间的合作，探讨更多的分享知识产权或知识产权许可的形式，开放式创新意味着更高的速度、更低的成本，以及获得更长远的竞争力。

（一）借力外企研发本土化

近年来，在跨国公司全球经营战略的推动下，世界各主要行业的大型跨国公司加快了在我国建立研发机构的步伐，其数量和规模均呈现不断上升的趋势。跨国公司通过研发中心直接在中国进行新技术的研究开发，不仅加大了向中国技术转让的规模、加快了向中国技术转让的速度，而且把中国纳入其全球研发体系相网络，大大提高了中国在跨国公司技术创新体系中的地位。与此同时，中国也把这些跨国公司的技术研发和创新资源纳入了中国的创新体系。这就是经济全球化给中国和跨国公司带来的互利共赢的机会。

成立于 1993 年的夏普办公设备有限公司是最早落户常熟经济开发区的跨国公司之一。2006 年 1 月，为增强公司的自主创新能力，夏普决定在常熟成立总投资 2 千万元研发中心。该研发中心主要从事数码复印机硬件、软件和耗材的研发。研发中心的 75 名员工中，常熟本地人占 90% 以上，他们得到了学习国外先进技术、引进消化并吸收再创新的珍贵机会。常熟夏普和日本夏普的开发人员共同完成了一个新机型的开发，把每分钟 27 张纸的复印速度成功地提升到了每分钟 31 张纸的复印速度，并把该机型向全世界推出。更为重要的是，夏普常熟研发中心的成立，也加速了本土配套企业技术创新的步伐。

（二）合作研发的联合创新

革命性的科技进步，特别是信息技术的飞速进步，一方面使得技术创新周期缩短，另一方面使得技术创新风险提高，导致技术开发、产晶制造的难度日益加大，相关的研发费用高昂。许多单个企业已难以支持研发和产品开发庞大的资金投入。同时，公司间越来越模糊的界限促使了新创新模式的出现，越来越多的企业采取合作研发的方式进行联合创新，以保证研发活动的快投、多投，快速产业化，提高竞争能力。合作研发是创新中常用的企业间行为，其目标是解决产业共性技术问题，合作研发在企业创新中可以降低研发成本、分担研发风险；可以实现研发资源互补。通过资源融合共同完成创新；可以提供共同学习的机会，包括共同学习国外先进技术、联盟成员间相互学习彼此特长；缩短研发周期，通过产品先发获得市场先机，合作研发集中产业力量加快了成员企业进入市场的速度。

2007 年，我国大唐电信集团与瑞典爱立信公司达成成立联合研究中心的协议。该联合研究中心设在大唐电信集团，重点研究"准 4G"的 LTE/TDD 技术。双方重点攻克的是在中国力主的 TD 技术基础上如何向 4G 演进，这关系到中国 TD 的国际征程、竞争力等重要问题。

（三）技术收购助推自主创新

在开放式创新中，通过国际兼并拥有知识产权、核心技术是一条便捷的重要通道。现在国外一些企业有技术、有成果，但是没有市场；相反，一些国内的企业有市场但是没技术，合起来就可以双赢。国内一些企业通过到海外兼并濒临倒闭或非常困难的企业，使原有的技术资源包括技术成果和技术开发人才全部为我所有，产权归我，通过兼并方式提高自己的创新能力。

2005 年，英国资深研发公司罗孚核心知识产权申请破产，大量有开发经验的优秀研发人员面临流失。上汽抓住机会，雇佣罗孚研发人员为上汽提供研发服务，这支具备完整的体系和流程的开发队伍的加入，成为上汽及时获取国外最新汽车技术信息的窗口，进一步使其成为快速吸纳人才和培训人才的战略高地。

2004年10月，沈阳机床集团在与国内外近10家竞争对手的竞标过程中，一举成功全资收购了德国希斯公司全部净资产，直接获得了与世界主流水平同步的重大型数控铣镗床、重大型车铣复合加工中心、重大型数控立式车床等设计和制造核心技术，将这个具有百年历史的世界强手企业的商标品牌和研发制造能力的所有权整体纳入沈阳机床集团的体系之中。

（四）整合全球创新资源

研究表明，创新效率的高低与其组织形式显著相关。在不同企业之间、不同地域之间、不同行业之间都具有大量的创新资源，包括技术设备、人力资源、信息资源等。因此，如何将企业内外部，甚至是全球资源充分利用起来进行开放式创新是企业实现快速成长的关键。

华为非常聪明地把创新视野投向了全球资源。华为不但在全球广建研究所，而且各研究所各有目标、分工合作。例如，华为在印度的研究所，800多人全都是印度籍。这是因为就通信业来说，软件的作用尤为关键，而印度的软件业在全球具有较高的发展水平，通过在印度建厂，便可以充分利用印度人的软件能力。此外，华为在斯德哥尔摩建研究所，是为了吸引爱立信的技术人员；在俄罗斯建研究所，则是看中了其在算法、数学能力上的优势。就这样，华为的研究成果建立在6个研究所的通力合作上，有效实现了全球化下创新资源的整合与提升。

三　园区开放创新的主要做法

开放创新的一个重要内涵就是要素在更宽的范围内流动，对于高新区而言就是高端链接和辐射带动并存。辐射带动是高新区发展的重要目标，而高端链接则是高新区辐射带动的重要基础和前提。没有高端链接，高新区辐射带动就缺乏可持续的动力，即便是发展水平已经很高的园区也是如此。例如中关村科技园区，作为中国创新资源和要素最为集聚、创新能力最强的区域，对全国不同区域的辐射和带动比比皆是，其还长期保持着与美国硅谷、波士顿、以色列等创新中心的人脉、人才、技术链接，甚至有越来越强烈的趋势。持续推进高端链接，强化对外辐射带动，这是新时期园区保持开放创新的关键所在。

（一）硅谷模式

硅谷是目前世界上最著名、最成功的科技园区。硅谷实行"外引型"人才战略、"开放式创新"实践，借以汲取、整合园区内外、国内外资源，超越园区边界限制，实现硅谷持久发展。为其他科技园区克服人才、创新等边界限制，实现园区开放创新发展提供了一种参考。

1. "外引型"人才战略

硅谷积极吸收各国优秀人才资源集聚硅谷，从而使得硅谷地区外国出生的科学家和工程师的集中度远高于美国其他高技术地区。1990年，硅谷腹地圣克拉拉郡外国出生人口占总人口的23%，甚至超过了圣弗朗西斯科湾地区最大的移民聚居区——旧金山。就整体来看，1990年，硅谷地区四分之一的劳动人口与三分之一的高技术劳动人口是外国出生的。这些移民高度集中在专业职位上，硅谷技术产业中的科学家和工程师，有三分之一是由移民构成的。同时，这些移民在洲际和国家分布上呈现出极不均匀的现象，约有三分之二来自亚洲，亚洲移民中又以中国、印度为主，总和接近四分之三。因此，可以说，今天硅谷的辉煌仍是以 IC 为基础的，不过这里的 IC 不是代表集成电路（integrated circuit），而是代表印度人和中国人。

2. 开放式创新：超越园区创新系统边界

硅谷很早就认识到，为保持长久发展的动力，应该建立起基于全球的创新网络。保持硅谷与其他创新区域的全球性联系对其自身至关重要，因为这种全球化的创新资源整合，能够为他们的地区带来更高的生产绩效，为他们的员工带来更好的薪酬待遇，为他们的公司带来更丰厚的利润回报。硅谷这种开放式、全球化的创新思维仅从其创新成果的重要体现形式——专利中便可窥见一斑。事实上，硅谷的国外合作专利也正向我们说明了这一点。据统计，20 世纪 90 年代初期，硅谷地区的发明人与外国发明者共同申请的合作专利就占有一定比例（占硅谷专利的5%左右），1996年突破200件，至2000年，国外合作专利数接近500件，所占比重在6%—7%之间。2003—2005年，国外合作专利数在750件左右，所占比重稳定在8%左右。2006年国外合作专利增长较快，首次突破1000件，所占比重达到10%；2007年在合作专利总数略有下降的情况下，所占比重较2006年仍然上升了1个百分点，达到11%。总体上来看，从20世纪90年代初至本世纪头几年，硅谷地区国外合作专利在比重上增长了一倍多，在数量上则增长近五倍。

（二）苏州工业园区模式

2015年10月，经国务院正式批复同意，苏州工业园区成为全国首个开展开放创新综合试验区。多年以来，苏州工业园区通过全球开放，创造性地填补了苏州创新资源不足的空白。

每个企业都是开放创新的模板。苏州工业园自诞生之日起，就肩负起为中外互利合作积累新经验的重任，园区企业很自然地融入到世界分工当中。比如，仅仅引进的中东欧的企业就包括：波兰的苏州吉尼在瓶商务信息咨询有限公司、马杜自动化机械（苏州）有限公司、苏州商之孚企业管理咨询有限公司、苏州索尔服饰绣品有限公司、苏州工业园区皮姆斯电机机械有限公司；斯洛文尼亚的伊斯卡保护设备（苏州）有限公司、苏州工业园区智晶慧特种电机有限公司、中斯科技（苏州工业园区）有限公司、苏州博特阀门有限公司、多麦机电（苏州）有限公司、苏州瓦诺科技有限公司、苏州笃耐特密封材料进出口有限公司、斯洛伐克的苏州博林咨询服务有限公司，还有捷克的苏州海特尔生物科技有限公司、苏州德尔迪国际贸易有限公司、力天水晶（苏州）有限公司等等。

面向全球引进创新资源、实施创新驱动发展。2002年，苏州工业园区第一次提出以独墅湖为核心打造全球一流的科教创新区。随后，陆续引进美国加州伯克利大学、乔治华盛顿大学、加拿大滑铁卢大学、澳大利亚莫纳什大学、新加坡国立大学等一批世界名校资源，与国内人民大学、中国科技大学、中国科学院等一流的科教资源深度合作，目前，在校学生规模超 7.5 万人，其中硕士研究生以上近 2 万人，成为全国唯一的"国家高等教育国际化示范区"。

多年来，苏州工业园区累计建成各类科技载体超 380 万平方米、公共技术服务平台 30 多个、国家级创新基地 20 多个，在园区就业的外籍人才近 6000 名，累计引进外国专家 1000 多名，4000 名海外归国人才创办了 400 多家企业，被评为国家级"海外高层次人才创新创业基地"。

抢抓全球产业布局调整机遇，构建全球高端研发与生产基地。截止到 2015 年，园区吸引外资项目超过 5200 个，实际利用外资 267 亿美元，其中 91 家世界 500 强企业在区内投资了 150 个项目；全区投资上亿美元项目 139 个，其中 10 亿美元以上项目 7 个，在电子信息、机械制造等方面形成了具有一定竞争力的产业集群。

苏州工业园区面向全球聚集创新资源，不断优化金融、商务等创新环境，积极培育新兴产业，同时继续发挥跨国企业全球化市场、全球化布局的先进经验，形成"以技术创新促进新兴产业发展为主线，国内、外两种资源互动，国内、外两个市场融合"的良性发展态势。

苏州工业园建设初始借鉴了新加坡工业园区的发展经验，通过吸纳高端要素的集聚，挑战了产业分工的"雁型模式"，成功跳过低端劳动密集型的加工贸易阶段，直接引进全球企业 500 强、跨国公司（地区）总部以及研发中心等技术、知识、人才密集型的产业门类，大批产品技术含量较高的外资企业进区发展后，带动了以跨国公司配套为主的民营企业的壮大成长。园区透过开放，更早地看到了国际经验和发展趋势，进而自我创新，迅速切入以追赶世界潮流。

（三）中关村开放实验室模式

中关村开放实验室是北京市为充分整合北京地区高科技创新资源优势，推动产学研结合，积极促进科技成果向现实生产力转化而推动的一项重点工作。自 2006 年 6 月正式启动，中关村开放实验室通过不断开展体制、机制创新，深入挖掘优质高科技资源，积极引导协调服务，助力企业创新发展。

汇聚行业创新要素资源。中关村开放实验室汇聚了行业创新要素资源，为企业发展提供了智力平台。北京大学实验动物中心是目前国内仅有的几家通过国际实验动物管理评估及认证组织认证的实验平台之一，2010 年再次通过（AAALAC）三年复审完全认证。实验室具有同时开展 30000 只鼠、200 只猴、200 只兔、20 只羊、100 只犬和 50 头小型猪的实验能力；具有实验动物转基因制备技术平台、实验动物影像学技术和实验动物抗体制备技术等实验平台，不仅服务于中关村企业，也积极向北京企业开放，可为企业提供多种技术服务。

国家人类基因北方研究中心于 1998 年成立之初就参与了"国际人类基因组计划"，并完成了一系列重要的基因组研究项目。中心不仅拥有一批高素质的科研人员团队，还拥有用于高通量实验分析、基因组学研究和蛋白组学研究的多台/套高端实验设备，包括 DNA 测序仪、微阵列芯片分析仪和实验室自动工作站等，设备总价值 4000 余万元。在甲型 H1N1 流感肆虐初期，两例最早的病例血液样本就是被送到该中心做基因测序的。目前中心已累积申请专利 49 项，获批 13 项，均为发明专利。

推动产学研合作升级。中关村开放实验室对分散于北京的众多科研院所、高等院校科技资源进行有效整合、开放共享，挂牌实验室积极发挥自身优势，加大对企业的服务开放。围绕新兴产业发展和企业自主创新能力提升，中关村开放实验室工程共组织产学研合作活动两百余场，其中包括但不限于与相关园区、行业产业联盟共同开展政策宣讲、调研高科技行业和骨干企业技术需求，组织科技合作对接交流等。通过企业科技研发需求与科技资源供给的有效对接，促进了科研成果产业化。目前已逐步规范形成六大服务方式即：双走进（走进企业、走进实验室）促进活动、分领域系列对接、牵线搭桥当红娘、创新成果发布会、企业和实验室交流座谈等。

通过上述服务构建起"521"八种产学研合作模式即：五项共建包括企业与实验室联合承担国家重大项目、建立国家科技基础设施、建立企业实验室和企业技术中心、进行项目研发和创制先进标准、建立人才培养基地；两项服务包括为示范区企业提供检测认证和技术攻关服务；一项是科技成果转化给示范区企业。

推动研究成果产业化。为促进研究项目产业化，中关村实验室目前已设立了专门的扶持资金，对评估合格的开放实验室，中关村科技园区发展专项资金提供一次性经费支持，补贴开放实验室进行必要设备配备和认证所需费用。

开放实验室挂牌后，对产学研用的促进效用很快得到印证。当年，中科院高能所网络安全实验室就承接了启明星辰、网御神州、中科网威等多家专业网络安全公司的科研合作项目，仅仅是和启明星辰合作的一项中关村开放实验室重大专项项目"综合业务行为审计系统产业化"就为该企业带来近亿元的产值。自加入中关村开放实验室以来，中科院高能所网络安全实验室已经陆续承担了近 20 项企业委托开发项目，和中关村高新技术企业共同申请并承担了 5 个国家项目，获得了 10 余项软件著作版权并有两项科研成果获得省部级科技进步奖励。

第二节　郑洛新国家自主创新示范区亟待开放创新

郑洛新三市集聚了全省 53% 的高新技术企业、45% 的科技型中小企业、45% 的上市企业和 76% 的新三板挂牌企业，创造了全省 60% 的科技成果。建设郑洛新自主创新示范区将是我省构建开放型经济新体制的有益尝试和重要举措，是我省推进创新驱动发展战略的必然选择。以体制创新和政策突破为动力，改善创新环境，将增强我省在全国、全球范围内配置创新要素和参与国内、国际竞争的能力，有助于打造世界级创新区域并引领开放式创新，为打造河南经济升级版提供有力支撑，助力河南在新一轮科技革命和科技全球化中赢得主动。

一　开放创新现状

郑洛新三市集聚了全省53%的高新技术企业、45%的科技型中小企业、45%的上市企业和76%的新三板挂牌企业，高新技术产业增加值占全省的38.3%，创造了全省60%的科技成果。

郑州市建设国内首家以高端人才引进交流为主题的综合型智库——郑州创新人才发展服务中心；郑州国家技术转移中心是全国第二家、中西部首家区域性国家技术转移中心；对接市场化资源，布局打造20个创新创业综合体，承担专业化孵化加速、科技服务等功能。高新区发挥科教资源优势，大力培育科技型中小企业，企业创新发展成效显著。郑州高新区在科技部2015年度国家高新区评价综合排名中，排名全国第十二位，其中科技创新能力和可持续发展能力均排名第七位；在2016年科技部发布高新区孵化能力评估中，郑州高新区仅次于中关村，排名全国第二位；新三板挂牌企业数位居全国高新区第四位；2015年瞪羚企业位居全国高新区排名第二。

洛阳拥有包括14个国家级科研院所在内的600多家科技机构；军工企业众多，拥有8家重点监测军工企业和22家规模较大的军品配套企业，军民结合企业数量约占全省国防科技工业系统的三分之一；被评为小微企业创业创新基地示范城市、国家历史文化名城、新材料产业国家高新技术产业基地、国家首批创新型试点城市。洛阳高新技术产业开发区依托深厚的工业基因，大力推进科技成果转化和军民融合发展，整体实力日益增强，是七大国家高新技术新材料产业基地之一，在科技部2015年度国家高新区评价综合排名中，排名全国第二十位，知识创造和技术创新能力位居第十一位。

新乡市科技研发投入占GDP的比重连续三年居全省第一位；拥有高校9所，在校大学生近15万人，高校数量排全省第二位；拥有各类研发中心557家，其中，国家级29家、省级193家；全市90%规模以上企业与科研院所、高校建立了长期稳定的合作关系，涌现出金龙集团、华兰生物等一批依靠产学研结合的先进典型。新乡高新技术产业开发区加速企业科技成果转化的速率和效率，自主创新能力迅速增强。2015 年，新乡高新区预计完成高新技术产业总产值 376 亿元，占工业总产值 52.96%；华兰生物已成为全国最大的血液制品生产企业和最大的流感疫苗生产基地；拓新生化有限公司核苷及核苷酸系列产品在国际同行业排名第一。

二　开放创新存在问题

（一）创新人才不足

尽管近年来郑州、洛阳等地纷纷出台招才引智政策和计划，在招引高端人才上取得了一定进展，但是与其他示范区相比，郑洛新高端创新人才、高级产业技术工人等各层次人才相对较少，难以为示范区的进一步发展提供创新创业支撑（见表 6-1）。

表 6-1　　　　　郑洛新示范区与其他示范区创新人才数量对比

示范区		留学归国人员数		中高级职称		科技活动人员数		国家级科研院所	国家级孵化器
中关村		21521		345576		433410		200	26
东湖		2668		93642		125807		56	11
成都		9053		42524		78602		—	8
西安		3769		115354		101479		—	13
郑洛新	郑州	2834	3297	29164	55036	81805	115454	26	9
	洛阳	442		21999		28996			
	新乡	21		3873		4653			

1955—2015 年豫籍院士共有 72 名，全国排名第十三位。而在豫工作院士不足总数三分之一，链接高端豫籍人才潜力巨大，利用外部人才解决企业的创新问题，已成为中国本土企业实现开放创新的重要方式之一（见表 6-2）。尤其在"人才强国"战略的大背景下，本土企业通过松散合作、外部引入和内部培育等多种方式解决创新人才短缺问题，取得了一定成效。但这三类人才使用模式均无法满足企业对

外部高端人才的需求，在寻找和利用外部高端人才方面存在"找不到、用不起、留不住"的问题。这三个问题分别体现在人才供给、人才使用成本和人才可持续性三个方面，导致高端人才的供给和使用与企业创新需求之间存在一道"鸿沟"。

表 6-2　　　　　　　郑洛新示范区与其他示范区院士数量对比

省份	按籍贯当选院士数量（排名）	在本地或引进的院士数量
河南	72（13）	21
湖北	84（9）	62
四川	75（11）	88（引进量）

（二）双创载体较少，产学研合作开放创新不足

郑洛新三地虽然集聚了全省绝大部分的科研院所和创新载体，但是与其他示范区相比，郑洛新国家级工程技术中心、国家实验室等国家级科研载体平台不足，国家级孵化器发展滞后，创新创业活力不足。

从产学研合作开放创新平台看，企业技术中心、工程中心、产业技术联盟等都以运行技术合同类项目为主，只解决某类问题；短期性明显、功能成效单一；对创新资源的汇聚有限，对创新人才培养的作用不明显；对提升企业战略决策能力和创新能力的贡献不足。构建新型的产学研合作开放创新平台，是实现长效的开放创新与合作机制的一个解决之道。

从产学研合作开放创新模式看，第一，外部创新资源的使用成本过高，其使用效率不高；第二，通常局限于利用项目形式解决某个技术难题，这种方式具有明显的短期效应，一旦项目结束，合作就终结，因此开放创新不持续；第三，开放创新过程中，外部创新资源的能力和经验没有留在企业内部，无法真正提升企业的创新能力。

（三）开放发展不足

对内协同发展不足。目前示范区事宜仍由省科技厅高新处代管，

缺乏统一协调管理办公室，区域协同发展缺少顶层设计。郑洛新产业资源、科技资源重复浪费现象较为普遍，三地间以及市域范围内高新区与其他辐射园区之间产业链、创新链、资金链缺乏合作，未来需要加快推动科技、产业与金融的融合协同发展。

对外国际化程度不高。与其他示范区相比，郑洛新示范区在国际化及参与全球竞争能力上较弱，在集聚海外人才、技术等创新资源方面吸引力不足，在企业走出去、参与国际标准制定等方面的能力有待加强，其卓越的区位交通优势还没有充分转化为产业优势和通道优势（见表6-3）。

表6-3　　　郑洛新示范区与其他示范区国际化发展水平对比

对比指标	中关村	成都	西安	郑洛新			
				郑州	洛阳	新乡	合计
国际化与参与全球竞争能力排名	3	1	13	23	37	84	—
留学归国人员数量（人）*	21521	8901	3069	2834	442	21	3297
高新技术企业出口额占园区营业收入的比例（%）	0.46	1.82	0.19	0.1	0.23	0.38	—
企业设立的境外分支机构数（个）	239	158	86	77	15	0	92
企业累计参与制定产业国际标准数	64	36	55	9	14	0	23
出口创汇（亿美元）*	337.31	199.32	94.88	22.73	11.97	5.09	39.79

总体来看，郑洛新示范区具有开展高端链接的区位交通和人才基础优势，借势开放发展机遇，应积极融入全球产业价值链重构中，深度融入全国、全球创新体系，坚持引进来与走出去相结合，积极链接创新尖峰区域，持续集聚高端创新资源，推进以技术转移转化为核心的开放式创新，以开放创新为手段，增加创新供给，弥补自身高端创新资源匮乏，建设开放创新先导区。

第三节　推动开放创新的重点领域

一　创新源头开放

针对河南省创新资源匮乏、创新活力不足等现存问题，以提升示范区自主创新能力为目标，高端链接集聚创新资源要素，推动科技协同创新，大力推动创新源头开放，增强示范区创新源头供给。

（一）集聚创新资源

围绕示范区主导产业，建设一批全球顶尖科研机构和重大科研基础设施。持续汇聚全球顶尖科研机构。吸引诺贝尔奖获得者等战略科学家和科学大师，建设一批具有国际水平、突出协同创新的国家实验室，开展前沿性重大科学研究，加强基础研究和原始技术探索，形成颠覆性科技创新成果。建设一批重大创新功能型平台。争取国家布局重大科研基础设施和大科学装置，在智能制造、新材料、农业科技、生物技术、前沿通信、汽车智能节能等战略领域搭建一批重大创新功能型平台，积极申报国家大科学中心、国家技术创新中心、国家级科研基地，积极建设突破型、引领型、平台型一体的国家实验室，增强技术创新源头保障。加强高水平科研基础设施的建设，加快建设大型共用实验装置、数据资源、知识和专利信息服务等科技基础条件平台；发展高端科研仪器设备，提高科研装备自给水平；建设超算中心和云计算平台等数字化基础设施，形成基于大数据的先进信息网络支撑体系。鼓励科研院所开展跨行业的科研合作，对于科研院所掌握的基础类技术、共性类技术等带有公益性和部分排他性的科技成果，要鼓励科技人员以之为平台主动与其他科研机构、企业进行跨学科的组织与合作，共同推进科技成果的高效转化与最大化利用；鼓励科技人员主动与其他单位合作，对专有技术的产业化开发和产品开发进行联合攻关，提高科研效率。

围绕主导产业引进和建设一批高水平技术创新平台，着重突破一批产业发展的关键和共性技术，提升产业创新发展水平。建设一批高水平研发机构，围绕电子信息、装备制造、生物医药、新材料、新能源汽车与动力电池等主导产业需求，新建一批高水平国家技术创新中心、工程研究中心、国家工程实验室和企业国家重点实验室。加快推进河南省资源与材料工业技术研究院、河南省生命医学研究中心、国家兽用药品工程技术研究中心、新乡 3D 打印实验室等载体建设。提升产业创新发展水平，统筹国家超硬材料工程技术研究中心、国家数字交换系统工程技术研究中心、国家电动客车电控与安全工程技术研究中心、公路养护装备国家工程实验室等优势创新资源，围绕供给侧改革和产品升级换代，建设一批国家级产品质量检测研究中心，着重突破一批产业发展的关键和共性技术，全面提升产业创新发展水平。建设一批面向市场的新型研发机构，激活各类创新主体的产业源头作用，提高创新效率。采用"政府启动，院所、企业参与，市场化运作"的建设模式，通过体制机制创新，实行一定程度的"企业化运作"模式和"非营利机构管理"模式。结合科研与创新创业两种目标，注重技术创新与商业模式创新结合，推进创新链、产业链、资金链紧密融合，实现"科研+产业+资本"的良性互动，实现创新链与产业链无缝对接。吸引外部资源：着力推动以中科院为代表的国际一流科研院所在河南设立新型研发机构，大力引导以清华大学为代表的国际一流高校在示范区设立或合建新型研发机构、技术转移成果转化中心。激活本地基础：围绕区域性、行业性重大技术需求，实行多元化投资、多样化模式、市场化运作，发展多种形式的新型研发机构，实现先进技术研发、科技成果转化和产业孵化等功能。

加强郑洛新一流大学和一流学科建设，吸引国内外高等教育资源，弥补科教资源匮乏的短板。建设一流师资队伍，培养拔尖创新人才。深入实施人才强校战略，强化高层次人才的支撑引领作用，加强教师队伍建设。加强创新创业教育，大力推进个性化培养，合理提高高校毕业生创业比例，引导高校毕业生积极投身大众创业、万众创新。推进国际交流合作，提高国际影响力。加强与世界一流大学和学术机构的实质性合作，将国外优质教育资源有效融合到教学科研全过程，开展高水平人才联合培养和科学联合攻关。要围绕主干学科，突出学科优势，强化办学特色，建设若干一流学科，扩大国际影响力。

（二）科技协同创新发展

整合多方主体力量，建设协同创新中心、产业技术创新联盟和制造业创新中心等平台，有效开展协同创新。立足主导产业领域共性技术研究，整合示范区内高校、科研院所和企业，依托创新资源和要素，着力在新一代信息技术、超硬材料、耐火材料、装备制造等优势产业领域，积极申报协同创新中心，支持行业骨干企业与高等学校、科研院所、上下游企业等建立以利益为纽带、网络化协同合作的产业技术创新战略联盟，支持其承担国家、省重大科技专项、各类创新项目和高层次创新平台建设。针对北斗导航等新一代信息技术、耐火材料和超硬材料等新材料、工程机械等装备制造等重点领域，积极申报国家制造业创新中心，集中建设一批省级或区域制造业创业中心，打造多层次、网络化制造业创新体系，支撑示范区制造业转型升级。构建具有活力的协同创新体系，增强示范区创新源头供给。深化产学研合作，构建"政产学研用金介"多位一体的协同创新体系，构建开放高效的创新网络。以政府引导支持，联合科研院所、产业联盟、协会等产业组织，充分发挥金融机构、中介机构的作用，构建"政产学研用金介"协同创新体系，实现资源共享、风险共担和优势互补，推动示范区协同创新发展。完善创新资源流动机制，搭建郑洛新科技创新开放共享平台，促进创新要素在示范区内实现跨区域自由流动。依托郑洛新高校和科研院所，以郑洛新示范区为依托，搭建郑洛新科技创新开放共享平台，推动科技创新券三市互认，协同开展科技攻关等合作模式加强关键技术的联合攻关和集成应用，促进大型科研仪器设备、重大科技基础设施、重大科学工程和科技信息资源等共享共用，提供创新资源的信息咨询、交流等服务，开展线上、线下多项服务，推动科技、人才自由流动。

二　创新人才开放

(一) 落实各类人才引培计划

持续落实国家、省、市等地的人才引培计划，吸引高层次人才、豫籍海外人才、青年大学生、高校科研院所人员、技术工人等在示范区创新创业；实现诺贝尔奖获得者引进零突破和国家"千人计划""万人计划"人才倍增，培养一批"中原学者"。坚持"不为所有、但为所用"的柔性引才理念，灵活使用各类引才方式和薪酬激励方式，聚天下英才而用之。

(二) 打造高层次人才聚集地

建设科学家工作室、科技领军人才创新驱动中心和创新型人才培养基地，大力引进和培养一批战略科学家、科技领军人才、青年创新型人才，支撑郑洛新转型升级和创新发展，打造高层次人才聚集高地。

建设科学家工作室，积极吸引诺贝尔奖、两院院士等战略科学家。依托高校、科研院所等建设一批科学家工作室，作为吸引诺贝尔奖获得者、两院院士的重要载体；探索首席科学家通过自组团队、自主管理、自由探索、自我约束等机制，打造具有国际影响力的创新型人才队伍。建设科技领军人才创新驱动郑洛新中心，吸引一批科技领军人才。围绕本地高端装备制造、电子信息、新材料等产业需求，吸引科技领军人才。围绕科技领军人才引入，集聚专业化的创新创业科技人才，打造能够解决产业共性问题、解决企业实际技术需求的科技领军创新创业服务团队。

建设创新型人才培养基地，引培一批青年创新型科技人才。围绕盾构、精密轴承等重点实验室平台和国家科技项目支持建设一批创新型人才培养基地，重点对科研基础好、创新能力强的青年人才予以支持。鼓励青年人才申报国家优秀青年基金、国家杰出青年以及各类青年项目等。

(三) 着力吸引海外高端创新人才

围绕示范区主导产业发展，大力引进海豫人才，建立海外高层次人才联络处和信息网络平台，探索在全球创新创业高地建立一批海外人才联络处和海外高层次人才交流平台，打通海外人才回流通道；以豫籍海外高层次创业人才、产业领军人才、跨区域创业者为主要目标，全力吸引一批具有掌握国际先进技术、拥有自主知识产权的海外高端创新人才。

（四）提升人力资源市场化水平

发挥市场在人力资源配置中的作用，加快人力资源市场专业化、信息化、产业化、国际化建设步伐，加速提升人力优势。

建立人力资源服务集聚区，集聚专业化、国际化服务机构，强化豫籍高端人才引进和本地人才质量提升。加大各类服务机构引培力度，建立专业性人才市场。鼓励区域内人才市场和劳动力市场整合，提升资源利用效率，形成公共服务和经营性服务协调发展的局面。面向电子信息、生物医药等产业细分领域开设专业性人才市场和人才招聘会。加快人才市场同省内外、国外人才市场的对接。

三　创新市场开放

针对河南创新能力不足等问题，加快国家技术转移郑州中心的建设和运行，充分激活本地高校、科研院所、科技型企业等创新资源以及河南省中国科技院成果转移转化中心等平台作用，搭建技术转移网络化通道，有效对接国内外创新资源，实现技术交易服务、科技成果转化、国际技术转移、军民技术双向转化等功能，在开放创新中实现自主创新。

（一）完善技术交易市场服务

通过完善技术交易市场服务、推动科技成果转移转化、链接国际创新资源、深化军民技术双向转化等方面，推动开放创新。

建设中原科技大市场，整合线上线下资源，打通科技资源和创新要素流动渠道。以产业发展为依托，网上平台及有形实体市场建设为重点，通过政府引导、市场配置、模式创新、政策支撑、服务集成"五措并举"，建设中原科技大市场，整合线上线下资源，以"互联网+"技术信息、交易、转让等为一体，打造立足郑洛新、服务中原、辐射全国、连通国际的科技资源集聚中心和科技服务创新平台，打通政府、产业、企业三个层面创新要素流动渠道。

依托中原科技大市场，定期举办高新技术成果交易会，促进技术交流和技术交易。定期召开中部技术交易会，组织科技成果展览展示、重点科技成果推介、专利技术竞价、政策咨询解读、专家分析点评、招商对接洽谈等活动，一方面搜集本地的科技信息情报和科技成果，通过推介，推进技术流出；另一方面，围绕郑洛新示范区新兴产业重点领域发展需求，有目的地促进技术引进，实现技术双向交流和交易，显著提升示范区技术交易的活跃度。

集聚各类科技服务机构，搭建科技资源开放服务平台，协同开展技术转移服务。引进一批技术中介及技术咨询服务机构，积聚孵化器、创业服务中心、大学科技园等创业服务机构，吸引一批风险投资机构、律师事务所等其他中介机构。推动高校、科研院所、产业联盟、工程中心等面向市场开展中试和技术熟化等集成服务；支持有能力的技术转移服务机构开展企业技术并购、技术拍卖、知识产权买断—孵化—退出等高端技术转移服务；为企业提供技术转移过程中的投融资咨询、融资担保等服务；为技术转移提供居间、行纪或代理服务，并根据需要对引进的技术进行集成、二次开发或技术营销。

建设重点领域和行业的知识产权数据中心，完善知识产权管理体系，加强知识产权转移转化保护力度

（二）推动科技成果转移转化

立足产业需求，拓宽技术转化模式，深化军民融合，创新转化机制，进行精准技术转化，提高技术转化率。

深入挖掘本地产业需求，加强重点企业与技术源头的高效衔接，实现科技成果转化与示范区需求精准对接。

出台鼓励技术转移的政策办法，完善科技评价机制和成果转化激励机制，推动科技成果转化落地。通过设立专项资金、拓宽融资渠道等方式，为科技成果转化提供资金支持，同时制定具体办法，对科技

成果转化给予补贴和奖励，促进科技成果的转化落地。强化有偿转让、委托科研、联合研发、联合共建研发中心和实验室等技术许可与技术合作；实施"金苗计划"，加快一批重点创业企业的高端技术的产业化进程，加快以创业带动技术转移的速度；在市场竞争和宏观调控相结合基础上，鼓励新兴企业通过兼并、收购、重组等方式做大做强，增强新兴企业技术消化、吸收和集成等技术转移能力。

（三）链接国际高端创新资源

瞄准全球创新尖峰地区，深入开展高端链接，推动跨国技术转移，积极融入全球创新价值链。

充分发挥本地跨国技术转移平台的作用，高端链接海外技术转移机构，推动跨国技术转移。充分发挥示范区"中白（白俄罗斯）科技合作中心""中韩科技合作中心""中意（意大利）工业技术研究院""中以（以色列）国际技术转移中心"等科技合作机构的作用；积极推进中国（郑州）第二届国际创新创业大会暨跨国技术转移大会上新签订的"中欧国际技术转移郑州中心""中澳（郑州）创新中心""中德（郑州）智能生产孵化中心""中德（郑州）国际成果转化交易中心"等系列项目。高端链接 Yet2.com、欧洲创新转移中心（IRC）等海外技术交易平台，争取建立合作关系，推动与发达国家技术转移机构联合成立跨国技术转移联盟；积极引进德国史太白技术转移中心、科威国际技术转移有限公司等一批高端化、专业化、市场化的技术转移服务机构，组织开展示范区与国内外先进地区的技术合作与交流活动。

规划建设郑洛新示范区国际科技合作基地，承接国际技术转移及产业化项目。围绕示范区主导产业发展，积极争取国家支持，以河南中以科技城为依托，凝聚郑州大学国际联合研究中心、中日及中韩科技合作中心、中白科技合作基地、中希研究院等多方资源，引进或共建一批国际科技园，打造国际科技合作交流的高端平台、国际科技成果转化和高新技术产业转移的重要载体。

围绕高新区主导产业需求，秉持"全球技术—平台加速—中原创造"理念，以国际化视野挖掘并对接全球顶尖创新资源，集聚一批具有颠覆性创新技术的海内外高端创业团队，支持有条件的科技企业孵化器、大学科技园建设海外孵化器，吸引全球资本，开展全球项目推介，通过推动跨国创业实现跨国技术转移转化。

（四）深化军民技术双向转化

加强军民融合载体建设，加速破解军民融合体制机制障碍，将国防资源转化为经济发展优势

四　创新格局开放

（一）促进三地协同发展

通过统筹产业链协同布局、统筹创新资源布局、建立区域交流机制等，推动郑洛新一体化发展。建立一体化协同推进机制，建立省统筹、市为主、多部门协调的工作机制，加强城与城、园与园、部门与部门之间的协同，着重推进示范区企业和民间组织的合作交流。制定推行动态评估考核体系，重点突出对示范区各功能板块合作项目、交流互动、科技创新、创业孵化、国际化等方面的考核。统筹区域产业和创新资源布局，面向示范区战略发展需求，强化顶层设计，推动郑洛新三地围绕特色优势建设一批高新技术产业研发与产业化基地、新型工业化产业示范基地。明确郑洛新三地产业链聚焦领域和功能定位，推动创新要素在示范区各区域间合理流动和高效组合，构建跨区域的创新生态。

（二）强化区域交流合作

加强与国内创新高地的战略合作，主动对接中关村等京津冀创新高地，搭建京津豫人才交流平台、科技金融平台以及科技服务平台。加快建设跨区域技术（产权）交易中心、技术交流合作中心、技术转移人才培训中心等，积极承接长三角、珠三角地区的科技成果转化。把握河南"米"字形高铁网建设机遇，推动实现示范区与高铁沿线重要节点城市的"速联速通"，加强与武汉、西安、合肥、济南等节点城市在人才流动、技术研发、成果转化方面的深度合作，着力打造高铁经济带。全面加强与中关村、武汉东湖、上海张江、深圳等国家自

主创新示范区的深化战略衔接，推进相关政策协同创新。

（三）加强国际开放合作

搭建高端链接平台，对接海外创新高地，集聚国际创新资源和要素，加强国际科技交流与合作。实施企业"出海计划"，鼓励企业"走出去"，融入全球产业链核心环节

树立全球视野，积极探索具有郑洛新特色的国际科技合作发展道路。提升中国（河南）国际投资贸易洽谈会、中国（郑州）产业转移系列对接活动的影响力，积极承办举办国际性会议。推动郑洛新示范区与硅谷、特拉维夫、班加罗尔等全球创新高地建立稳定的合作关系。

着力推动"双自联动"。借鉴上海自贸区发展经验，打造具有国际水准的对外开放高端平台，全力建设河南自贸区。深化示范区出入境管理体制改革，全面实行外商投资准入前国民待遇加负面清单管理制度。促进国际贸易和监管便利化，对外商投资项目实行核准备案法制化、责任监管清单化管理，加强招商引资信息受理和处理服务平台建设，构建信息共享服务体系，打通"关、税、汇、检、商、物、融"之间的信息壁垒，实现政府管理部门之间信息互换、监管互认、执法互助。搭建国际商务平台，加快境外投资服务中心、外贸综合服务平台等专业服务平台建设，全面实施单一窗口和通关一体化模式建设，强化国际化服务水平。

（四）深度融入"一带一路"

贯彻河南省"东联西进、贯通全球、构建枢纽"开放发展思路，实施"豫贸全球计划"，建立多边经贸合作模式，完善跨境贸易体系，打造"一带一路"商贸物流中心。实施郑洛新龙头企业"出海计划"，支持农业、装备制造、资源加工等领域优势企业加大国际资源开发、产业投资和市场拓展，探索共建境外产业集聚区，实现国际产能合作，支持面向中亚输出现代农业技术。提升郑州、洛阳丝绸之路主要节点城市的辐射带动作用，鼓励引导省内科技园区、产业集聚区积极融入，形成全方位参与"一带一路"建设格局。

第七章

郑洛新国家自主创新示范区
体制机制创新

近年来，我省紧抓国家战略规划实施机遇，经济社会发展取得显著成绩，呈现出中原崛起的良好态势。但与其他省市相比，我省科技创新力度较弱，科技对经济发展的贡献度较差。因此，要在未来竞争中赢得先机，就必须在管理体制创新、放管服结合、科技金融结合等方面，加大探索力度，创新体制机制，释放发展活力动力。

第一节　我国自主创新示范区体制
机制创新进展情况

从当前自创区建设的总体情况看，自创区管理涉及主体多、层级多、跨度大，这就凸显了管理模式创新的重要性。

一　推动管理体制创新

为推进国家自主创新示范区建设，各地积极探索，积极开展行政管理制度、劳动人事制度、社会管理制度等方面的改革，充分赋予自创区经济管理权限和与之相适应的行政管理职能，推动管理体制机制创新。一是成立了较高规格的组织管理架构。目前，各自创区都建立了较高规格的领导小组，领导小组一般由自创区所在省（市）的主要领导任领导小组组长，省（市）分管领导任副组长，省（市）直有关部门负责人、大学、科研单位等为成员组成。二是赋予了较大的管理权限。作为"科技特区",许多自创区被赋予了省级、副省级、市级经济管理权限和相应的行政管理职能。三是进行了一系列有利于创新的改革。为推动创新发展,自创区推行了一系列行政管理制度、劳动人事制度、社会管理制度等方面的改革,建设"小机构、大服务,小政府、大社会"的发展模式。目前,我国自创区发展已经形成了以下四种管理模式(见表7-1)。

表7-1　　　　　　　我国自主创新示范区主要管理模式

序号	主要类型	内　　容	特　　点	代表性自创区
1	政府直接管理型	自创区宏观管理以及财政、项目审批、土地、规划、人事等主要决策权由政府(或由政府部门组成的领导小组)直接行使,政府有关部门分别管理相关事务,自创区管委会主要是协调和具体事务的管理	政府直接领导,有关部门介入较多,需要协调的事很多,自创区的发展受所在地政府及有关部门的行政效率影响很大	
2	政府委托管理(派出机构)型	自创区的主要决策和管理权都由政府派出的管委会行使。管委会是省(市)政府的派出机构,集中了省(市)政府的部分管理职能,负责对自创区各项事务,包括自创区的建设与发展规划进行组织实施,管理区内高新技术企业等。地方政府除了在发展方向、大的政策决策以及任命管委会主要领导方面行使权力外,主要起支持和保障作用	自创区管委会权力集中,有利于解决园区发展的重大问题,包括各园区的发展定位、规划、政策等;有利于加强重大决策的督办;有利于提高效率。但这种模式,要选好管委会的带头人,同时需要省(市)政府强有力的支持	中关村等
3	政府开发管理型	由政府组建开发公司,进行区域开发和建设。政府授权部分管理职权给开发公司,但由于授权有限,开发公司无法协调解决自创区改革和发展中出现的新情况、新问题		
4	政府委托管理和政府开发管理并存型	管理委员会为政府派出机构,独立履行行政工作职责,同时,设立开发管理公司,将"管委会与公司合一"协调运行,管委会领导兼任园区开发公司企业负责人,管委会是决策机构,集团公司是具体操作者		上海市张江

二　搭建协同创新平台

北京中关村、深圳、武汉东湖、重庆两江等自创区加快建设成果转化平台、公共技术服务平台、企业协同创新平台、大数据服务平台为主要构成的一批协同创新平台，在大数据、人工智能、虚拟现实、量子通信、智能机器人、精准医疗等前沿技术领域催生一批自主创新成果。

打造区域协同创新服务平台。北京中关村成立"一司一金一空间"，打造区域协同创新服务平台。支持成立"中关村协同发展投资有限公司""协同创新投资基金""中关村领创空间"。中关村协同发展投资有限公司由中关村发展集团联合中国交建、招商局地产发起成立，致力于构建跨区域协同创新链和科技园区产业链。中关村协同创新投资基金由中关村发展集团联合14家地方政府和金融机构共同发起设立，总规模100亿元，是国内首只区域协同投资基金，采取母子基金"1+1+N"模式，即1只母基金，下设1只协同创新子基金，"N"只面向各合作区域的"协同发展子基金"，旨在支持各地市打造良好创新创业生态环境。

推动产学研资用紧密结合。深圳自创区着眼于形成创新的叠加效应，努力构建多要素联动、多领域协同，对内可循环、可持续，对外形成强大创新资源集聚效应的综合创新生态体系。发挥政府、龙头企业、行业协会等作用，在移动互联、机器人、基因、北斗卫星导航等领域建立了45个产学研资联盟，整合技术、资金、人才、产业、市场等要素，推动共性技术、关键技术攻关；推动科技服务业集聚发展，落实国家和省加快科技服务业发展的政策措施，与科技部共建国家技术转移南方中心。

加大了区域间深度合作的力度。在科技部等有关部门支持下，武汉东湖、重庆两江、南京高新区、合肥高新区发起成立了长江流域园区合作联盟，构建了园区协同发展平台。积极响应科技部的要求，支持甘肃兰白科技创新改革试验区的建设。建立了"张江兰白科技创新改革试验区技术转移中心"，以点带面携手推动"兰白试验区"建设，并取得了初步成效。牵头组织推进了"张江长三角科技城"建设。积极支持上海张江张家口高新技术产业园和张家口上海"北方硅谷"建设，先后为张家口市导入数十家高新技术企业，该企业大部分的总部落户上海，不仅推动了张家口市产业转型升级发展，而且推动了张江总部经济的建设。

构建了国际合作交流新载体。根据张江示范区建设世界一流园区以及全球影响力的科技创新中心建设的需求，依托国际技术转移功能集聚区，与美中合作发展委员会签署战略合作备忘录，建设张江波士顿园。以张江专项发展资金为引导，在美国硅谷设立了"中国上海张江国家自主创新示范区硅谷微技术产业园"，加强与国际先进技术的互联互通。借助张江欧盟和美国硅谷联络处等平台，与多个国家和机构建立了合作交流关系。深圳积极参与中微子实验国际合作项目、国际基因组计划、国际植物组学研究等国际大科技计划，微软、英特尔、甲骨文、三星等一批跨国公司研发中心落户深圳。不断推进"深港创新圈"建设，截至2015年年底，两地已累计投入3.5亿元联合资助科技合作项目，6所香港高校在深建立了产学研基地。

三 深化"放管服落"改革

近年来，我国许多自创区以转变政府职能、打造服务型政府为核心，进行了"简政放权、放管结合、优化服务、落地见效"四位一体的改革，打造了有利于创新创业的制度环境。

（一）简政放权，给予创新更大的空间

"放管服落"首先是简政放权。近年来，我国许多自创区采取多项措施推进简政放权，给予示范区改革创新更大的空间。

——最大限度下放管理权限。我国许多省市坚持"明确简政、彻底放权""倾其所有、一步到位"，最大限度地给予国家自主创新示范区政策支持，推动示范区改革发展。如湖北省对东湖自创区采取"概括加列举"的模式，明确了管委会行使武汉市人民政府相应的行政管

理权限，同时对具体职责分项作了列举，明确了管委会的事权范围。同时改革行政审批制度，明确省、市政府有关部门实施的示范区范围内的行政审批事项，由管委会负责实施；省、市政府有关部门负责先行审核的示范区范围内的行政审批项目，委托管委会审核，再报国家有关部门审批，最大限度地下放审批权限，实现示范区行政审批"办事不出园区"。

　　——探索建立了有利于创新的商事制度改革。自创区重点开展了商事制度改革，推进创新创业。如国家工商总局在中关村出台了43条试点政策后，近年来又出台了工商19条，开展工商登记全流程网上办理、开放企业名称数据库等多项改革。国家工商总局商标局专门设立了驻中关村办事处，这是全国第一个派驻的商标办事机构。设立中关村审评分中心绿色通道，开展"研产分离"等改革试点。武汉东湖实行注册资本认缴登记制和工商先照后证登记制，建立完善企业设立、变更、投资"一表申请、一口受理、一章审批、四证联办"的服务模式。

　　（二）放管结合，激活各类创新主体的活力

　　放管有效结合，才能激活各类创新主体的活力。我国许多自创区创新和加强监管职能，利用新技术新体制加强监管体制创新，进行了放管结合的尝试和探索。

　　——制定"权力清单""责任清单"和负面清单。我国许多自创区按照"法无授权不可为、法无禁止即可为、法定职责必须为"的原则，制定了相应的"权力清单"和"责任清单"，明确政府的权力和责任，减少政府对具体事务的干预，把应该由市场决定的事项交给市场，把应该由政府承担的责任落实到位，强化对行政权力的制约和监督，推动政府职能向创造良好发展环境、提供优质公共服务、维护社会公平正义上转变。

　　——明确对市场主体实行以事中、事后监管为主。自创区明确对市场主体实行以事中、事后监管为主的动态监管，建立抽查和责任追溯制度，实施企业年度报告公示和企业经营异常名录管理，完善市场主体信用信息系统，推行守信激励和失信惩戒联动机制。

——创新监管方式。创新监管方式，借鉴国外市场监管的经验做法，通过加大随机抽查、智能监管来提高监管效率。

（三）服务到位，提供高效便捷的政务服务

"放管服落"很重要的是优化服务，自创区通过改革行政管理与服务的体制机制，推动政府购买服务创新、社会治理创新、公益性事业管理创新，促进政府职能由"行政管理"向"公共服务"转变，构建满足于自主创新和扩大开放需要的服务机制。

——探索开展人才制度和人事制度改革。中关村开展外籍人才出入境管理改革，在设立中关村外籍人才出入境办事机构，降低外籍人才办理签证、获得工作居留许可和永久居留资格门槛、建立市场化人才引进机制等方面开展探索。武汉东湖明确管委会自主设立、调整工作机构，在核定的编制和员额总数内，建立健全以全员聘用制为主的干部人事制度，适应示范区改革发展的需要。西安高新区采取"封闭式管理、开放式运行"和"小机构、大服务"管理模式。实行全员劳动合同制、干部聘任制、绩效薪酬制，采取重创新、重突破、重实效的绩效考核制，公开招聘、竞争上岗，做到了人员能进能出、职务能上能下、薪酬能高能低。

——构建"小政府、大社会"的组织构架。构建"小政府、大社会"的组织构架，管委会内设机构实施"大部制"。推动政府购买服务创新、社会治理创新、公益性事业管理创新。如武汉东湖成立政务服务局，负责全区行政审批、政务服务，管委会9个职能部门的86项审批事项统一归口一个局，26枚印章变成一个章，优化政府服务环境。明晰园区服务企业、街道服务群众、部门服务基层"三条线"的管理服务体系。推进管理服务扁平化，推动权限下放、人员下沉，厘清和理顺政府与市场、与社会之间的关系，进一步转变政府职能。西安高新区建立健全了"大部制"封闭式管理，开放式运行等管理体制和"城市开发+产业发展"联动的运营发展模式；先后推行服务承诺、首问负责制、限时办结制及超时默认制度等六项服务制度，打造了西部首家"零收费园区"。

（四）落地见效，找准痛点打通堵点

好的政策也要得到好的落实，要加强制度建设和工作督查，确保政策落地见效。如要打通最后一公里，还需找准痛点打通堵点。

——出台操作性强的实施细则。为推进自创区政策的落实，许多省市出台了实施细则，从制度层面营造有利于创新的环境。如武汉市出台了《促进东湖国家自主创新示范区科技成果转化体制机制创新若干意见》，鼓励东湖高新区科技成果转化。

——探索建立了统一的国家政策和地方政策的有效衔接机制。中关村完善高新技术企业认定试点和建设统一监管下的全国场外交易市场，体现了统一的国家政策和有区域特点的地方政策的有效衔接。

——清理不适应地方性法规、地方政府规章。清理不适应自创区经济社会发展的地方性法规、地方政府规章和其他规范性文件。

——建立容错机制。规定示范区改革创新、先行先试的免责条款，建立容错机制，营造鼓励创新、宽容失败的发展氛围。

四 推动科技与金融融合创新

（一）苏州模式

"苏州模式"是在中小科技企业融资难的大背景下应运而生的。苏州政府借鉴以色列的科技金融体系，开创了独特的"苏州模式"，即以银行为中心，以政府打造的产业环境和政策体系为基础，加强与创投机构、保险机构、证券机构等合作，再结合会计师事务所、律师事务所、人力资源机构等科技金融中介机构的服务，为科技企业的发展提供一揽子综合化、专业化的金融服务。苏州模式形成了"银行+政府+担保+保险+创投+科技服务中介"统一结合的科技金融体系。

一是政府起到了主导和引领作用。为缓解和改善科技型中小企业融资难的状况，苏州市政府出台了一系列的法律法规，进一步优化金融生态。苏州市通过《关于科技金融融合工程实施方案》《苏州市科技型中小企业信贷风险补偿专项资金实施细则》《苏州市天使投资引导资金实施办法》。

二是初步形成了"一库、一池、一平台"的科技金融苏州模式。一库，全市中小科技企业数据库。2010年起，苏州就建立科技金融服务平台，组织专家对申报企业开展审核，将拥有自主知识产权、研发投入高、成长性好的中小型企业纳入科技型企业库。解决科技型中小企业资产轻、风险未知的难题。一池，省、市共建的苏州科技信贷风险补偿资金池，首期规模达到3亿元。同时，加快推进科技信贷的市县联动、市区联动，实现了"科贷通"全覆盖。随着"科贷通"流程进一步优化，苏州市建立起差别化的风险分担机制，着力解决"苗圃""孵化""加速"三类企业的"首贷"问题。一平台，就是科技保险、创投、担保等科技金融服务机构。

三是建立了"第三方评价制度"。为推动科技和金融更加紧密结合，苏州市建立了科技金融评估制度，评估涉及参评银行的科技信贷增量、覆盖面以及业务创新能力等，还专门引进了第三方评价。"第三方评价"主要来自市科技局下属的市科技金融服务中心，这个中心一头连着科技企业，一头连着金融机构，不仅掌握全市的科技型中小企业名录，还动态跟进银行科技信贷服务质量，科技金融信贷政策实效也能通过平台凸显出来。目前苏州工业园区科技、金融融合发展势头强劲，已形成完整的科技金融服务、产品和政策三大体系，可为处于不同发展阶段的科技型企业提供全方位、多层次的金融支持。

（二）中关村模式

中关村国家自主创新示范区是第一个国家自主创新示范区。从2010年起，国家在北京中关村自主创新示范区先行先试了金融、财税、人才激励、科研经费等促进科技创新的一系列政策，取得积极成效。大众创业万众创新呈现勃勃生机，以"新技术、新经济、新金融、新机制"等为代表的"新中关村现象"引领全国。

一是搭建融资服务平台。成立北京中关村科技创业金融服务集团有限公司。集团下属创业投资、担保、投资管理和小额贷款四个子公司，该集团通过整合区域优质企业资源和金融服务资源，实现资源共享、业务协同、工具创新和提高服务效率。搭建中关村创业金融服务平台，设立统一的中关村企业融资服务申请通道，收集整理分析中关村企业融资需求，发挥平台金融机构和科技中介机构聚集的优势，建立中关村企业和各类金融机构之间的沟通机制，促进技术与资本的高效对接。推动成立专项工作服务联盟，一是成立了由保险公司、银行、信用中介机构组成的中关村信用保险及贸易融资服务联盟。二是成立了由银行、券商、信托机构、保险机构、会计师事务所、律师事务所、创投机构等参加的中关村代办系统股份报价转让试点金融服务联盟，集合各方资源，形成工作合力。

二是不断拓宽企业融资渠道。中关村初步形成了"一个基础、六项机制、十条渠道"的投融资体系。"一个基础"是以企业信用体系建设为基础。按照以信用促融资，以融资促发展的思路，中关村建立了中关村信用自律组织，同时还实施了企业信用星级评定计划，支持企业培育信用意识。"六项机制"包括信用激励、风险补偿、以股权投资为核心的投保贷联动、分阶段连续支持、银政企多方合作、市场选择聚焦重点等机制。"十条渠道"包括天使投资、创业投资、代办股份转让、境内外上市、并购重组、集合发债、担保贷款、信用贷款、小额贷款、信用保险和贸易融资。至 2015 年，中关村与专业投资机构合作设立了 16 只天使投资基金和 52 只创业投资基金，基金总规模超 330 亿元。

三是支持企业利用多层次资本市场做大做强。国务院批准了新的中关村股份报价转让试点制度，北京银行、中国银行、交通银行等设立了 12 家专营机构，为科技企业提供信用贷款、股权质押贷款、认股权贷款、知识产权质押贷款以及信用保险和贸易融资等创新产品；设立了 100 亿元的北京股权投资发展基金，国家发改委支持中关村的股权投资机构进行备案。至 2015 年，中关村上市公司总数达到 278 家，境外上市超百家，创业板上市公司占全国的六分之一，新三板挂牌和通过备案企业总数占全国五分之一。

第二节　体制机制创新存在的问题

我国自创区的管理体制创新取得了一些成绩，但从进一步加快推进科技创新的角度看，还存在一些亟待改进的地方。

一　政府干预程度较高

目前我国自创区管理权威性最强、应用最广的是政府主导型，这是由目前的国情和自创区现状所决定的，这种模式在自创区建立初期具有较大的优越性，但随着自创区的发展，这种模式的弊端也日益显现。由于受政府强干预作用，通常存在着管理权利争夺、税收收益冲突等问题，最为重要的是，由于政府干预，影响了市场机制作用的发挥，而市场机制则是决定创新是否成功的决定性因素。

二　管理权限落实困难

自创区作为地方政府的派出机构，虽然多数拥有市级或市级以上经济管理权限，但在实际运作过程中，由于权力、利益、责任划分等方面原因，自创区所授权力落实困难，关键权力往往难以真正下放给自创区，致使自创区土地征用、工商注册、人才引进、资金融通等方面受制于所在地方的其他有关部门和有关政策条文的制约，自创区与区外原有体制的摩擦时有发生。目前，部分省市由地方人大通过或以政府令的形式制定出台了关于自创区的地方性法规，如武汉东湖，其法律地位问题得到了一定程度的解决。但是，大部分自创区仍缺少行政执法的主体资格，不能建立强有力的行政执法体系，使自创区难以在减少行政审批、环境建设、保护高新技术企业合法权益等方面发挥其应有的作用。行政主体地位不明确，已经成为制约自创区发展的重要因素。

三　自创区管理机构组成较为单一

作为自创区的管理机构，我国多数自创区管委会主要由行政官员组成，缺乏大学、企业界人士，这就可能造成政府决策与创新的脱节或错位。虽然有些自创区设立了专家咨询委员会等机构，但这些机构在自创区决策过程中发挥的作用有限。

四　中介服务作用没有得到充分发挥

目前，我国多数自创区虽然都成立了诸如行业协会、商会等中介组织，也引进了诸如金融、投资、证券、贸易、人才、知识产权、信息、法律、会计、审计、合同仲裁等中介服务机构，但中介服务机构的作用并没有得到很好发挥，中介服务体系的地位没有得到充分的肯定。一些本来应该发挥中介机构作用的地方，行政机构却大包大揽下来，致使自创区管委会事务性工作占据了相当的精力，一定程度上影响了自创区行政效率和服务质量的提高。

五　考评评价激励机制不健全

目前，我国多数自创区考核评价机制不健全，没有建立以科技创新为核心的示范区考核评价体系，而是参照一般行政区相同的考核方式，这种考核方式制约自创区向更高层次发展。随着政府机构改革，增加编制的做法难度较大。现有人员上升渠道过窄，人员缺乏。近年来，政府常采用的岗位薪酬不断调整，增加绩效奖金，通过设立关键绩效指标等形式考核干部，奖惩结合，但仍然面临激励效果不足困窘。

第三节　推动体制机制创新的路径

郑洛新自主创新示范区是全省培育发展战略性新兴产业和高新技

术产业的核心载体和引领产业转型升级的重要引擎，为推动郑洛新自主创新示范区管理体制的创新，我们应该充分借鉴国内外自主创新示范区的有益经验，充分发挥河南优势、体现河南特色、探索河南经验，建立精简高效的示范区管理体制，形成核心引领、龙头带动、合力协同、共赢发展的良好格局。

一　推动自创区管理体制创新

一是成立郑洛新国家自主创新示范区建设领导小组。成立郑洛新国家自主创新示范区领导小组，由省长任组长，分管副省长任常务副组长，省直有关单位和郑州、洛阳、新乡市主要部门为主要成员。领导小组在部际协调小组的指导下，加强对郑洛新示范区建设的组织领导和统筹协调，研究解决发展中的重大问题。加强省直各单位与郑洛新三市联动，建立形成省统筹、市建设、区域协同、部门协作的工作机制，完善跨层级、跨部门的集中统筹和协同创新组织模式。搭建创新合作的联动平台，细化任务分工，集成推进示范区各项工作。建立省市会商制度，由省直有关部门和郑洛新三市政府定期会商，针对示范区建设发展中存在的问题，研究制定有效措施，加大政策和资金支持力度，促进示范区发展。搭建示范区信息共享平台，建立各片区联动发展和定期磋商工作机制，加快形成示范区一体化创新发展格局。

二是探索建立"政府+院所+企业"建设运营模式。试行"政府启动，院所、企业参与，市场化运作"的建设模式，探索建立自创区董事局，作为自创区建设运营机构，成员包括政府官员、院所专家、技术专家、企业界人士等，实行一定程度的"企业化运作"模式和"非营利机构管理"模式，结合科研与创新创业两种目标，注重技术创新与商业模式创新相结合，推进创新链、产业链、资金链紧密融合，实现"科研+产业+资本"的良性互动，实现创新链与产业链无缝对接。转变政府科技管理职能，建立依托专业机构管理科研项目的机制，政府部门不再直接管理具体项目，主要负责科技发展战略、规划、政策、布局、评估和监管。

三是探索建立以科技创新为导向的考核评价体系。取消对郑洛新国家自主创新示范区核心区现有的考核模式，探索建立以科技创新、知识产权为主的创新驱动发展评价指标，推动评价指标纳入省、市国民经济和社会发展规划。实行目标考核责任制，对主要指标进行任务分解，落实责任，定期评估各园绩效。加强创新政策评估督查与绩效评价，形成职责明晰、积极作为、协调有力、长效管用的创新治理体系。建立创新政策协调审查机制，组织开展创新政策清理，及时废止有违创新规律、阻碍新兴产业和新兴业态发展的政策条款，对新制定政策是否制约创新进行审查。建立创新政策调查和评价制度，广泛听取企业和社会公众意见，定期对政策落实情况进行跟踪分析，并及时调整完善。

四是赋予自创区市级经济管理权限和相关的行政管理权限。赋予自创区部分省级经济管理权限和省辖市级行政管理权限，省辖市级经济管理权限及省下放给省辖市的部分省级经济管理权限，除法律、法规、规章规定的必须由省辖市政府向省报批的事项外，其他事项均由各高新区进行统一管理，负责具体项目的审批、核准、备案、申报。推动郑洛新三个国家高新区核心区科技创新发展，尝试建立有利于发展的科学高效的新型管理体制和自主灵活的用人机制，鼓励示范区积极探索干部管理体制改革。

五是探索第三方平台服务模式。充分发挥第三方服务机构的作用，进一步加大政府公共服务购买力度，推动政府在公共服务领域由服务提供者向服务组织者的职能转变，优化"小政府、大服务"的运行模式。重点推进政府技术性、服务性职能向专业化、社会化第三方服务机构转移。采用首购、订购等非招标采购方式，逐步加大就业、社保、医疗卫生、残疾人服务等基础公共服务购买力度。加大科技创新产品和服务的采购力度，引导政府、科研机构采购科技中介服务。探索污水处理、城市管养、大气环境治理等市政公共服务购买。

六是推动干部人事改革。实施无差别人力资源管理，实行全员岗位聘任制，管委会机关、事业单位在编在岗人员将实行干部编内任职与岗位聘职相分离、档案工资与实际薪酬相分离、干部人事档案管理与合同聘用管理相分离的"双轨运行"管理。编内编外无差别绩效考核，在编内职务有空缺时，根据绩效考核情况，按规定晋升职务或专业技术等级，并作为编内职务存入档案，以此作为在编人员晋升、交流、调整档案工资和办理退休时的依据。面向社会公开招聘编外工作人员，签订劳动合同，实行岗位聘用，聘用期满、重新竞聘，不纳入编制管理。岗位聘任主要采取直接聘任、竞争聘任、双向选择和社会招聘等方式进行。

七是探索建立新型实用科技智库。吸纳国内外知名的区域战略、产业发展专家，成立郑洛新科技战略咨询和评估委员会，为示范区建设提供战略研究和决策咨询，提供示范区发展规划方案，对重大项目提供决策支撑。

二　推动区域协同创新

（一）打造多层次协同创新平台

立足主导产业领域共性技术研究，整合示范区内高校、科研院所和企业，依托创新资源和要素，针对北斗导航等新一代信息技术、耐火材料和超硬材料等新材料、工程机械等装备制造等优势产业重点领域，积极申报国家制造业创新中心，集中建设一批省级或区域制造业创业中心，成立产业技术创新战略联盟，构建具有活力的协同创新体系，推动示范区产业结构转型升级。

实施产业技术创新战略联盟发展工程，以高成长性制造业、战略性新兴产业和传统支柱产业为重点，积极引导企业、高等学校和科研院所等建立机制灵活、互惠高效的产业技术创新战略联盟。

——建设区域协同创新中心。对接"河南省高等学校协同创新计划"及系列政策文件，鼓励郑州大学等示范区优秀高校牵头，广泛联合科研院所、行业企业、地方政府等优势资源，积极建设郑洛新协同创新中心。

——建设企业创新联盟。支持行业骨干企业与高等学校、科研院所、上下游企业等建立以利益为纽带、网络化协同合作的产业技术创新战略联盟，对符合条件的，可以登记为企业法人，按规定享受企业研发费用加计扣除政策，支持其承担国家、省重大科技专项、各类创新项目和高层次创新平台建设。对获批国家级战略联盟的牵头单位，给予一定奖励或补助。

——建设科技服务联盟。鼓励科技服务机构牵头组建以技术、专利、标准为纽带的科技服务联盟。支持院士工作站、博士后科研工作站、博士后科研流动站优先在示范区布局，开展技术创新和成果转化。

——设立产学研协同创新基金。支持高等学校与相关企业、政府引导基金共同出资，设立产学研协同创新基金，加快重大科研成果转化。

（二）构建"政产学研用金介"多位一体的协同创新体系

深化产学研合作，构建"政产学研用金介"多位一体的协同创新体系，构建开放高效的创新网络。以政府引导支持，联合科研院所、产业联盟、协会等产业组织，充分发挥金融机构、中介机构的作用，构建"政产学研用金介"协同创新体系，实现资源共享、风险共担和优势互补，推动示范区协同创新发展。政府主要扮演政策支持角色，提供适合产业发展和创新发展局部优化的小气候；高校和科研院所为协同创新提供技术支持；金融机构和中介机构提供资金和服务；企业提供资金、人力资源、物质资源支持，并实现科技成果产业化。支持郑州大学、河南农业大学等高等学校与相关企业、政府引导基金共同出资，设立产学研协同创新基金，加快重大科研成果转化。

（三）搭建郑洛新科技创新开放共享平台

完善创新资源流动机制，搭建郑洛新科技创新开放共享平台，促进创新要素在示范区内实现跨区域自由流动。依托郑洛新高校和科研院所，以郑洛新示范区为依托，搭建郑洛新科技创新开放共享平台，推动科技创新券三市互认，协同开展科技攻关等合作模式加强关键技术的联合公关和集成应用，促进大型科研仪器设备、重大科技基础设施、重大科学工程和科技信息资源等共享共用，提供创新资源的信息咨询、交流等服务，开展线上、线下多项服务，推动科技、人才自由流动。

积极发挥在豫军工企事业单位、科研机构和军队院校服务地方经济发展的作用，建立军民创新规划、项目、成果转化对接机制，对在豫设立的研发机构和科技成果转化基地，根据其绩效情况给予奖补。制定解放军信息工程大学军民融合科技行动计划方案，支持其建设军民融合协同创新研究院，支持北斗导航、高分辨率对地观测等重大科技成果在豫转化。引导我省科技力量围绕国防建设需求组织开展研发活动，共建研发平台，促进军民融合。完善协同创新机制，解决各类创新主体的融合问题。借鉴深圳、黑龙江的经验，支持区内骨干企业与高等学校、科研院所、上下游企业建立产业技术创新战略联盟，承担国家、省重大科技专项、各类创新项目和高层次创新平台建设。推广重庆经验，鼓励高等学校、科研院所承接省内企业研发项目，与企业、社会组织等在示范区建设大学科技园、技术转移机构、科技成果产业化基地，构建产学研用各方共同参与的协同创新体系和长效合作机制。

鼓励示范区内龙头企业采用开放的经营理念和模式，以自身为核心打造一个实现资源共享、创新众包、创业自由的平台，推动内外部的创新团队、关联企业、研究机构等各类主体共同创造价值并衍生新企业，形成一个活跃的创新创业生态群落。鼓励龙头企业建设产品推广平台，通过提供嵌入服务，为关联企业提供产品推广服务，达到促进关联企业价值再造的效果，形成强有力的上下游供给或联合体关系。支持龙头企业建设企业科技服务平台，链接科技服务资源，释放内部创新力量，链接外部创新资源，打造开放式的大企业创新生态圈。支持龙头企业建设研发众包平台，通过互联网发布信息的形式，将企业内部项目、新技术对外发布，吸引社会力量参与企业项目技术开发，企业对于成果给予回报，构建汇聚供应商、消费商、大学科研机构等创新力量在内的全球创新网络体系，打造全球研发共同体。

（四）推动中小型企业平台化发展

中小企业管理机制灵活，转型比较容易，适于发展平台化。对此，应重点引导小微企业和重、大型企业互动发展，形成"以大带小、以小促大、优势互补"的局面。支持行业龙头企业积极与中小微企业开展技术对接、产业对接和市场对接，同时鼓励小微企业响应大企业需求，实现重微共振发展。引导小微企业响应大型企业产品配套及供应链需求。建立产销对接平台，定时发布大型企业需求，对积极对接的小微企业给予资金支持。围绕电子信息、超硬和耐火新材料、装备制造等特色优势产业，建设一批小微企业产业园，发挥集聚效应，提升产业竞争力。打破传统组织架构，建立以产品或品牌为中心的组织架构，充分授权，形成内部创业的氛围。

（五）搭建服务于中小微企业的平台

加快发展软件研发平台，建成完善的以示范区软件龙头企业为主体，产学研用结合的技术创新平台体系。积极推进互联网金融平台建设，着力构建具有网上支付、保险、融资和创投等多种功能的互联网金融服务平台。提升产业平台功能，重点搭建智能制造装备、生物医药、节能环保和新能源装备、新一代信息技术、新型材料制造等新产业、新业态平台。

三 纵深推进"放管服"改革

深化"放、管、服、落"改革，降低制度性交易成本，充分调动市场主体积极性，提高为大众创业、万众创新服务的效率，营造公平便利的市场环境，是近年来许多地区自主创新区发展的成功经验，也是创新驱动发展战略真正落地的重要途径。

（一）深化行政审批制度改革

着眼于发挥市场配置资源的决定性作用、激发市场主体的活力，进一步深化行政审批制度改革。按照"以下放为原则，不放为特例"的基本思路，简政放权打破部门壁垒，最大限度减少政府对示范区创新创业活动的干预。精简审批项目，下放审批权限，简化审批程序，精简审批项目，再造审批流程。实行跨部门串并联组合审批，实现"办事不出区"，不断优化政务环境。

（二）优化政务体制改革

加快政务公开和电子政务建设，提高政务信息化水平，推进网上办事，营造优质政务服务环境。按照"大部制"管理思路，整合相关职能部门，提高行政审批效率。编制发布示范区权力清单、责任清单和负面清单，推动扁平化行政审批体制改革。依法公开示范区管理权限和流程，深入开展行政权力事项的清理和规范，加大对政府内部工作流程的优化和再造，加快建设服务型政府。

（三）推进商事登记制度改革

简化公司注册手续，建立电子营业执照制度，实行跨部门联合审批，提高审批效率。探索"虚拟注册、集群注册"：建设虚拟产业园，为创业企业提供地址托管、办公托管和财务托管等"一站式"在线服务。加强事中事后监管，完善事中事后监管，以管促放。落实监管责任，完善跨部门协同监管与综合执法机制，构建以信息公示、信用约束为核心的新型监管模式，加快形成企业自治、行业自律、社会监督、政府监管的多元共治格局。

（四）建设市场主体信用体系

完善制度建设。建立商事主体年度报告、经营异常名录管理、信息公示和公示信息抽查、守信激励和失信惩戒等制度，加强信用体系建设的规范性、权威性和公信力，探索新型监管手段。引入大数据分析，扩大信征范围，加强信用标准化建设，加大信用信息披露力度，拓展信息数据共享应用，实现"一处违法、处处受限"。促进信用服务业发展：着力培育一批企业征信、信用评级、信用担保、信用管理咨询等信用中介服务机构，创新信用产品，满足社会多样化的企业信用服务需求。鼓励政府部门、金融机构、行业协会等组织主动使用信用产品。

（五）健全容错纠错机制

建立创新容错免责机制，营造鼓励创新、宽容失败的氛围。建立健全民主决策机制、监督机制、纠错机制、免责机制、激励机制等，共同推动容错机制的正常运转，鼓励示范区先行先试。

四　推进科技金融融合创新

（一）构建多层次科技金融服务体系

发挥金融创新对技术创新的助推作用，提高信贷支持创新的灵活性和便利性，形成各类金融工具协同支持创新发展的良好局面。支持郑州示范区开展科技金融试点，建设"科技与金融结合实验区"，先行先试科技金融创新，不断完善创新创业的金融支持机制，着力构建多层次科技金融服务体系。

（二）建立健全适应科技金融发展的信用担保体系

——加快推进公共信息资源整合、开放和共享，充分挖掘政务信息，统筹各部门政府信用信息资源，搭建河南企业信用信息数据库和河南信用网，推动信用信息服务产品嵌入行政管理和公共服务的全领域及各环节。

——支持掌握信用数据资源的第三方支付、大数据、电商等科技企业设立企业或个人征信机构。

——探索建立央行征信系统等政府信用信息数据库，推动人民银行征信系统向担保机构、小贷机构、互联网金融等新型金融及融资服务机构对接、开放。

——实施差异化信贷激励政策，支持金融担保机构探索"风投+担保""抱团担保"等模式，探索推广科技保险，完善科技金融风险补偿体系。

（三）全力打造"天使之城"

天使投资是支持初创型科技企业渡过死亡谷的重要手段，建立从创业家、企业家到天使的良好循环，需要不断引导成功企业家，以优惠政策体系为支撑，以集聚平台为载体。

　　与全国其他自创区相比，郑洛新自创区急需能承担初创期项目风险、能为初创企业提供全面辅导的天使投资人和天使投资机构。要制定切实政策，对入驻郑洛新自创区的风险投资机构，对其实际缴纳的营业税、企业所得税地方留成部分给予奖励。对银行、担保机构为郑洛新自创区科技型企业提供科技信贷服务形成的本金损失给予风险补偿。

　　（四）发挥财政资金引导作用

　　发挥财政资金的杠杆、引导作用，充分运用股权投资、财政补贴等方式，引导金融和类金融机构将更多资本投入到科技创业、科技成果转化等方面，支持科技型企业利用资本力量支持企业发展壮大、支持科技创新。

　　结合国有企业改革设立国有资本创业投资基金，完善国有创投机构激励约束机制。按照市场化原则研究设立新兴产业创业投资引导基金，带动社会资本支持战略性新兴产业和高技术产业早中期、初创期创新型企业发展。

　　（五）建设科技金融超市平台

　　建设科技金融超市平台，引金入豫，打造集银行、保险、创投、担保、租赁、中介等功能于一体的多元金融服务体系。

　　科技金融超市通过将金融机构服务平台前移，降低科技型中小企业同银行金融机构、中介机构等的"沟通成本"，为企业提供更加便捷和个性化的融资需求。同时也有利于超市内的各金融机构开展金融产品创新和服务，共同降低金融风险。

　　拓宽技术创新的间接融资渠道。鼓励银行业金融机构为企业创新活动提供股权和债权相结合的融资服务方式，与创业投资、股权投资机构实现投贷联动。

　　鼓励政策性银行加快业务范围内金融产品和服务方式创新，对符合条件的企业创新活动加大信贷支持力度。

　　（六）创新科技金融产品和服务模式

　　探索投贷联动、科技保险、科技银行等模式，支持科技型中小微企业发展。

——开展投贷联动试点。以郑州市建设科技与金融结合试点城市为依托，支持洛阳、新乡也开展试点，争取国家有关部门支持开展投贷联动试点。鼓励拥有投资功能子公司和设立科技金融专营机构的银行，通过对科技型中小企业风险评估和股权投资基础上，给予债权形式投资引导银行资本介入。

——设立科技银行。支持各高新区同银行开展战略合作，在银监会的批准下筹备科技银行，鼓励民营企业和市场化机构参与科技银行投资。有关政府部门定期向银行推荐重点科技型企业和各类科技计划支持的重点项目，同时为科技银行提供税收、开业费用补贴等支持。

——支持开展科技保险业务。开展科技保险产品试点。参考科技部、中国保监会确定的 5 大类 15 种产品，积极开展科技型中小企业履约保证保险、首台套创新产品保险等业务。鼓励为科技型中小企业自主创业、融资、企业并购以及战略性新兴产业供应链方面提供保险支持。对参与投保的企业按照保费额度给予一次性补贴，大力发展各类科技信贷业务，完善科技信贷产品。开展科技型中小企业应收账款抵押贷款，动产质押、知识产权质押、股权质押；落实科技贷、科技保业务。建设多元担保体系，建立商业担保、互助担保、政策性担保和再担保相配合的多元化担保体系，鼓励各高新区成立担保融资促进中心。

（七）拓宽科技型企业融资渠道

探索发行集合债券等新型债权融资手段，助推有条件企业运用多层次资本市场融资。

大力推进债权融资。试点推进投保贷，在银行为中小企业提供授信支持的同时，向企业推荐优质的投资机构，由该投资机构选择认购企业的部分股权，帮助企业实现股权融资以及上市等金融服务。试点推进信保贷。企业在向银行融通资金过程中，由担保机构为企业提供担保，在企业不能依约履行债务时，由担保机构承担合同约定的偿还责任，从而保障银行债权实现的金融支持方式。

　　支持企业发行债券。鼓励和引导符合条件的科技型企业发行公司债、集合债券、集合票据、区域集优票据、非金融企业短期融资券和私募债等。

　　开拓股权融资渠道。推动企业上市，建立示范区上市企业储备库，对纳入储备库的企业积极开展培训和辅导。争取设立科技证券机构，为科技型企业提供上市培育、并购交易、股权投资等一体化服务。鼓励企业在中原股权交易中心融资，对登陆主板、中小板、新三板和创业板的企业给予财政补助。强化资本市场对技术创新的支持，大力推动创新型企业上市融资，支持符合条件的创新创业企业发行公司债券。支持符合条件的企业发行项目收益债，募集资金用于加大创新投入。

第八章

郑洛新国家自主创新示范区
人才高地建设

    人才是经济社会发展的第一资源，创新是引领发展的第一动力，创新驱动实质上是人才驱动。目前，各国、各地区域间竞争越来越表现为对人才的竞争。建设国家自主创新示范区是新时期党中央、国务院加快创新型国家建设、实施创新驱动发展战略的重要举措。2009 年3 月，北京中关村获批建成全国首个国家自主创新示范区。此后，武汉东湖、上海张江、深圳、苏南、天津滨海、长株潭、成都高新区、西安高新区、杭州、珠三角 10 个示范区相继加入。2016 年，国务院正式批复河南郑洛新、山东半岛、辽宁沈大、福厦泉、合芜蚌、重庆等六个国家自主创新示范区，至此，我国国家自主创新示范区增至17 个。

    把握新一轮改革开放的历史机遇，加快建设先进制造业强省、高成长服务业强省、现代农业强省、网络经济强省，推动河南由经济大省向经济强省跨越，实现决胜全面小康、让中原更加出彩，必须大力实施人才强省战略，集聚天下英才，最大限度激发人才创新创造创业活力，把我省建设成为全国重要的人才高地。郑洛新国家自主创新示范区是国家赋予我省的重大战略，是我省实施创新驱动发展战略的重大机遇和重要实践，是带动全省创新发展的核心载体。郑洛新自创区建设根基在人才，核心要素在人才，发展动力在人才。实施创新驱动战略，必须建设一支规模宏大、结构合理、素质优良的创新人才队伍。因此，依托郑洛新自创区加快创新型人才高地建设，是我省打造中西部地区科技创新高地的关键。

第一节 发展基础条件

2015 年，郑州、洛阳、新乡三市共实现生产总值 12806 亿元，占全省的 35%。这一区域集聚了全省 53% 的国家高新技术企业、45% 的科技型中小企业、45% 的上市企业和 76% 的新三板挂牌企业，以及 47.6% 的科技人才。郑洛新自创区是三地高层次人才和资源要素集聚的核心，已成为我省创新资源最集中、创新体系最完备、创新活动最丰富、创新成果最显著的区域。

一 人才现状

（一）总体概况

2015 年，郑洛新自创区实现营业总收入 6604.2 亿元，实现工业总产值 5966.5 亿元，有力支撑省市经济中高速增长。

郑州高新区。2015 年，全区实现营业总收入 4600 亿元，年均增速 17.3%；高新技术产业产值每年增幅达 25% 左右；全区研发总投入占营业总收入的比例逐年增加，2015 年达到 5.2%。2015 年 4 月，郑州高新区获批科技部首批科技服务业试点区域，全国高新区综合排名第十六位，科技创新能力排名第十位，土地节约集约利用评价排名第八位。

洛阳高新区。2015 年，全区完成营业总收入 340 亿元，同比增长 12.9%；高新技术完成工业总产值 180 亿元，同比增长 15.3%。近年来，洛阳高新区先后被确定为"国家知识产权示范园区""国家级文化和科技融合示范基地""国家低碳工业试点园区""国家首批新型工业化产业示范基地""国家硅材料及光伏高新技术产业化基地"等；2015 年获批全省唯一的"机器人及智能装备产业基地"；2016 年 3 月被科技部批准为科技服务业试点区域。

新乡高新区。2015 年，全区实现营业总收入 730 亿元，完成工业总产值 710 亿元，规模以上工业总产值 570 亿元，其中，高新技术产业总产值 376 亿元。确立了高端装备制造、生物新医药两个工业产业和一个现代服务业的 "2+1" 主导产业发展模式（见表 8-1）。

表 8-1　　　　　　　　　　郑洛新自创区规模

类　　别	郑州高新区	洛阳高新区	新乡高新区
营业收入（亿元）	4600	340	730
高新技术企业产值（亿元）	860	180	376

（二）人才状况

截至 2015 年，郑洛新三个高新区拥有科技人才总量约 8.65 万人，占全部从业人员的 33.2%，拥有各类创新团队和杰出人才 228 个，万人拥有本科学历人才 2150 人，硕士学历以上占从业人员比重为 4.7%（见表 8-2）。

表 8-2　　　　　　　　　郑洛新自创区人才总体状况

类　　别	郑州高新区	洛阳高新区	新乡高新区
科技人才数量（万人）	5	2	1.65
市级以上创新团队和创新杰出人才（个）	120	63	45
万人拥有本科（含）学历人才（人）	3000	1600	1350
硕士以上占从业人员比重（%）	10	3.97	3.41

高层次领军人才状况。截至 2015 年底，郑洛新自创区拥有两院院士 18 人，国家 "千人计划" 专家 11 人，国家 "万人计划" 专家 24 人，河南 "百人计划" 专家 22 人，中原学者 21 人，分别占全省的 78%、58%、89%、69%、40%（见表 8-3）。其中，郑州市高新区拥有

表 8-3　　　　　　　　　郑洛新自创区高层次人才状况

类别	郑州高新区	洛阳高新区	新乡高新区	合计	占全省比重（%）
两院院士（人）	12	5	1	18	78
国家 "千人计划" 专家（人）	6	3	2	11	58
国家 "万人计划" 专家（人）	19	3	2	24	89
河南 "百人计划" 专家（个）	17	3	2	22	69
中原学者（人）	12	7	2	21	40

驻区院士 12 人，国家"千人计划"专家 6 人，"万人计划"专家 19 人，河南省"百人计划"17 人，科技人才密度居全省之首。

（三）人才集聚平台状况

目前，郑洛新国家自主创新示范区聚集了全省一流的高等院校、科研院所、高新技术企业、上市公司等，成为各类人才创新创业的重要平台。

郑州高新区。拥有中铁隧道"盾构及掘进技术国家重点实验室"等 5 个国家重点实验室，省级以上科技企业孵化器 10 家（其中国家级 5 家）、3 个产业技术研究院、7 个国家级工程中心、8 个部属研究院、31 个市级以上院士工作站和 517 家市级以上研发机构（全省占比均在 25％以上），以及解放军信息工程大学、郑州大学等 4 所知名高校；科技型企业超过 2000 家，经认定高新技术企业 306 家（占全省的 22％）；实现科技成果转化 5200 余项；11 家上市公司，占全省的十分之一；新三板挂牌企业 58 家，约占全省的三分之一。近年来，先后培育了汉威、新开普、思维自动化等一批掌握行业核心技术、全国市场份额领先的科技型企业。

洛阳高新区。拥有部省级科研院所 14 家，其中国家级重点实验室 7 家，数量居河南省第一；高新技术企业 85 家；市级以上研发中心 226 家，其中省级以上 72 家，国家级 8 家；院士工作站 4 家，博士后科研工作站 8 家。目前，洛轴、洛玻、七二五所、中机四院、十院、有色院等市内大型国企和科研院所都在高新区建立了产业化基地。建区以来，洛阳高新区共实施了 242 项国家 863 计划、火炬计划、省市重大科技专项等科技项目。

新乡高新区。拥有高新技术企业 24 家，国家级中心 4 家，国家级工程实验室 1 家，国家级国际科技合作基地 1 家，院士工作站 1 家，博士后科研工作站 4 个，省级研发平台（含工程技术研究中心）38 家。目前，华兰生物已成为全国最大的血液制品生产企业和最大的流感疫苗生产基地，被科技部确定为国家创新型试点企业；拓新生化有限公司核苷及核苷酸系列产品在国际同行业排名第一，并成为全市第一批新三板挂牌企业；高远公司"高寒地区半柔性路面常温施工装备研究及产业化"项目获得国家科技支撑计划支持；天丰集团"绿色节能易板集成房屋"项目获得国家火炬计划支持（见表8-4）。

表8-4　　　　　　　　郑洛新自创区各类人才集聚平台状况

类别	郑州高新区	洛阳高新区	新乡高新区
国家级工程（重点）实验室（个）	7	7	1
国家级工程（技术）研究中心（个）	10	9	5
市级以上研发机构（个） 其中：国家级企业技术中心（个）	517 6	226 8	38 4
院士工作站（家）	31	4	1
博士后科研工作站（家）	17	8	4
高新技术企业（家）	306	85	24
主板上市企业（家）	11	5	4
新三板挂牌企业（家）	58	18	13

（四）人才政策措施

近年来，郑洛新三市纷纷出台强有力的人才政策，大力集聚高层次创新型人才，加快人才高地建设。

郑州市。实施"智汇郑州·1125聚才计划"，用五年左右时间投入40亿元，围绕郑州市重点发展的电子信息、汽车与装备制造、现代商贸物流、文化创意旅游和新材料、生物制药、铝及铝精深加工、现代食品加工、现代金融、高技术服务等"4+6"战略主导优势产业，以及互联网技术、大数据技术、智能化制造等战略性新兴产业发展方向，力争重点引进1000名掌握核心技术资源、具有较强创新创业能力的领军人才和高层次创新创业紧缺人才，100个领军型科技创新创业团队；培养200个具有国际化视野和持续创新能力、拥有核心自主知识产权的科技创业企业家；汇聚50名以上"两院"院士、国家"千人计划"等国内顶尖专家型人才。

洛阳市。实施"河洛英才计划"，五年内投入20亿元，用于引进和培育创新创业人才（团队），力争组织引进创新创业团队50个以上，吸引 500 名以上高层次人才来洛创新创业，创办科技型创新型企业 200 家以上，人才专利申请和授权量处于中西部城市前列，科技孵化器和人才集聚平台功能日臻完善。

　　新乡市。实施"创新型科技团队引进计划"，五年投入 11 亿元，用于引进优势产业、重点学科和研究基地为基础，以优秀科技创新人才为核心，引进、培育和支持一批专业贡献重大、团队效应突出、引领作用显著的创新团队，形成优秀人才的团队效应和资源的当量聚集。近年来，新乡高新区出台了《新乡国家高新技术产业开发区高层次创新创业人才扶持政策实施细则（试行）》《新乡高新区突出贡献高级技术人才奖励办法（试行）》《新乡高新区突出贡献高级技能人才奖励办法（试行）》等一系列人才支持政策（见表 8-5）。

表 8-5　　　　　　　　　　近年来郑洛新人才政策情况

城市	人才计划或工程项目	出台时间	主要政策点
郑州	智汇郑州 1125 聚才计划：构建"1+7"人才政策体系	2015 年 4 月	1. 统筹安排 40 亿元专项资金，用五年时间，重点引进 1000 名左右掌握核心技术、具有较强创新创业能力的领军人才和高层次创新创业紧缺人才，100 个领军型科技创新创业团队；培养 200 名左右具有国际化视野和持续创新能力，拥有核心自主知识产权的科技创业企业家。 2. 对国家最高科学技术奖获得者、"两院"院士领衔的创新创业团队，每个团队给予 2000 万—3000 万元项目产业化扶持资金资助；国家"千人计划"专家团队及同等层次创新创业团队，每个团队给予 500 万—1000 万元项目产业化扶持资金资助；经认定的市级以上其他创新创业团队，每个团队给予 100 万—300 万元项目产业化扶持资金资助。对全市产业发展具有奠基性、战略性、支撑性的领军人才和团队特别重大项目实行"一事一议"，最高可获得 1 亿元项目产业化资金资助。
洛阳	河洛英才计划	2015 年 6 月	1. 五年内拿出不少于 20 亿元，用于引进和培育创新创业人才，力争五年内组织引进创新创业团队 50 个以上，吸引 500 名以上高层次人才来洛创新创业，创办科技型创新型企业 200 家以上。 2. 给予领军型创新创业人才（团队）不低于 5000 万元的启动资助；给予高层次创新创业人才（团队）不低于 3000 万元的启动资助；给予紧缺型创新创业人才（团队）不低于 1000 万元的启动资助。对拥有战略性新兴产业或传统优势产业领域重大关键技术和项目的创新创业人才（团队），可不受最高启动资金限制，实行"一事一议"。

城市	人才计划或工程项目	出台时间	主要政策点
新乡	关于引进培育创新创业领军人才和团队的意见（新发〔2015〕21号）	2015年7月	1. 五年内将拿出13亿元用于高层次创新创业人才引进。 2. 对携带项目、产品、研究课题、科研成果调入创新创业的高层次人才，分别给予100万元、50万元、15万元、10万元的安家补贴；每人每月分别给予6000元、5000元、4000元、3000元的生活补贴；由同级财政提供不低于20万元的科研项目经费。

二　存在问题

目前，我省自创区在人才发展上，还存在体制机制改革滞后、人才结构不够合理、人才引育问题突出、创新创业活力不足、人才流动不够顺畅等突出问题。

（一）研发人才总量相对不足

郑洛新每万人从事科技活动人员34人，仅相当于全国平均水平的54%。万人R&D研究人员与我省周边省份相比也处于劣势，高层次人才总量不足严重制约我省经济社会发展，如何吸引高层次人才成为我省人才发展体制机制改革的难点。2015年，万人大专以上学历人数1036个，居全国第19位，低于我省周边的湖北省1143个和安徽省1049个。

（二）人才结构不够合理

一是高层次领军人才匮乏。受高水平大学建设滞后、高层次人才引进机制创新不足等因素影响，我省高层次人才培养较为滞后，高层次人才引进竞争力不强，造成我省位居学科前沿、具有国内外一流水平的高端人才比较短缺，本土培养的领军人才总量不多，外来领军人才数量偏少，高层次人才极其缺乏。目前，我省"两院院士"、国家"千人计划""万人计划"、国家杰出青年科学基金获得者、长江学者数量，分别为23人、19人、27人、13人和6人，仅占全国总数的1.42%、0.31%、2.7%、0.38%和0.23%。与相邻省份湖北省相比，我省"两院院士""千人计划"等高层次人才总量与其差距较大。其中，两院院士比相邻的陕西省少40人、湖北省少47人；"千人计划"仅占全国的0.3%、湖北的7%、安徽的12%（见图8-1、表8-6）。

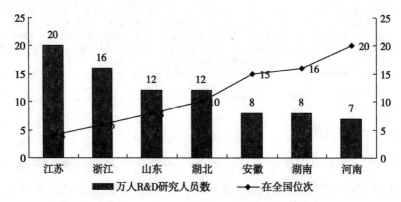

图 8-1　我省万人 R&D 研究人员与我省周边省份对比

表 8-6　　　　　　河南省与湖北省高层次人才数量对比情况

人才类别	全国数量	湖北		河南	
		数量	全国占比	数量	全国占比
"两院院士"	1617	70	4.3	23	1.42
"千人计划"专家	6081	274	4.5	19	0.31
"万人计划"专家	1173	66	5.63	27	2.30
国家杰出青年科学基金获得者	3430	仅武汉大学、华中科大两所学校有 100 人		13	0.38
长江学者	2629	仅武汉大学、华中科大两所学校有 152 人		6	0.23

三是技能人才总量不足。目前全省技能劳动者总量594万人，占全省就业人员的9.11%，低于全国平均水平10个百分点；从总量上看，我省技能劳动者数量比山东省少225万人，比湖北省少181万人。我省高技能人才数量160万人，占技能劳动者总量的26.9%，低于全国27.3%的平均水平，也低于山东、河北、安徽、湖北等省份（见表8-7）。

表 8-7 我省高技能人才数量与外省比较

省份	技能劳动者总量 （万人）	高技能人才数量 （万人）	高技能人才占技能 劳动者比重（%）
全国	14630	3994	27.3
河南	594	160	26.9
安徽	407.6	111.3	27.3
河北	440	119.7	27.2
湖北	775	219	28.2
山东	819	218	27

注：全国数据来自 2015 年人社部统计公报，安徽数据为 2015 年底数据，河北、湖北、山东数据为 2014 年底数据，来自各省日报。

（三）人才发展基础不强

一是高等教育较为薄弱。我省拥有人口基础大、生源数量多和质量高的资源优势，但由于我省受限于全国具有较高影响力的高水平大学、研究机构比较少，"一流大学"和"一流学科"建设严重滞后等因素，本土培养人才能力不足、根植人才能力不强。截至目前，我省没有一所教育部直属高校和"985"高校，仅有一所"211"高校。与周边省份相比，我省高水平大学总量和质量远远落后于其他省份。因此，谋划推进高水平大学、高端人才集聚平台、科技研发平台等建设，应成为我省体制机制改革高度关注的重大现实问题（见表 8-8）。

表 8-8 我省重点高校与周边省份比较

省份	"985"高校数量 （所）	"211"高校数量 （所）	教育部直属 高校数量（所）
全国	39	116	75
河南	0	1（郑州大学）	0
湖北	2（武汉大学、华中科技大学）	7（武汉大学、华中科技大学、华中师范大学、华中农业大学、中南财经政法大学、武汉理工大学、中国地质大学）	7（武汉大学、华中科技大学、华中师范大学、华中农业大学、中南财经政法大学、武汉理工大学、中国地质大学）

续表

省份	"985"高校数量（所）	"211"高校数量（所）	教育部直属高校数量（所）
安徽	1（中国科技大学）	3（中国科技大学、安徽大学、合肥工业大学）	1（合肥工业大学）
陕西	3（西安交通大学、西北工业大学、西北农林科技大学）	7（西安交通大学、西北工业大学、西北农林科技大学、西北大学、长安大学、西安电子科技大学、陕西师范大学）	6（西安交通大学、西北工业大学、西北农林科技大学、长安大学、西安电子科技大学、陕西师范大学）
山东	3（山东大学、中国海洋大学、哈尔滨工业大学[威海]）	4（山东大学、中国海洋大学、哈尔滨工业大学[威海]、中国石油大学[华东]）	4（山东大学、中国海洋大学、哈尔滨工业大学[威海]、中国石油大学[华东]）

二是创新创业载体不足。当前，我省高新技术企业、重点实验室和实验基地等高层次人才创新创业平台少，低成本、便利化、全要素、开放式众创空间等大众创新创业平台少，对创新创业型人才承载、吸纳能力弱。从高新技术企业数量看，目前，全国共有高新技术企业7.9万家，我省仅有1353家，湖北、安徽、湖南分别有3300家、3157家、2168家，我省高新技术企业数量分别相当于湖北、安徽、湖南的41%、43%、63%（见图8-2）。

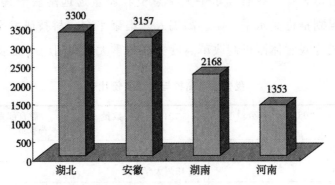

图8-2　我省高新技术企业数量与外省比较（家）

目前，我省国家工程技术研究中心占全国总数的2.89%，位居全国十一位，居中部六省第三位，仅相当于湖北省的一半左右；全省国家重点实验室占全国总数的 2.91%，居中部六省第二位，仅相当于湖北省的 51.85%。二者加起来只有 24 家，不到山东省 56 家的四成。大中型工业企业中建有研发机构的比重为 14.4%，而安徽为 35.3%，湖南为 17.7%（见表 8-9）。

表 8-9　　　　　　　**2015 年中部六省国家级研发平台情况及排名**

省份	国家级工程技术研究中心			国家重点实验室		
	数量	中部排名	占全国比重	数量	中部排名	占全国比重
河南	10	3	2.89	14	2	2.91
湖北	19	1	5.49	27	1	5.61
湖南	14	2	4.05	14	2	2.91
安徽	9	4	2.60	9	4	1.87
江西	8	5	2.31	4	6	0.83
山西	1	6	0.29	5	5	1.04
全国	346	—	—	481	—	—

（四）人才资金投入力度不大

我省人口多、底子薄、基础弱，人才投入上历史欠账较多，虽然近年来投入连年增加，但政府、企业、社会多元化、常态化投入机制还未建立，资金投入总量偏低、投资规模较小的问题依然存在。比如，在人才发展专项资金（基金）方面，据了解，上海、江苏、河北、广西、黑龙江、浙江等省（市、区）财政已设立，其中江苏2015 年省级人才发展专项资金达 19.9 亿元；山东、四川、湖北、陕西等省提出鼓励企业、用人单位设立；中部其他省份均已设立。在R&D 方面，2014 年全省资金投入 400.01 亿元，R&D 投入强度1.14%，不仅低于江苏、山东等发达省份，而且低于湖北、安徽等中部省份（居中部第五位），以及全国平均水平（居全国第十七位）。加快建立多元化的人才投入机制，切实加大经费投入力度，成为我省人才体制机制改革的重点和政策创新的突破点（见表 8-10）。

表 8-10　　　　　2014 年河南与周边省份 R&D 经费支出情况

省份	R&D 投入额（亿元）	投入强度（%）	人均 R&D 投入额（元）
全国	13312.00	2.09	968
河南	400.01	1.14	422
山东	1304.07	2.19	1324
江苏	1652.82	2.54	2072
湖北	510.90	1.87	873
湖南	381.20	1.41	562
安徽	393.61	1.89	641
江西	165.60	0.99	363
山西	152.20	1.19	415

注：投入强度为 R&D 投入额占地区生产总值的比重。

（五）人才体制机制僵化

当前，在人才管理上还存在着"管得太严""管得过死""管得太多"等问题，人才工作行政化色彩浓厚，制约了人才创新创业创造活力。

1. 编制管理难以适应发展需要。编制总量控制过严、岗位设置动态调整不足，不能真正做到按需设岗、按需用人，难以适应事业发展需要。目前，高校院所人员编制仍然执行十几年前核定的标准，人才引进需求与现有编制紧张之间的矛盾突出，造成了人才引进"无编可用"、事业发展"无人可用"的尴尬局面。如河南大学现有编制仍执行 2001 年的核定标准，然而在校学生规模已由当初不到 1 万人发展到目前的 5 万余人，教师编制缺口较大。编制申报计划周期长、环节多、审批慢，和招聘时间不一致，招来人人不了编，等计划下来时又错过了招聘时机，造成人才流失。如某大学引进 1 名博士，从招聘到全部办好入职手续历时两年之久。

2. 用人主体缺乏自主权。目前机关事业单位在人才招聘过程中，用人单位无法直接参与选人用人，在引才用才过程中缺乏自主权，"招人用人两张皮"现象突出，常常出现实用的人才进不来、招来的人才不适用等问题。职称评聘上，人才评价"唯学历、唯职称、唯论文"问题突出，往往强调论文、课题、获奖、专利等显性指标，其中以医疗行业最为典型，患者深夜排队挂号的著名医生却因论文、课题不足无法评定高级职称的事例比比皆是。我省高校高级职称比例较低，职称评审指标不能满足需要，郑州大学高级职称占比为50%左右，山东大学、武汉大学等高校副高以上职称比例实际达到60%，高出我省10个百分点。近年来，郑州大学按照"正高级≤17%"比例掌握职称评定，参评名额满足不了院系需求，很多专业教师十几年评不上正高级职称，是造成优秀教师外流的原因之一（见表8-11）。

表8-11　　　　我省部分高校高级职称与外省高校比较

高校名称	高级职称占比	其中，正高职称占比	备 注
郑州大学	≤50%	≤17%	211高校
安徽大学	≤50%	≤20%	211高校
贵州大学	35%—53%	20%—40%	211高校
合肥工业大学	≤55%	≤25%	985高校
山东大学	≤60%	≤25%	985高校
武汉大学	≤60%	≤25%	985高校

3. 市场作用发挥不充分。一方面行政化色彩浓厚，习惯于管理党政干部的方法管理人才；另一方面，市场化、社会化的人才管理服务体系还没有形成，人才市场发展不充分，对外开放程度低，高质量的猎头公司较少。一些高校代表反映，现在很多有成果的高校教师有转让成果的强烈需求，这方面要畅通渠道，要让科研人员劳有所得。一些企业代表强烈呼吁，要抓紧推行市场化薪酬待遇，防止产生人才挤出效应。

同时，一些长期从事人事人才工作的同志强调，也要注意思想认识问题，防止"四重四轻"：重物质、轻人才，一些部门和领导没有充分认识人才作为第一资源的重要意义，认为抓人才见效慢、是潜绩，常常说起来重要，忙起来次要，做起来不要；重政府、轻市场，习惯于采用行政思维、行政手段抓人才工作，不善于遵循市场经济规律和人才成长规律，运用法制思维、法制方式推进人才发展；重外来、轻本土，注重去外面"招贤纳士"，忽视了对本地现有人才潜力的挖掘，造成当地人才"资源闲置"，增加引才成本，也会"招来女婿气走儿"；重引进、轻使用，引进人才轰轰烈烈，使用人才轻描淡写，甚至部分用人单位引进人才存在盲目性、功利性、随意性，"引进来、挂起来"。

第二节　国家自主创新示范区人才政策比较分析

目前，我国 17 个国家自主创新示范区，都提出要打造区域性或者全国性的人才高地，在这里，重点比较了我省与湖北、湖南等中部地区自创区发展基础和人才政策情况，为郑洛新人才高地建设提供经验借鉴。

一　人才管理体制方面

（一）武汉东湖示范区

武汉东湖示范区规定，事业单位聘用高层次人才，不受用人单位编制、专业技术职务结构比例等限制，先聘用再消化。建立专业技术职称评定绿色通道，高层次人才不受岗位职数和学历、资历等申报条件及评审时限的限制，依其能力和业绩可直接申报高级专业技术职务任职资格。

（二）长株潭示范区

2016 年 7 月底前启动人事编制管理改革试点，明确湖南省人民医院、省儿童医院等五家公立医院，对原编制内人员实名登记、只出不进，新进人员由医院在核定人员总额内自主聘用，实行备案制管理，逐步实现由身份管理向岗位管理转变。过渡期内，对备案制管理的新进人员在岗位聘用、收入分配、职称评定等方面与编制内管理人员同等对待。

二　引才用才支持政策方面

（一）武汉东湖示范区

实施"3551 人才计划"，对入选的高层次人才在成果转化初期给予 100 万—600 万元资金资助；对掌握世界一流成果和技术的高层次人才及团队，最高可给予 1 亿元资金资助；对优秀领军人才项目予以1000 万元以上的资金投资，并建立保本退出机制。

（二）长株潭示范区

实施科技领军人才培养计划、企业创新创业团队支持计划等引才工程，对高层次人才创新创业项目给予 50 万—500 万元资金支持和 50 万—150 万元贴息，提供 300—600m² 的办公和住宅场所，并给予二至三年全额租金补贴，提供最高 100 万元购房补贴，特殊人才实行"一人一策"。

三　促进科技成果转化方面

（一）武汉东湖示范区

出台"光谷创业十条"等系列政策，支持开展科技成果"三权"改革试点，明确高校、院所研发团队实施科技成果转化、转让收益，所得不得低于 70%，最高可达 99%。对高校、科研院所知识产权一年内未实施转化的，在成果所有权不变更的前提下，成果完成人或者团队可自主实施成果转化，转化收益中至少 70% 归成果完成人或者团队所有。

（二）长株潭示范区

在全国较早实行"两个 70%"的激励政策，明确知识产权和科技成果作价入股，占股最高比例可达到公司注册资本的 70%，成果持有单位最高可以从技术转让（入股）所得的净收入（股权）中提取 70% 的比例奖励科技成果完成人。同时，建立株洲科技成果转化和知识产权交易中心，鼓励科技成果采用协议定价、挂牌转让等方式交易。

四　人才股权激励方面

（一）武汉东湖示范区

制定《东湖国家自主创新示范区企业股权和分红激励试点办法》，规定科技成果入股、科技成果折股、股权奖励、股权出售、科技成果收益分成、分红权激励和股份期权等股权激励的具体方式和比例，推动邮科院、中冶南方、华工科技等单位开展股权激励试点。设立首批

5 亿元的股权激励代持专项基金，对符合股权激励条件的团队和个人，给予股权认购、代持及股权取得阶段所产生的个人所得税代垫等支持。目前，示范区内已有 70 多家单位实行了股权激励制度，有效激发了科技人员创新创业积极性。

（二）长株潭示范区

出台《国家高新技术产业开发区企业股权和分红激励试点实施办法》，发挥股权激励，以事业留住人。支持示范区内的国有高新技术企业、院所转制企业、高校、科研机构，对作出突出贡献的科技人员和经营管理人员实施技术入股、股权奖励、期权、分红权等多种形式的激励。

五　财政金融支持政策方面

（一）武汉东湖示范区

设立人才工作专项资金，每年投入资金不少于高新区财政一般预算收入的 5%，用于人才特区各项建设工作，2009 年以来累计投入 12 亿元。2015 年，示范区设立 11 亿元规模的光谷人才投资基金，撬动社会资本共同支持人才创新创业。大力推动科技支行、风险投资等金融机构、投资机构等聚集，引导金融机构开展股权质押、知识产权质押、信用贷款等创新性融资 240 多亿元，成为国内科技支行最密集、创新型融资额度最大的高新区。

（二）长株潭示范区

设立科技成果转化投资基金，对高校、院所及国有企业职务科技成果转化并创办的高新技术企业，基金在 3—5 年内保值退出，股权优先转让给成果持有人或技术团队。成立科技支行、科技担保公司、中小企业合作成长基金等，开发专利权执行保险、创新型科技保险等金融产品，每年为科技型中小企业提供资金支持超过 10 亿元。

六　人才兼职和离岗创业方面

(一) 武汉东湖示范区

支持高端人才创新创业,鼓励和支持"两院"院士、"千人计划"人选、"973"和"863"首席专家、"长江学者""黄鹤英才"等高层次人才及其创新团队转化职务科技成果或科技创业,对高校、科研机构"双肩挑"(既担任行政领导职务又担任专业技术职务)人员,经所在单位批准允许创办企业并持有该企业股份。允许和鼓励高校、院所与事业单位科研人员留岗创业,根据创业情况保留其原聘专业技术岗位等级3—8年,档案工资正常晋升,创业所得归个人所有。

(二) 长株潭示范区

《关于建设长株潭国家自主创新示范区的若干意见》提出:支持高校、科研院所科技人才创新创业,经所在单位批准,离岗在示范区转化科技成果或创办科技型企业的,可保留人事关系,三年内可回原单位,重大科研课题牵头人、有突出贡献者,可适当延长至五年。

七　重大聚才平台建设方面

(一) 武汉东湖示范区

对认定的新型产业技术研究院,头两年每年最高可给予2000万元的运营经费支持,第三至五年每年最高可给予1000万元的运营经费支持;鼓励其通过市场运作实现收支平衡。支持企业建立研发机构,对经国家主管部门批准的国家级企业研发机构,最高可给予200万元的一次性奖励。

(二) 长株潭示范区

建立政产学研协同创新、以应用技术研发和产业化为主的工业技术研究院,每成立一个由政府出资1.5—2亿元(含土地)。

八　人才服务保障方面

（一）武汉东湖示范区

武汉东湖示范区成立政务服务局，为高层次人才办理户籍、外国专家来华工作许可、高层次人才居住证、各类出入境证照、社会保险、人才安居工程申请等提供"一站式"服务。同时，改进外商投资管理程序，简化外汇资本金结汇手续；对高层次人才领办企业的进口关税予以优惠，简化通关流程，产品优先纳入政府采购范围；高层次人才未成年子女可自由选择区内义务教育阶段学校；为海外高层次人才及其配偶、子女办理优诊卡，建立个人健康信息档案。

（二）长株潭示范区

《关于建设长株潭国家自主创新示范区的若干意见》提出：建立统一的人才交流服务平台，实现各类人才服务"一站式"办理。对引进的海内外高层次人才，在购房落户、子女入学、配偶安置、养老医疗、永久居留等方面开辟绿色通道，给予特殊支持；加强国际学校建设。支持长株潭三市高新区建设知识产权保护示范区实行严格的知识产权保护制度，支持以专利使用权出资登记注册公司，营造尊重创造、保护创新的公平环境。

通过对郑洛新、武汉东湖、长株潭三个国家自主创新示范区人才发展与相关政策的比较，可以看到：武汉东湖具有起步早、政策力度大、高校人才支撑有力等优势，在三个高新区创新型人才高地建设方面走在了前列，在国内外形成了较强的影响力和知名度；长株潭在人才引进、科技成果转化、财税政策支持等方面也有良好做法。因此，推动郑洛新人才高地建设，一是要充分借鉴武汉东湖、长株潭自主创新示范区好的政策和做法，发挥后发优势，实施更加有力的人才引进、培养、激励、保障等政策措施，构建良好人才发展环境；二是考虑到我省实际，应把高新技术企业培育、创新创业平台等作为人才集聚的核心载体，同时加强大院名所建设，把高校、新型研发机构等作为人才集聚的重要载体，积极培育，加强引进；三是加大资金投入力度，创新投入方式，积极采用基金化对人才工程项目和人才创办领办的企业给予支持；四是深化人才管理体制机制改革，特别是人才职称、项目经费、创新创业等方面体制机制，破解束缚人才发展的体制机制障碍。

以下表 8-12 介绍上海张江、浙江萧山、江苏江南、山东半岛自创区的人才激励政策亮点。

表 8-12　　　　　　　　　部分省市自创区人才激励政策亮点

省份	科技成果转化方面	股权期权激励方面	财政金融支持方面
上海张江自创区	1. 高校、科研院所科技成果转移转化净收入的70%可用于奖励个人和团队。2. 高新技术企业科研人员通过科技成果转移转化取得股权奖励收入时，可在五年内分期缴纳个人所得税的税收优惠政策。以现金形式给予个人奖励的，按照偶然所得征收个人所得税。	1. 对国有企业经营管理人才和科技人员采取股权、期权、分红等激励方式进行激励。2. 对高校、科研院所以科技成果作价入股的企业，放宽股权激励、股权出售对企业设立年限和盈利水平的限制。	1. 组建政策性融资担保机构或基金，通过融资担保、再担保等形式为科技型中小企业提供信用增进服务。2. 支持保险机构通过投资创业投资基金、设立股权投资基金或与国内外基金管理公司合作等方式，服务科技创新企业发展。3. 开展股权众筹融资试点，推动多渠道股权融资，推动人才创新创业。
浙江萧山自创区	1. 合理分配职务科研成果转化受益，重要贡献人员和团队的收益比例不得低于70%。2. 高新技术企业转化科技成果，给予本企业相关技术人员的股权奖励，可在五年内分期缴纳税款。	国有科技型企业可以采取股权出售、股权奖励、期权、分红等方式，对企业重要技术人员和经营管理人员实施激励。	1. 省级人才专项投入每年不低于当年公共财政的2%；各市、县人才专项投入年增幅不低于当年本级公共财政支出增幅。2. 建立人才服务银行，对高层次人才创业融资给予无须担保抵押的平价贷款。
江苏苏南自创区	1. 利用财政资金设立的科研院所和高等院校中职务发明成果转让收益用于奖励研发团队的比例提高到不低于50%。2. 实施股权激励递延纳税试点政策，对高新技术企业和科技型中小企业转化科技成果给予个人的股权奖励，递延至取得股权分红或转让股权时纳税。	1. 允许转制科研院所、高新技术企业、科技服务型企业的管理层和核心骨干持股，且持股比例上限放宽至30%。2. 支持国有企业提高研发团队及重要贡献人员分享科技成果转化或转让收益比例，具体由双方事先协商确定，骨干团队和主要发明人的收益比例不低于成果转化奖励金额的50%。	1. 省、市、县三级人才发展专项资金不低于本级财政一般预算收入的3%；省级人才发展专项资金2015年达到19.9亿元。2. 设立省科技成果转化引导基金，通过子基金、贷款风险补偿等方式，吸引社会资本投入，支持企业和人才科技成果转化。

续表

省份	科技成果转化方面	股权期权激励方面	财政金融支持方面
山东半岛自创区	1. 在全省高等学校、科研院所推广"学科性公司"运作模式，鼓励用人单位、学科团队、科研人员、社会资本共同入股成立公司，开展科技成果转化 2. 省属高等学校、科研院所等领导班子成员，是科技成果的主要完成人或者对科技成果转化作出重要贡献的，正职可以获得一定的现金奖励，副职可以获得一定的现金奖励或股权激励。	1. 出台《关于加强全省金融人才队伍建设的实施意见》：对省内地方重要骨干金融机构实行股权激励、分红权奖励、技术入股、企业年金等激励政策 2. 探索开展混合所有制金融机构员工持股办法。	1. 对高层次领军人才创新项目，省级引导基金可给予单个项目最高 6000 万元的直投股权投资支持。 2. 通过项目资助、创业扶持、贷款贴息等方式，给予对泰山产业领军人才团队 3000 万元—5000 万元的综合资助。

第三节　郑洛新国家自主创新示范区建设创新型人才高地路径

当今世界的竞争，说到底是人才的竞争。人才在区域竞争格局中日益成为决定性力量，很大程度上决定或影响着区域经济的发展方向、发展速度、发展质量。目前，我省人才发展既面临中央深化人才发展体制机制改革的重大机遇，又面临着各地人才激烈竞争的严重挑战，必须抢抓机遇，着力破除束缚人才发展的思想观念和体制机制障碍，汇聚天下英才为我所用。主要对策建议是：

一　构建更有吸引力的人才集聚机制

人才引进是最便捷、最高效的提升人才竞争力的途径。有些人才本地本单位也培养不了，特殊情况下培养也来不及，不能满足事业的急迫需求，需要实行更加务实开放精准的人才引进政策，坚持招才引智与招商引资、产业发展相统一，拿出真金白银来招贤纳士。

（一）围绕重点产业发展加强急需紧缺人才引进

围绕郑洛新自创区重点发展的高端装备制造、食品制造、新型材料制造、电子制造、汽车制造、生物医药等制造业，和现代物流、电子商务、金融保险、信息服务等生产性服务业，重点培育引进一批具有国际视野、站在科技前沿和产业高端的领军人才，集聚一批拥有重大关键核心技术、能够填补产业空白或提升产业层次的创新创业人才和团队。

（二）实行更加精准的引进政策

对高层次人才要给予高待遇，引进的院士等顶尖人才，要给予在全国范围有竞争力的奖励待遇。对成果性人才要给予项目支持，产业领军人才和团队带项目、带技术、带成果来豫创新创业和转化成果的，由省创新创业引导基金给予基金化支持。对重点领域人才要给予特殊政策，科技创新、经营管理、金融等急需紧缺的重点人才，要研究制定专项人才方案，出台特殊政策支持，力争在较短时间内实现突破和跨越。对现有人才要给予引进人才同等待遇，防止厚此薄彼，发挥好各类人才的积极性、创造性。

（三）加大柔性引才力度

一个地方的创新能力不再完全取决于拥有多少人才，而是取决于掌握多少人才资源，并在多大范围、多大程度上运用并配置这些资源。柔性引才满足了国外省外、体制外人才对工作地点、工作方式、工作回报的多元化需求，成为引才引智的现实性选择。近年来，河南经济社会快速发展，区位交通、基础设施、产业发展等综合优势日益凸显，特别是在高铁时代，"米"字形高铁逐渐成形，距北京、上海、武汉、西安等人才聚集地的时空距离大大缩短，为我们柔性引才提供了极为便利的条件。要"不求所有、但求所用，不求所在、但求所为"理念，把柔性引才引智作为聚才用才的重要方式，通过兼职挂职、技术咨询、项目合作、客座教授、"星期天工程师"等多种形式，柔性汇聚人才智力资源。

（四）加强创新创业平台建设

要下大力气支持我省重点实验室、工程实验室、协同创新中心、制造业创新中心、企业技术中心、工程研究中心、工程技术研究中心等高层次创新创业平台建设，要下大力气培育高新技术龙头企业，采用有效措施，充分调动企事业单位用人主体、创新主体、创造主体积极性，不断拓展聚才用才平台载体。

二　以需求导向加强人才培养力度

遵循经济社会发展规律和人才成长规律，树立"大人才观"理念，积极构建"全链条"人才培养模式，强化教育与产业对接、专业和职业对接，促进人才培养、社会需求和就业的良性互动，厚植河南人力资源优势和人才优势。

（一）加快大院名校（所）建设

借鉴上海纽约大学、昆山杜克大学、宁波诺丁汉大学和清华大学在杭州西湖学院等办学经验，在郑州、洛阳、新乡三市，积极推动河南高校与国内外一流高校和科研院所加强合作，推动河南高等教育跨越发展，为本地培养一流人才。抓住国家推进"双一流"大学建设的重大机遇和国家出台中西部高等教育振兴计划的历史机遇，持续实施优势特色学科建设工程，加快高水平大学和特色骨干大学建设。

（二）推进人才分类培养

对创新型科技人才，要加强顶层设计，创新载体平台，整合优化各类人才项目，打造中原人才系列品牌。对技术技能人才，要着眼于促进优势提升，加快构建现代职业教育体系，大力培养支撑河南制造、河南创造的技术技能人才队伍。对企业家人才，要加强培育培训，优化成长环境，依法保护企业家财产权和创新收益，进一步营造尊重、关怀、宽容、支持企业家的社会文化环境。加快建立国有企业市场化选聘的职业经理人制度，落实市场化薪酬待遇。

（三）夯实青年人才战略储备

要完善青年人才普惠性支持措施，在重点人才工程项目中设立青年专项，加大青年科技工作者培养支持力度。要研究符合青年人才成长特点的科研经费支持、成果考核、待遇保障等配套政策，鼓励和保障青年人才潜心研究、健康成长。注重对青年人才的吸引集聚，参考外地做法，采取给予适当生活补贴等方式，吸引名校高校毕业生来我省工作。

三　建立灵活高效的人才管理体制

坚持市场导向和改革取向，充分发挥市场在人才资源配置中的决定性作用和更好发挥政府作用，加快转变政府人才管理职能，保障和落实用人主体自主权，利用市场信号调控人才的流向，推动人才资源在市场中的自由流动和合理化配置，最大限度解放和增强人才活力。

（一）人才管理部门要主动清权、晒权

省市县三级政府全部建立人才管理服务权力清单和责任清单，将每项职权的行使主体、办理流程、办结时限和监督方式等，以清单形式列出并向社会公布。同时，按照权责一致的要求，逐一厘清与行政职权相对应的责任事项，明确责任主体，健全问责机制。

（二）向用人主体放权、松绑

目前，中央正在大力推进事业单位编制管理改革，人社部正在研究制定高校、公立医院不纳入编制管理后的人事管理衔接办法，建立健全以合同管理为基础的用人机制，北京、广东、浙江等地在编制备案制管理上已经先行一步。我们要以此为契机，在编制管理上积极探索符合河南实际、更加有利于人才引进和发挥作用的管理办法。引进人才方面要减少行政审批，对高校、科研院所等用人单位引进人才，编制、人力资源社会保障等主管部门要统筹协调，简化程序，让人才引进的"绿色通道"真正"绿起来""通起来"。

（三）加快健全便利化人才服务体系

借鉴外省做法，在政府行政服务中心设立"一站式"人才服务窗口，在办理人事关系、社保医疗、住房安居、创业扶持等方面简化程序，提高效率，实现从"管理"到"服务"的转变。要加快社会化人才服务机构建设，更好发挥各类行业协会、社会中介机构在人才培训、评价、交流等方面的主导作用，一些人才服务项目可以采用政府购买形式从政府行政职能中剥离出来。

（四）建好人才管理改革"试验田"

借鉴北京中关村、上海张江、深圳前海等人才管理改革试验区经验，在郑洛新国家自主创新示范区建设人才管理改革试验区，推进人才政策先行先试，在创新创业、科研管理、科技和金融融合发展等方面积极探索建立与国际接轨的人才管理制度，为全省人才工作创新突破探索可复制、可推广的经验。

四　创新人才评价激励机制

树立正确的人才评价导向，突出德才兼备，注重凭能力、实绩和贡献评价人才，给予相应的待遇和回报，让他们"名利双收"。

（一）改进人才评价标准和方式

加快建立多元化人才评价体系，针对不同行业、不同特点，开展人才分类评价，基础研究人才评价以同行学术评价为主，应用研究和技术开发人才评价突出市场和社会评价，哲学社会科学研究人才评价重在同行认可和社会效益。

（二）深化职称制度改革

坚决破除评聘中的结构比例限制过死，"评人的不用人，用人的不参评"，以及评聘后的"一聘定终身"、能上不能下等突出问题，强化用人主体在职称评审中的主导作用，合理界定和下放职称评审权限。横向上，在有条件的高校、科研院所、文艺院团，以及管理规范、技术领先的企业，可自主评审主系列相应学科高级职称。纵向上，扩大省辖市职称评审权。同时，要建立职称评审"绿色通道"，对引进的高层次人才、急需紧缺人才等，可通过专设职数、特设岗位、直接考核认定等多种方式评聘专业技术职务。

（三）完善人才激励机制

以增加知识价值为导向，建立合理的收入分配制度，健全市场评价要素贡献并按贡献分配的机制，及时表彰奖励作出突出贡献的人才。创新科研经费管理办法，下放科技成果使用、收益和处置权，让人才劳动价值与收入"挂钩"，在符合条件的高校、科研院所进行试点。鼓励支持符合条件的高校、科研院所和企业探索实行协议工资制、年薪制、分红奖励和股权激励等。

五　提升人才发展投入保障水平

要吸引留住人才，就要为人才发展提供服务保障，抓好各项人才政策的落地见效，确保优秀人才引得来、留得住、用得好。

（一）建立人才发展多元投入保障机制

优化财政支出结构，加大财政投入力度，实施重大建设工程和项目时，统筹安排人才开发培养经费。创新财政人才投入方式，提高人才投入绩效，运用后补助、自主创新产品首购等方式，加大对人才创业创新支持。省财政设立高层次人才发展资金，用于对院士等顶尖人才和国家"千人计划""万人计划"入选者等高端人才的科研经费支持等。

（二）创新基金化支持方式

根据目前财政资金使用"资金变基金、直接变间接、无偿变有偿"发展趋势，充分发挥省中原科创风险投资基金、科技成果转化引导基金、中小企业发展基金、"互联网+"产业投资基金、战略新兴产业发展投资基金、现代服务业发展投资基金作用，为创新创业人才及所在企业提供覆盖种子期、初创期、成长期的全链条金融支持；政府出资部分的基金增值收益等可按一定比例用于奖励基金管理团队和天使投资其他参与人。探索建立"人才贷"金融服务模式，鼓励金融机构对符合条件的高层次人才创业融资给予无须担保抵押的平价贷款。支持保险机构创新保险产品，分散创业者创业风险。

（三）持续优化人才发展环境

全力营造公平竞争、开放透明的市场环境，公开平等、竞争择优的制度环境，鼓励创新、宽容失败的工作环境，待遇适当、无后顾之忧的生活环境，形成全社会识才爱才重才用才的良好氛围。

第九章

郑州市自创区发展战略

在新一轮技术革命、产业革命和信息化变革交融对接的时代大背景下，科技创新从技术维度的单一创新转向"新技术、新业态、新模式、新产业"的集成创新。郑洛新自主创新示范区郑州片区应以全面提升全市自主创新能力和产业竞争能力为核心，按照重点突破、产业提升、先行先试、辐射带动的原则，大力推动大众创业、万众创新，推进国家创新型城市建设，成为郑洛新国家自主创新示范区的核心区和排头兵。

第一节 实施新技术引领战略，培育自创区发展新动能

当前，全球新一轮科技革命和产业变革方兴未艾，科技创新正加速推进，并深度融合、广泛渗透到人类社会的各个方面，成为重塑世界格局、创造人类未来的主导力量。

一 当今世界经济社会发展新技术

近年来，世界上颠覆性技术层出不穷，将催生产业重大变革，成为社会生产力新飞跃的突破口。作为全球研发投入最集中的领域，信息网络、生物科技、清洁能源、新材料与先进制造等正孕育一批具有重大产业变革前景的颠覆性技术。量子计算机与量子通信、干细胞与再生医学、合成生物和"人造叶绿体"、纳米科技和量子点技术、石

墨烯材料等，已展现出诱人的应用前景。先进制造正向结构功能一体化、材料器件一体化方向发展，极端制造技术向极大（如航母、极大规模集成电路等）和极小（如微纳芯片等）方向迅速推进。人机共融的智能制造模式、智能材料与3D打印结合形成的4D打印技术，将推动工业品由大批量集中式生产向定制化分布式生产转变，引领"数码世界物质化"和"物质世界智能化"。这些颠覆性技术将不断创造新产品、新需求、新业态，为经济社会发展提供前所未有的驱动力，推动经济格局和产业形态深刻调整，成为创新驱动发展和国家竞争力的关键所在。

一是科技更加以人为本，绿色、健康、智能成为引领科技创新的重点方向。未来科技将更加重视生态环境保护与修复，致力于研发低能耗、高效能的绿色技术与产品。以分子模块设计育种、加速光合作用、智能技术等研发应用为重点，绿色农业将创造农业生物新品种，提高农产品产量和品质，保障粮食和食品安全。基因测序、干细胞与再生医学、分子靶向治疗、远程医疗等技术大规模应用，医学模式将进入个性化精准诊治和低成本普惠医疗的新阶段。智能化成为继机械化、电气化、自动化之后的新"工业革命"，工业生产向更绿色、更轻便、更高效的方向发展。服务机器人、自动驾驶汽车、快递无人机、智能穿戴设备等的普及，将持续提升人类生活质量，提升人的解放程度。科技创新在满足人类不断增长的个性化多样化需求、增进人类福祉方面，将展现出超乎想象的神奇魅力。

二是"互联网+"将全方位改变人类生产生活。新一代信息技术发展和无线传输、无线充电等技术实用化，为实现从人与人、人与物、物与物、人与服务互联向"互联网+"发展提供丰富高效的工具与平台。随着大数据普及，人类活动将全面数据化，云计算为数据的大规模生产、分享和应用提供了基础。工业互联网、能源互联网、车联网、物联网、太空互联网等新网络形态不断涌现，智慧地球、智慧城市、智慧物流、智能生活等应用技术不断拓展，将形成无时不在、无处不在的信息网络环境，对人们的交流、教育、交通、通信、医疗、物流、金融等各种工作和生活需求作出全方位及时智能响应，推动人类生产方式、商业模式、生活方式、学习和思维方式等发生深刻变革。互联网的力量将借此全面重塑这个世界和社会，使人类文明继农业革命、工业革命之后迈向新的"智业革命"时代。

三是科技制高点向深空、深海、深地、深蓝拓进。空间进入、利用和控制技术是空间科技竞争的焦点，天基与地基相结合的观测系统、大尺度星座观测体系等立体和全局性观测网络将有效提升对地观测、全球定位与导航、深空探测、综合信息利用能力。海洋新技术突破正催生新型蓝色经济的兴起与发展，多功能水下缆控机器人、高精度水下自航器、深海海底观测系统、深海空间站等海洋新技术的研发应用，将为深海海洋监测、资源综合开发利用、海洋安全保障提供核心支撑。地质勘探技术和装备研制技术不断升级，将使地球更加透明，人类对地球深部结构和资源的认识日益深化，为开辟新的资源能源提供条件。量子计算机、非硅信息功能材料、第五代移动通信技术（5G）等下一代信息技术向更高速度、更大容量、更低功耗发展。第五代移动通信技术有望成为未来数字经济乃至数字社会的"大脑"和"神经系统"，帮助人类实现"信息随心至、万物触手及"的用户体验，并带来一系列产业创新和巨大经济及战略利益。

四是前沿基础研究向宏观拓展、微观深入和极端条件方向交叉融合发展。随着观测技术手段的不断进步，人类对宇宙起源和演化、暗物质与暗能量、微观物质结构、极端条件下的奇异物理现象、复杂系统等的认知将越来越深入，把人类对客观物质世界的认识提升到前所未有的新高度。合成生物学进入快速发展阶段，从系统整体的角度和量子的微观层面认识生命活动的规律，为探索生命起源和进化开辟了崭新途径，将掀起新一轮生物技术的浪潮。人类脑科学研究将取得突破，有望描绘出人脑活动图谱和工作机理，有可能揭开意识起源之谜，极大带动人工智能、复杂网络理论与技术发展。前沿基础研究的重大突破可能改变和丰富人类对客观世界与主观世界的基本认知，不同领域的交叉融合发展可望催生新的重大科学思想和科学理论。

五是国防科技向全要素、多领域、高效益深度发展。受世界竞争格局调整、军事变革深化和未来战争新形态等影响，主要国家将重点围绕极地、空间、网络等领域加快发展"一体化"国防科技，信息化战争、数字化战场、智能化装备、新概念武器将成为国防科技创新的主要方向。大数据技术将使未来战争的决策指挥能力实现根本性飞跃，推动现代作战由力量联合向数据融合方向发展，自主式作战平台将成为未来作战行动的主体。军民科技深度融合、协同创新，在人才、平台、技术等方面的界限日益模糊。随着脑科学与认知技术、仿生技术、量子通信、超级计算、材料基因组、纳米技术、智能机器人、先进制造与电子元器件、先进核能与动力技术、导航定位和空间遥感等的重大突破，将研发更多高效能、低成本、智能化、微小型、抗毁性武器装备，前所未有地提升国防科技水平，并带动众多科技领域实现重大创新突破。

二　积极参与新一轮科技革命，提高相关领域话语权

瞄准世界科技创新的前沿，坚持国际化、智慧化、高端化、市场化发展方向，坚持高标准制定长期发展规划，超前部署下一代先进技术的研发，形成一批具有自主知识产权的重大科技创新成果，构筑战略性新兴产业的先行优势，继续引领全省战略性新兴产业发展。

一是努力推进大数据、云计算、下一代互联网等新一代信息技术的深度应用。加快新一代信息技术与经济社会发展各领域深度融合创新，加强网络信息安全保障体系建设，积极实施"互联网+"行动计划，着力实现从传统经济向信息经济跨越。以大数据分析挖掘和应用为核心，大力推动电子政务、经济活动、社会管理、公共服务等重点领域的信息化应用。推行政企合作模式，加强各信息系统科学对接，整合各类信息平台，支持信息资源开放共享，积极建设大数据资源平台。深化大数据在一、二、三产业的创新应用，培育大数据新业态、新模式，着力形成新的经济增长点。完善大数据产业链，构建大数据产业生态体系，争取电信运营业、互联网、金融、证券、保险、物流

等全国性或区域性后台服务中心落户郑州。加快中牟和高新区北斗导航产业园建设，早日推出一批服务全国的智能交通、地理测绘、减灾救灾、安全监测、物流配送、城市管理等北斗应用平台。大力发展信息安全技术，积极开发安全芯片、网络关防、数据加密、安全数据库等基础类安全产品，加快推进面向云计算、物联网、移动互联网等信息安全产品研发产业化，谋划建设国家移动信息安全工程技术研究中心。建立健全信息安全保障体系，加快推进信息安全综合监控中心、信息安全测评中心建设，完善网络与信息安全协调指挥联动机制，提高信息安全应对能力。

二是加快发展 3D 打印技术。3D 打印是制造业领域正在快速发展的一项新兴技术，与传统制造业相比具有明显优势，已成为现代模型、模具和零部件制造的有效手段，在航空航天、汽车加工、生物医药以及工程建设、教学研究等方面占用独特优势。目前，郑州市拥有庞大的制造业产业体系，特别是家用电器、高端设备、纳米材料、特种金属、非金属材料和动漫设计等领域形成了产业集群，但目前采用的多为传统制造工艺和技术，仅有少数企业委托外地 3D 打印机构进行加工，3D 打印普及度亟待提高。为此，郑州市应成立了 3D 打印项目推进工作领导小组，定期举办推进会，加速推动项目进程。同时成立 3D 打印产业协会，推动产业协同发展；围绕完善功能、优化布局，郑州高新区应成立 3D 打印产业技术研究院，优化布局展示体验中心设置三维扫描设备和显示屏，现场体验三维人体成像；展示各种 3D 打印材料、打印设备及产品，并现场体验人体数据采集和 3D 打印过程。教育培训中心设置移动投影仪、培训光盘，配备相关教学用品，达到科普教学软件、硬件要求。研发孵化中心根据各项目特点和业务需求进行布局，添置办公、研发设备，配齐空调等配套设施，营造良好的研发、生产环境。另外，要加快人才挖掘和项目招引。积极挖掘食品加工、广告、桌面等多种 3D 打印设备；从事个性化人像定制，同时建立网络平台，及时展示 3D 打印产业动态和个性化定制需求信息等内容，依托电商产业园，搭建 3D 打印产业第三方平台。

三是积极发展新一代人机交互技术。虚拟现实（virtual reality）技术又称虚拟环境（virtual environment）技术。虚拟现实系统向用户提供临境（immerse）和多感觉通道（multi-sensory）体验，它的三个重要特点，即临境感（Immersion）、交互性（Interaction）、构想性（i-magination）决定了它与以往人机交互技术的不同特点，反映了人机关系的演化过程：在传统的人机系统中，人是作者，机器只是被动的反应；在一般的计算机系统中，人是用户，人与计算机之间以一种对话方式工作；在虚拟现实中，人是主动参与者，复杂系统中可能有许多参与者共同在以计算机网络系统为基础的虚拟环境中协同工作，虚拟现实系统的应用十分广泛，几乎可用于支持任何人类活动和任何应用领域。

四是大力推进物联网感知技术。推广传感、通信、GPS 等信息技术在桥梁负载、楼宇电梯、客运交通（出租、公交和长客）、盘山景区安全监控等领域的应用，确保公共安全。推广 RFID、通信、条码等信息技术在生猪、蔬菜、牛奶、葡萄酒等领域产品质量安全监管的应用，建立食品加工、物流和销售环节信息安全追溯系统，确保了食品安全。推广传感、无线通信等信息技术在石化、纺织、冶金等传统高耗能、高污染行业节能减排中的应用，提升企业生产过程自动化控制水平，促进企业节能减排。推广传感、无线通信等信息技术在自来水管网、燃气管网、电网安全监控的应用，实现数据自动实时采集、分析和处理，确保管网安全，保障居民生活。

五是积极推进"互联网+"技术。大力拓展互联网与经济社会各领域融合的广度和深度，实施互联网+制造业、服务业、农业一批重大行动专项，培育新兴业态，打造新的增长点。制造业领域，重点发展基于互联网的个性化定制、众包设计、云制造等新型制造模式，推动研发、设计、制造、生产管理、营销、服务全过程数字化、智能化、网络化，构建工业互联网。服务业领域，重点推动互联网在金融、物流、商贸等领域的运用，加快金融业务服务向智能化方向转型升级，加快智慧物流信息平台建设和数据对接，鼓励发展社交电商、

"粉丝"经济等网络营销新模式。农业领域，重点利用互联网提升农业生产、经营、管理和服务水平，推行互联网环境下的现代"种养加"生态农业新模式，培育多样化农业互联网管理服务模式。

第二节　实施新模式再造战略，提升自创区发展新优势

新模式是产品、服务生产和存在形式的崭新体现。从历史上每次技术革命和产业革命的演变过程看，新模式的大量出现，是技术革命引发新产业革命的传导机制。目前，基于信息技术革命的大量新模式，已逐步成为推动产业升级的主要方式；正受到高度关注的以信息技术深度融合应用为基础的第三次工业革命或新产业变革，蕴含着生产方式的又一次重大变化，预示着产业业态和模式将出现新的变化趋势，从而对一个国家和地区产业升级模式转换产生直接或间接效应。

一　当今世界经济社会发展新模式

新一轮工业技术革命使传统的行业界限消失并产生各种新的活动领域和合作形式，创造新价值的过程已经改变，产业链分工被重组，政府、企业、消费者之间的关系更加紧密，新商业模式不断涌现。新技术发展体现为包括计算技术、感知技术、人机交互技术、通信技术、数据处理技术、应用技术等技术的发展。新技术催生了新的商业模式并促进了现有经营模式的改变，如云制造模式（平台模式）、智慧生产模式，跨界生产服务模式、大规模定制模式。这些新的商业模式是技术与市场的结合，消除了技术对市场的"隔层"效应，带来了畅通的市场信息，从而帮助创新企业实现更多的盈利，盈利带来的雄厚资金能够保证技术创新投入的增加和研发的成功率，带动本土创新能力的提升，创新能力提升带来的新产品和新技术，又能够进一步增强新商业模式在国际市场上的市场势力。所以技术创新和新商业模式

是相互影响、相互促进的。

美国是全球最大的高技术产品和服务的出口国，在高科技产业方面，半导体、芯片制造设备及电脑软件所占市场份额居于全球首位。美国政府大幅增加对纳米技术、能源材料、信息网络、生物医学等基础研究和技术前瞻领域的资助，大力支持视频传播、云计算、虚拟技术、大数据和建造信息模型等高新技术的发展。美国企业的商业模式已从基于现金流的传统商业模式向基于企业价值的现代商业模式转变；从单一的商业模式向智能型商业模式转换；从加法型商业模式转向乘法型商业模式；此外是大量出现网络新媒体的发展模式、众筹融资模式和 B2C 电子商务模式等。美国苹果公司不仅仅通过新技术提供时尚的设计，更重要的是，它把新技术和卓越的商业模式结合起来，将硬件、软件和服务融为一体，整合产业链、开放产品平台，形成"智能终端+内容分发渠道+应用软件与数字内容服务"的新模式。如 iPhone 手机是手机与相机、音乐播放器和掌上电脑的融合，而 APP Store 丰富了客户的手机内容。美国的 Uber 公司利用互联网技术，提供按需服务的驾驶员和动态的价格，颠覆了传统出租车和交通运输生态系统，成为世界上一些大城市中最受欢迎的打车工具。Airbnb 公司建立网络平台，利用空置房屋、公寓，甚至自己的家庭居室，提供房屋租赁服务，开创了租赁业的 P2P 模式，帮助了 400 万旅行者预订到了便宜住所，也帮业主赚到了钱，颠覆了酒店服务行业。

美国与欧盟相比，更注重基础研究，新技术的产业化率并不高。欧盟的研发预算仅次于美国，位列全球第二。欧盟国家的制造业特别是商用飞机、汽车和智能设备制造业的竞争力仍然是最强的。德国于 2012 年初提出工业 4.0 计划，认为全球经济正处于第四次工业革命的开端。在新技术方面重视信息技术与实体世界的渗透融合和深度应用，其主要内容为：数字化制造、智慧城市、智能楼宇、智能电网和电动汽车、3D 打印等。新技术对欧盟企业商业模式的影响包括：模块化生产模式，大规模定制制造模式等结构扁平化、分散合作式的商业模式。与美国相比，欧盟国家在商业化的 R&D 投入和高技术专利申请方面是弱项。

日本注重新能源技术、信息技术的开发，促进企业跨界融合、跨界融合型、产业链贯通型、创意设计型、平台模式型等新模式的发展。

二　努力匹配技术新模式，推动郑州制造向郑州智能制造转变

技术创新只有与市场创新相结合才能使其持续不断地进行下去。与计算技术、感知技术、人机交互技术、通信技术、数据处理技术等技术创新相匹配，发达国家的商业模式出现了云制造模式、智慧生产模式、O2O 和 C2C 模式、跨界生产服务模式、大规模定制生产、3D 制造模式等。郑州应结合自创区和自贸区建设，支持企业把技术创新和商业模式创新相结合，鼓励发展大数据、云计算、网络平台、移动互联等商业模式，要鼓励郑州国家高新区、郑州航空港经济综合实验区、郑东新区、郑州经济技术开发区、金水区等园区，将制造企业与设计公司、信息技术企业及高校的合作和联盟，争取在先进制造业高端领域形成竞争优势。要利用新技术、新模式推动传统产业的改造，将研发设计、加工制造、营销服务三大产业链环节整合于一个共同的网络化信息平台之中，并使这三个环节之间依托移动互联网终端等智能设备实现一体化整合，促进郑州产业由传统制造向"数字制造""智能制造"的方式转变。

一是以云制造模式、跨界生产服务模式、3D 制造等新模式改造传统产业。把握大数据、云计算、物联网、移动互联网带来的巨大商机。以大数据、云计算、物联网、移动互联网等改造传统工业模式作为"十三五"工业转型升级的重点，并出台相关专项规划具体落实。以智慧城市建设引领传统产业改造，大数据、云计算、物联网、移动互联网改造人类生产生活方式，智慧城市是最重要的一个载体。建议把智慧城市建设作为"十三五"城镇化转型升级的重点任务，并出台国家层面的智慧城市发展规划，开启以智慧城市建设引领工业转型升级的新局面。支持大数据、云计算、物联网、移动互联网与传统产业

的相互渗透。做大做强工业互联网，推动国内互联网企业与制造业企业的联合与互动；加强信息资源整合，打破传统工业企业"信息碎片化""信息孤岛"的局面；形成大数据、云计算、物联网、移动互联网与制造业结合的新优势。

二是以 O2O 和 C2C 模式、跨界生产服务模式、大规模定制生产为重点的新模式来提升战略性新兴产业。智能电网是"工业革命3.0"的基础平台，对"工业革命3.0"具有全局性的推动作用。无论是风电还是太阳能发电等新能源的发展，都需要智能电网的支撑。有了智能电网的支撑，以及新能源发电技术和大规模储能技术的进一步发展，风电、光伏发电、分布式电源才能大规模接入，适应供用电关系灵活转换，才能解决间歇式、不稳定电源大规模利用的问题，从而使千家万户开发利用的风能、太阳能进入市场。正是因为智能电网在"工业革命3.0"中的核心地位，欧美发达国家已将发展智能电网纳入国家战略，并将发展智能电网作为发展新兴经济最重要的支柱。出台国家层面发展智能电网的规划，统筹智能电网与风光发电等新能源发展，为大型水电、大型核电、大型可再生能源发电基地建设和发展创造条件。统筹智能电网与战略性新兴产业发展，在"工业革命3.0"的基础上指导战略性新兴产业健康发展。统筹智能电网与互联网、物联网建设，重点攻克微电网技术，为促成风光发电进入千家万户提供公共服务平台。

三是以智慧生产模式、跨界生产服务模式、大规模定制生产、3D制造为导向布局智能制造业。以机器人产业为重点布局智能装备制造业。未来五至十年，智能制造装备行业要实现增长率年均25%的目标，重头戏是机器人产业。"十二五"我国年新增工业机器人供给量超过1.5万台，年增长速度在50%以上。随着低端劳动力的短缺开始出现，2013年我国已成为全球最大的工业机器人市场，并且机器人产业需求呈现爆发式增长，2015年国内工业机器人年供应量超过2万台，保有量在13万台以上。尽快确立机器人产业的国产品牌。尽管我国是全球机器人最大的市场，但主要的供应商在欧美发达国家。欧洲、日本目前是工业机器人的主要供应商，ABB、KUKA、FANUC、YASKAWA 四家公司占据了我国 60%—80% 的市场份额。把打造机器人全产业链作为"十三五"产业发展的重点，加强基础研究，形成核心技术，推动机器人产业链的上下游一体化。推动智能可穿戴设备在健康产业的广泛应用。大数据与制造业的融合，突出表现在智能可穿戴设备的出现。由于我国正在成为全球最大的健康产业市场，因而我国可穿戴设备主打健康牌也将获得了巨大的生命力。以医疗设备为重点，我国完全有可能在智能可穿戴设备上抢占行业制高点。建议尽快组建智能可穿戴设备独立第三方检验、检测和认证机构，推出可穿戴设备认证标准，协助制造商为消费者提供安全优质的产品，推动可穿戴设备行业健康可持续发展。布局 3D 打印机为重点的智能制造业发展。3D 打印技术是 21 世纪最具有颠覆性的高科技技术。3D 打印技术不仅能够适应定制化的生产，还具有高度的灵活性，是未来产业发展的重要方向。形成 3D 打印产业的发展目标和技术路线，设立 3D 打印产业发展基金，开展 3D 打印相关软件、工艺、材料、装备、应用、标准及产业化的系统性整体性攻关，推进建设 3D 打印制造技术与其他先进制造技术融合的新型数字化制造体系。

四是以创新驱动为目标打造产业园区升级版。产业园区是实施创新驱动最重要的载体。郑东新区联合 UFO 众创空间共同打造集创客教育中心、VR 体验中心、AR 体验中心和无人机体验中心为一体的教育服务平台、科技产品发布交流平台、创新企业孵化平台，定位于提升郑州创新人群素质，延伸服务链，为创客提供一系列公共服务；郑州经开区积极推进留创园、河南跨境电商、中兴新业港、联东 U 谷、北软慧谷等创新创业平台建设；郑州市金水区围绕产业结构调整，做大做强特色主导产业，打造出一个涵盖金水科教园区、国家知识产权创意产业试点园区、大学生创业园三大载体和科技创新综合服务平台、人才信息化服务平台、技术支撑平台的三大平台创新创业服务体系。金水科教园区着力推进河南服务外包产业园、西亚斯亚美迪国际软件园、以色列科技城、北大国际创业孵化中心、郑州启迪科技园、中都电子信息产业园等项目建设。积极引进由国内外知名高校和业内资深专家组成的"创新创业发展智囊团队"，以及 27 家院士工作站、142 个工程技术中心和重点实验室，和在美国硅谷和印度班加罗尔设立了海外人才工作站等人才"智库"，为金水区双创提供了不可或缺的智力保障。金水区国家知识产权创意产业试点园区应着力推进从制造产品雏形的快速成型制造中心，到搭建工业设计信息化服务中心、工业设计展馆、创意图书馆，再到创意产业研发中心、知识产权孵化中心，为工业设计、建筑设计、广告设计等企业提供了一条龙式的高质量服务，同时，吸引浪尖、木马、上善、洛可可、法国朱古力等国内知名设计企业入驻园区。从国际经验看，产业园区的提质升级离不开生产性服务业的集聚，无论是美国的硅谷还是我国的中关村，之所以能够成为引领工业创新的"火车头"，重要的原因在于它们形成了研发设计等生产性服务业聚集区。调整发展思路，重点发展研发设计、第三方物流、融资租赁、信息技术服务、节能环保服务、检验检测认证、电子商务、商务咨询、服务外包等生产性服务业，使产业园区成为产业创新的孵化器。产业园区是郑州市实施创新驱动战略最重要的载体，以创新驱动为目标打造产业园区升级版，不仅需要从政策层面进行调整，还涉及体制机制等软环境的塑造，更重要的是要站在"工业革命3.0""工业革命4.0"的战略高度对原有产业园区进行顶层设计和重新定位。

第三节　实施新业态培育战略，激发自创区发展新活力

新的商业模式极大地影响了现有的业态和产业发展，新商业模式的大规模出现形成了新的业态，如网购、3D 打印产品、智能汽车、打车软件等，总之，新技术、新模式、新业态之间是渐次递进、相互影响的。

一　当今世界经济社会发展新业态

新业种和新业态都是新兴产业产生的源头，新业种主要是指新的产品、技术和服务，解决"卖什么新东西"的问题，而新业态主要是指新的经营形态或经济模式，解决"怎么样以新的方式卖"的问题。新业态可能是随新业种的产生而产生的，也可能是独自产生的。由新业态演变为新兴产业的大致过程是：企业在产品、技术或服务创新之后产生的新的模式、方式或者体验，在一定范围内进行传播，形成了一批追随者，从而产生了一定范围的影响，然后由许多企业不断完善，逐渐形成一个行业，再由多个上下游行业连接成产业链，最终成为一个新兴的产业。

在技术、需求、产业链等多因素驱动背景下，未来中国可能产生爆发式增长的新业态。随着移动互联网、社交化技术的广泛应用，为培育和发展新业态带来了新的契机，未来五至十年，我国可能产生爆炸式增长的新业态。如互联网制造、云制造、O2O 等，都有可能在中国出现原创。移动互联网、科技博客、手机应用 APP、手机游戏等，将会快速产生新技术、新产品、新服务。在科技服务领域，将会出现一些新的服务需求和模式。其中，社交化生产是社交网络的应用，是一种新的产业协作模式取代旧式中心化的产业结构，主要包括 3D 打印、众包和开源硬件；云制造是利用信息化手段，推动制造业模式的变革，主要包括可穿戴设备和互联网汽车；大数据的发展为公共服务、医疗服务等领域提供应用支撑；线上线下融合的 O2O 服务与传统产业融合发展，伴随着 4G、移动终端普及、城镇化的重大机遇，显示了巨大的市场空间潜力；数字服务具有知识经济和数字经济的双重属性，是娱乐、文化产业发展载体，主要包括数字出版、在线教育、科技博客等。具体来讲就是：

一是智能制造、大数据服务将进入实质性发展阶段。智能制造是我国制造业转型的重要方向。目前我国智能装备的产业规模约为 3000亿元，未来五至十年，我国智能制造装备产业将迎来发展的重要战略机遇期。预计到 2015 年，我国智能装备销售收入达到 1 万亿元，国民经济重点产业所需高端智能装备及基础制造装备国内市场占有率达到 50%；2020 年销售收入达到 2 万亿元，国内市场占有率达到 70%；应用大数据的新技术将对经济转型发展、城市指挥管理和对大众的智能服务具有广泛的前景。我国大数据产业还处于发展初期，市场规模仍然比较小，2012 年仅为 4.5 亿元，而且主导厂商仍以外企居多。今后几年，我国大数据产业发展将进入实质性的阶段，2016 年我国大数据应用的整体市场规模突破百亿元量级，未来将形成全球最大的大数据产业带，到 2020 年，中国大数据产业市场将形成 2 万亿元以上规模。

二是生物健康在多个领域全面开花，绿色低碳将步入快速发展轨道。高技术服务业前景广阔，近十年来，世界生命健康产业产值每五年翻一番，年增长率高达 25%—30%，是世界经济年增长率的 10 倍。在我国，生物技术已成为最为活跃、最具潜力，与国际顶尖水平差距最小的领域之一。2011 年我国生物产业实现总产值近 2 万亿元，其中医药工业总产值超过 1.6 万亿元。预计 2020 年，我国健康产业规模将达到 8 万亿元。中国在哥本哈根全球气候峰会上提出"碳减排目标"，这标志着中国将正式进入碳总量控制时代，到 2050 年，高碳能源低碳化利用技术对中国碳减排的贡献率有望达到 77.5%；高技术服务业的新型业态主要集中在信息技术与传统服务业结合的领域和由新技术发展带来的新型服务领域。2011 年《国务院办公厅关于加快发展高技术服务业的指导意见》明确提出重点推进研发设计服务、知识产权服务、检验检测服务、科技成果转化服务、信息技术服务、数字内容服务、电子商务服务、生物技术服务等八个领域的高技术服务加快发展。"十二五"期间，我国高技术服务业营业收入年均增长 18%以上，到 2015 年，发展成为国民经济的重要增长点。

三是商贸流通内外需双翼起飞，互联网金融引领现代金融发展。2013 年我国进出口总值 25.83 万亿人民币，首次突破 4 万亿美元关口，超过美国首次位列全球货物贸易第一。未来十年，以中国为代表的部分新兴经济体对外贸易传统比较优势逐步削弱，低端制造业被迫向周边低成本国家转移；同时随着扩大内需战略深入推进，商贸流通业将呈现出城市消费不断提升、农村市场潜力显现、商贸服务业领域不断扩展，业态创新不断涌现等发展趋势。现代物流业未来将呈现出发展空间广阔、企业转型升级步伐加快、产业融合态势明显、绿色物流理念引领产业发展等趋势；目前中国已形成了银行、证券、保险等功能比较齐全、分工合作、多层次，政策性金融和商业性金融协调发展的金融机构体系。2013 年以来，以余额宝为代表的互联网金融业务发展迅速，截至 2013 年 11 月 14 日，余额宝规模突破 1000 亿元，用户数近 3000 万户。从余额宝开始，互联网与基金公司合作的模式迅速发展，互联网金融开始崛起，网络信贷、大众筹资、移动支付、P2P 等新兴金融模式层出不穷。

四是旅游业新业态大量涌现，文化产业将成为支柱性产业。旅游业已经成为当今世界一大成熟产业，在中国市场体系日趋成熟、产业规模逐步扩大、产业结构不断优化、产业能级不断提升的同时，旅游业中的各种新型业态也相应地开始大量涌现。随着中国旅游休闲体系的建设，国民休闲制度的完善，到 2020 年，中国旅游业不仅在总量规模上，在质量、效益等方面都将基本达到世界一流水平，预计国内旅游人次有望超过 60 亿；近年来，国家高度重视发展文化产业，采取了一系列政策措施，深入推进文化体制改革，加快推动文化产业发展。2005 年起，国内的北京、上海、广州、深圳、杭州等城市文化创意产业发展步伐加快，各类文化创意产业园区逐渐兴起，动漫产业、网络游戏产业、网络视听产业等业态保持良好发展活力和成长态势。2009 年国家出台了《文化产业振兴规划》，推动文化与科技的融合，大力发展移动多媒体广播电视（CMMB）、网络广播电视、数字广播电视、手机广播电视等新业态，力争到 2020 年将文化产业发展成为国民经济支柱性产业。

二　汇聚壮大新业态，挖掘结构转型新动力

国内外新业态发展经验表明，政策支持是新业态发展的良好前提和基础。作为新生事物，其健康持续的发展同样需要得到政策的扶持与引导。因此，郑州应尽快出台鼓励与支持新业态发展的相关政策措施。

一是完善新业态产业链。壮大龙头企业，强化产业链竞争力。对龙头企业实力强、产业基础好、辐射作用大的新业态领域，强化科技驱动、信息化带动以及发展模式创新，进一步做优配套、做大规模、做强品牌，打造一批国内领先、国际一流的产业集群。聚焦优势资源，补全产业链缺失环节。对处于成长阶段且产业基础较好，但竞争力和辐射力还有待提升的新业态领域，培育发展"微笑曲线"两端企业，引导产业链向高附加值环节延伸、拓展，补齐产业链高端环节缺失的短板，实现产业关联发展，打造一批具有竞争优势的产业集群。强化招商引资，构建完整的产业链条：对处于初创阶段且具有比较优势，尚未形成完整产业链或产业空白的新业态领域，强化产业链招商引进具有核心地位的龙头企业进行辐射与延伸，培育形成较大产业规模和较高集聚水平的新兴产业集群。

二是完善和有效运行新业态产业创新体系。从产业角度而言，产业创新体系需从三个维度进行建构：第一，以企业为创新网络的节点，确立企业的创新主体地位，推动产业内新技术的产生；第二，以产业链为基础，使产业内具有相关业务和互补业务的节点组成水平创新链，具有投入产出关系的上、中、下游节点组成垂直创新链，推动产业内新技术的转移和扩散；第三，水平创新链、垂直创新链与外围的高等院校、科研机构、金融机构、中介机构等社会组织共同形成产业创新网络，发挥知识创新、技术创新、知识传播和知识应用等重要功能，推动产业升级和竞争力提升。在此基础上要有效运作新业态产业创新体系，完善产业创新投入—产出—效益评估的全方位创新机制，努力践行其运行机理。

　　三是为新业态的发展创造更好的环境。促进新业态发展的关键在于"培土施肥",为其发展创造更加有利的外部环境。政府和有关部门应加快推出有利于中小企业创新发展的一系列政策措施,加快下放和取消过多行政审批权限,将资源配置的决定权交给市场,让企业和市场自主决定产业发展方向;同时,要加快制定完善信贷政策、监管政策、行业准入标准,为新业态的发展创造更好的配套条件。要在传统产业的改造升级中培育新兴业态。要利用传统产业的优势要素打造、创建、培育、发展新兴业态,在传统产业的基础上孕育新业态,实现老树开新花。充分利用传统产业现有的人才、技术、资金、装备、土地、厂房进行改造重组,在现有的生产要素配置上、新项目的开发上向新业态、新商业模式发展。要培育新动能和产业新优势。要改造提升传统产业,培育壮大新兴产业,加快推动服务业优质高效发展。进一步推进"互联网+"行动,广泛运用物联网、大数据、云计算等新一代信息技术,促进不同领域融合发展,催生更多的新产业、新业态、新模式。

　　四是加快培育优势新业态产业集群。要大力推进科技创新,着力突破重大关键核心技术,推进创新成果转化应用。要依靠创新驱动打造发展新引擎,培育新的经济增长点,实现经济保持中高速增长和产业迈向中高端水平"双目标"。要充分利用国家支持产业发展的相关政策,遵循产业集群形成、演进升级的内在规律,综合考虑各地的区位优势、产业基础和资源禀赋,积极推动以上下游企业分工协作、品牌企业为主导、专业市场为导向的新业态集群建设,提升新型业态的核心竞争力。坚持以现代金融商贸物流业和文化创意旅游业为战略支撑产业,结合高成长性、战略新兴、传统支柱不同类型服务业各自发展特点,着力构建特色鲜明的现代服务业产业体系,努力推动服务业发展提速、比重提高、水平提升。大力发展高成长性服务业,把握形势、发挥优势、壮大龙头、强化集聚、促进融合,着力提升电子商务、金融产业发展水平,扩大文化旅游消费服务供给,使之成为新一轮服务业快速发展的主导力量。电子商务:大力发展第三方网络零售平台，加快电子商务基础设施和服务平台建设，引进国际国内网络零售龙头企业在郑州建设中部运营中心，积极引导中小企业利用第三方电子商务服务平台拓展国内外市场，打造服务全省、辐射中原经济区、影响全国的"新商都"。金融业：加快金融与实体经济融合发展，提升金融创新能力和服务水平，增强金融业综合竞争力和区域带动力。加快建设郑东新区金融集聚核心功能区，促进境内外金融机构区域总部入驻。鼓励民间资本投资入股金融机构和参与金融机构重组改造。培育发展多层次资本市场，支持郑州商品交易所丰富期货品种。规范发展私募基金市场，创新金融产品，发展金融服务新业态。旅游业：坚持全域发展，推进旅游业与关联产业的深度融合，大力发展旅游新业态；以智慧旅游建设为引领，加快完善旅游交通、旅游集散、公共服务、旅游标识等体系和配套设施；全面提升嵩山、大伏羲山、黄帝故里、黄河旅游带和中心城区古今商都等旅游产品的品质和内涵；积极开发国内国际旅游市场，将郑州发展成为国内一流、国际知名的旅游目的地城市和中国中西部旅游集散中心城市。培育发展战略性新兴服务业，面向市场、挖掘潜力、扩大供给、提升质量，加快培育发展一批新兴服务业，形成推动服务业发展新的增长点。教育培训产业：以社会化、专业化为方向，以提升素质能力、促进人的全面发展为重点，鼓励社会力量办学，壮大机构，培育品牌，构建多层次、多元化教育培训体系。商务服务业：鼓励商务服务业专业化、规模化、网络化发展，加大品牌培育力度，积极开拓国内外市场。培育一批著名商务服务企业和机构，建设一批影响力大的商务服务集聚区。大力发展会展业，加快区域性会展中心建设，完善提升会展基础设施，积极引进和举办各类大型展会，提升会展业层次和水平，培育一批知名会展品牌。养老及家庭服务业：充分调动社会力量，加大政府支持力度，加强养老服务设施建设，构建居家为基础、社区为依托、机构为支撑的养老服务体系。大力发展家庭服务业，满足多元化服务需求。科技服务业：加快建立支撑产业结构调整的科技服务体系。大力发展研发设计服务外包，培育专业化的第三方研发机构。完善知识产权代理、咨询、评估、转化服务体系，提升科技成果转移转化增值服务能力。大力发展面向研发设计、生产制造、售后服务全过程的检验检测服务业。

五是改革体制机制，完善新业态保障政策。要进一步坚持推进简政放权、放管结合、优化服务，针对市场主体期盼，加快转变政府职能、提高效能，营造公平竞争的市场环境和激励创新的制度环境，为创业创新清障搭台。要正确处理政府与市场的关系，大力推进行政审批制度改革，并从金融、财税、科技、教育等多方面入手，为新业态发展营造良好环境。郑州市要根据实际，出台扶持新产业新业态的相关政策措施，创新新型业态行业准入制度，鼓励各类资本投资新业态。与此同时，要加大对企业发展引导扶持的资金力度，建议各级财政部门把新业态发展支持资金纳入各地的年度计划，重点向具有发展潜力和市场需求的企业提供补助和支持。

第四节　实施新产业扶持战略，拓展自创区发展新空间

新业态的规模化发展形成了新产业，改变了传统产业的发展路径和产业竞争力。例如，亚马逊等网站对美国实体超市的巨大冲击，导致美国几乎所有的大型超市均实施了在线销售，沃尔玛在线销售额已经超过实体店。腾讯微信对通信和短信费的几大垄断运营商构成了巨大的冲击，免费的360杀毒对瑞星杀毒软件的冲击，支付宝和余额宝对银行的冲击，京东对电商的冲击等等。也就是说新技术促进了经营方式的改变，形成了新模式，而新模式会影响和促进新的业态和新的产业，新的商业模式的大规模出现形成新业态和新产业。

一　当今世界经济社会发展新产业

发达国家高度重视新兴产业极大加速了新兴领域若干重大技术的

更迭演进和产业化进程，世界战略性新兴产业呈现快速增长的态势。种种迹象表明，全球新科技革命和产业革命又进入一个新的历史性突破关头。继信息技术革命迅猛发展之后，未来十五至二十年有可能出现新一轮的产业革命。然而，各方对未来新科技革命和产业革命的方向还存在不同认识。这些认识包括：

一是信息网络技术正在并将继续深刻改变人类的生产和生活方式。下一代信息网络、移动互联网、物联网、云计算、大数据等新兴信息领域已成为全球信息产业新的经济增长点。ITU 有关数据显示，2009 年成员国宽带普及率已达 25.9%，约为 2000 年的 4 倍；2009 年全球移动用户普及率为 67%，是 2000 年的 5 倍多；移动宽带普及率为 9.5%，正在经历摩尔定律描述的成倍增长。因此，来自学术界和产业界的一种普遍看法是，信息技术仍然是未来一段时间内科技革命和产业革命的主导力量和主要方向，传统信息技术产业对国民经济和社会发展的深刻影响至少还能持续十年，新兴信息技术对未来经济社会的影响不可限量。例如，IBM 总裁于 2008 年年底提出的"智慧地球"概念，描绘了使用现代感知技术、下一代互联网技术和先进计算机处理技术将给未来人类社会各领域带来更加智慧的美好前景。美国"国家宽带行动计划（2010 年）"指出，与一个世纪前的电一样，宽带是未来一段时间世界经济增长、就业、全球竞争和创造更好生活的基石。

二是未来生物技术将在医药、农业、能源等领域引发系列变革。生物技术在功能基因组、蛋白质组、干细胞、生物芯片、转基因生物育种、动植物生物反应器等领域已取得重大突破，进入大规模产业化阶段。2008 年，全球生物技术药物销售额超过 1000 亿美元；诊断试剂产业年增长率持续保持在 15%—20% 左右的水平；全球医疗器械市场近五年保持 30%—70% 的速度发展；2009 年全球转基因农作物种植面积达到 3.3 亿英亩，较 1996 年增加了 79 倍；全球生物育种市场份额已接近 800 亿美元规模，并形成以孟山都、杜邦、先正达为代表的若干跨国企业。业内专家普遍认为，生物技术革命将成为未来新科技革命和产业革命的主要方向，生物产业将成为继信息产业蓬勃发展之后世界经济中规模巨大的又一个主导产业，生物技术将渗透进现有产业体系的各个方面。像 OECD 报告所描述的那样，到 2030 年，将有35%的化学品和其他工业产品来自工业生物技术，白色生物技术、绿色生物技术和红色生物技术对全球经济和环境的贡献效率将分别达到39%、35%和25%。

三是目前新能源在全球能源消费的比重"微不足道"，未来将占举足轻重的地位。近年来，风力发电、太阳能光伏发电、太阳能光热利用、生物质能源等产业呈现快速发展态势，新能源汽车产业化稳步推进。2009 年，全球风电装机容量、光伏总装机容量、太阳能电池总产量较上年同比增长率分别为31.7%、15%和60%。混合动力电动车初步实现大规模商用，2009 年全球销量近 200 万辆。采用高性能锂离子电池和一体化电力驱动系统技术的纯电动汽车性价比得到提高，全球推广规模已达 2 万辆左右。尽管与传统能源相比，新能源消费目前所占比重仍然"微不足道"，但是，伴随全球资源能源环境压力增大，未来以低能耗、低污染、低排放为特征的低碳经济和绿色能源消费必将占据举足轻重的地位。有关研究表明，目前，以新能源和可再生能源为特征的第四次产业革命正在改变人类经济活动和社会发展的各个方面。在此背景下，美国先后颁布的《美国复苏与再投资法案》《2009 年美国绿色能源与安全保障方案》报告中，均明确提出发展低碳经济的战略部署。欧盟发起的"欧洲经济复苏计划"中，投入巨资支持低碳项目、碳捕获和储存项目。韩国"绿色工程"计划的主要内容之一即为开发低碳技术，后出台的《低碳绿色增长战略》明确将发展低碳经济作为韩国未来经济的主导方向。

四是新材料技术继续作为生产力发展水平的标志，为新一轮科技革命和产业革命提供物质基础。材料技术既是当代高技术的重要组成部分，又是现代高新技术发展的物质基础和先导。有观点认为，信息、能源和材料并列为 21 世纪现代文明和生活的三大支柱，同时，材料又是信息和能源的基础。近年来，全球新材料产业快速扩张，

2008 年，世界新材料产业市场规模接近 8000 亿美元，同比增长近三分之一，与此同时，新材料产品更新换代加快、生产经济性强、产品性价比优、制造过程绿色化特征明显，世界新材料产业呈现出专业化、复合化、精细化发展趋势。以稀土材料为例，应用领域已渗透到新能源、节能环保、国防军工等方方面面，品种和规格已逾万种。基于新材料技术的基础性及其应用的广泛性，未来一段时间将继续作为人类社会生产力发展水平的标志，为新一轮科技革命和产业革命提供物质基础。

五是生物技术、信息技术、纳米技术的交叉和融合将引发新一轮的科技革命和产业革命。还有一些专家认为，未来科技和产业革命的方向不会仅仅依赖于一两类学科或某类单一技术，而应该是多学科、多技术领域的高度交叉和深度融合，其中，信息技术将进一步发挥基础和支撑作用，生物、纳米、材料等技术将更广泛地渗透、交叉、融合，产生若干新兴技术和新兴产业，进而引发新的技术变革和产业革命。兰德公司有关研究指出，生物、纳米、材料技术的发展以及它们与信息技术的深度融合有可能对未来经济和社会的发展产生深刻影响，例如，新材料技术应用于生物医学工程领域，有可能在微创手术、健康、生命检测、寿命预测等领域产生一批新技术；而信息技术将为遗传学、生物芯片、医疗设备、智能材料等领域提供广泛的技术支撑。

二　扶持新产业，推动郑州制造向郑州创造转变

世界新产业的快速兴起和蓬勃发展为郑州产业结构升级、全面建设小康社会、实现跨越式发展提供了百年一遇的历史机遇，也带来了更加严峻的挑战。郑洛新示范区郑州片区下一步应科学部署当前及未来一段时间的重点发展领域和方向，加快将新产业培育和发展成为先导产业和支柱产业。

一是依据郑州现有的产业基础和比较优势，分清发展时序，分层次部署近中远期的产业发展重点。发达国家的实践表明，一国现有的

产业基础、科技资源和技术积累是本地区选择重点发展领域的重要依据。在此基础上，还要综合考虑全球科技和产业发展的大趋势、产业自身的发展潜力、未来产业分工格局等因素，才能确定不同发展阶段的重点领域。从近期主要发达国家对未来一段时期战略性新兴产业发展的布局来看，各国在共同选择以节能、绿色、低碳为主要特征新兴产业的同时，依据各自比较优势，分别明确了近期计划集中于资源重点发展的领域。例如，美国的宽带行动计划、国家生物燃料行动计划、生物质多年项目计划，欧洲的物联网行动计划，日本的下一代汽车战略等均明确设定了近期就要实现的各项目标。郑州市经过改革开放 30 多年的快速发展，综合实力明显增强，科技水平不断提高，以七大工业主导产业为支撑，深度推进"两化"融合，着力打造"1+1+10"制造业体系，航空港实验区成为全省首个超千亿产业集聚区，富士康成为首个千亿级企业。以七大服务业主导产业为核心，大力发展现代服务业，成功获批国家服务业综合改革试点城市、电子商务示范城市、下一代互联网示范城市、信息惠民国家试点城市等，服务业占比稳步提高。做强现代都市农业，基本确立了以现代农业示范区为标志的都市型农业框架。全市三次产业结构比调整为 2：49.6：48.4。特别是高技术产业快速发展，为战略性新兴产业加快发展奠定了较好的基础。但同时，也面临着企业技术创新能力不强，掌握的关键核心技术少，有利于新技术新产品进入市场的政策法规体系不健全，支持创新创业的投融资和财税政策、体制机制不完善等突出问题。从上述市情和科技、产业基础出发，初步考虑，可依托航空港实验区、经开区，加快发展智能终端、新能源汽车、高端装备制造、精密制造、生物及医药、食品加工、绿色制造等产业；依托高新区、金水区，重点推进信息化与工业化融合示范，大力发展北斗设备、电子信息、软件信息、智能装备等产业。特别是要注重开发具有自主知识产权的重大技术创新成果，在郑州形成现代技术创新高地。扎实推进自主技术创新，提高创新效率，创造更多的技术成果，增加内源式技术要素供给。继续做好技术引进工作，重点引进市场前景好、外溢效应大的先进技术，增加外源式技术要素供给，并且注意加强消化吸收再创新，依托外源式技术要素生产更多的内源式技术要素。加强政产学研结合，引导各类利益相关主体都参与技术创新，增强技术要素供给的针对性，提高技术要素的可转化性。立足培育战略性新兴产业、发展创新型经济的需要，瞄准世界科技进步的前沿，选择一批重点领域加强核心技术研发，选择一批具有重大前瞻性的技术领域进行研发攻关，独立研发与引进技术消化吸收再创新相结合，争取在短时间内攻克技术难关，掌握重点产业核心技术和关键技术。积极融入国家创新战略，加强科技创新工程的顶端设计，整合利用国家和地区的科技创新资源，将成熟技术推广应用研究、先进技术消化吸收研究、关键技术攻关研究、前沿技术跟踪研究有机结合起来，努力形成一批具有自主知识产权和广泛应用前景的原始创新成果和重大集成创新成果。

二是更加重视从需求端拉动产业发展，综合并用各类手段培育新产业市场。从各国扶持战略性高技术产业发展的一般规律来看，以往的政策比较重视通过技术创新驱动产业内生增长，与此对比，2008年国际金融危机之后的这一轮战略性新兴产业培育计划中，各国在产业发展初始就非常重视从需求端引导产业发展。从手段上来看，除传统的政府采购、试点示范、设立技术准入门槛、鼓励外部市场开拓等措施之外，主要发达国家还通过将智能电网、新能源发电、新一代交通体系、物联网等新兴产业作为国家基础设施建设的一部分，加大发展力度。为此，郑州市应针对战略性新兴产业发展初期面临的产品成本偏高、市场认知度不够、商业模式不完善、产业配套体系不健全等问题，以营造良好的市场环境作为培育和发展战略性新兴产业的重要任务，以重大应用示范工程为抓手，加强相关基础设施建设，加快商业模式创新，完善市场准入制度和新兴领域产品的价格形成机制，规范市场竞争秩序，促进公平竞争。同时要强化生态要素支撑，大力培育双创精神，努力营造尊重创造、注重开放、敢冒风险、宽容失败的社会氛围。积极探索"互联网+众创空间""龙头企业+众扶平台""孵化器+双创企业""高校+企业+平台"等双创模式，构建良好双创生态链。大力发展众创，包括互联网创业平台、科技创业苗圃、科技企业孵化器、加速器在内的梯级创新创业载体，形成适合各类创新创业需求的生态圈。加强创业功能提升，实现创新与创业、线上与线下、孵化与投资相结合，全力推进创新创业综合体建设。围绕主导产业和新兴产业发展，着力打造产业技术创新研究院，扶持企业建立研发中心，推进行业技术领域院士工作站建设。积极推广众包众扶，鼓励行业领军企业通过网络平台向各类创业创新主体开放技术、开发、营销、推广等资源，鼓励各类电子商务平台为小微企业和创业者提供支撑，降低创业门槛，加强创业创新资源共享与合作，促进创新成果及时转化，构建开放式创业创新体系。2020年，力争创新创业载体达到120家，载体面积1000万平方米，创业服务机构300家，航空港实验区、郑东新区、经开区、高新区和金水区各建设完成2个创新创业综合体，其他县（市，区）各建成1个以上创新创业综合体。深化"放、管、服"行政管理体制改革，大力推进服务型政府建设。全面实施"五单一网"制度改革，逐步形成权力清单、责任清单、负面清单管理新模式，以清单管理带动政府职能转变，推动行政权力结构调整优化。加快推进"互联网+公共服务"。深化政府机构改革，组建综合性的市场监管机构。全面推行政府购买公共服务，实现公共服务公开化、公正化和效益最大化。推动统一的公共资源交易平台建设运行，建立法治化的公共服务监管体制。到"十三五"末，基本建立起比较完善的政府向社会力量购买公共服务的体制机制，尽快形成适应新常态、引领新常态的政府发展理念。建立以产权制度为基础、以政府提供公共产品为核心的科技市场，降低双创成本，支撑双创发展。将知识产权收益向研发和转移转化团队倾斜，激发科研人员创新热情。打通政产学研用协同创新通道，鼓励资源共享与合作，引导科研基础设施、大型科研仪器向社会开放，构建开放式双创体系。坚持防治并举，强化源头控制，统筹推进以大气、水和土壤为重点的污染综合治理，有效改善环境质量，加快建设天蓝、地绿、水清、景秀、宜居的美丽郑州。积极推动双创文化建设，加强双创故事策划与宣传，营造浓厚的双创氛围。开展"创客"评选活动，发动全市高校学生和社会创业者积极参与创业创新活动。设立"双创奖"，对双创中涌现出来的典型事迹和人物予以大力宣传报道和表彰奖励，及时宣传推广双创成功经验。充分利用高交会、高洽会等展会，大力展示科技含量高、带动就业强的双创成果，引导全市双创深入开展。

三是进一步营造有利于新产业发展的财税金融政策支持环境。发达国家拥有完善的资本市场和创业投资体系，为战略性新兴产业的兴起和快速壮大提供了良好的金融支撑环境。尽管如此，基于战略性新兴产业的重要性和前瞻性特征，主要发达国家仍然十分重视以直接投入的方式为产业重大技术的研发和产业化提供资金保障。如前所述，本轮金融危机之后，发达国家对战略性新兴产业的资金投入方式还呈现出领域更加集中、额度大幅提升、数量更加明确等特征。为此，针对郑州市当前战略性新兴产业发展资金投入严重不足，财税政策引导社会投资、激励企业创新的积极性不够，多层次资本市场发育不完善等突出问题，未来一段时间应按照"加大对战略性新兴产业的投入和政策支持"的总体思路，强化资金要素支撑。资金要素是自主创新的基本物质基础，在整个要素支撑体系中处于基础地位，因此，必须全力增加资金要素供给规模，解决自主创新的资金瓶颈，同时，优化资金要素质量，尽量加大使用成本低、综合风险小、治理效应大的优质资金供给，提高自主创新效率。利用郑州地区财政收入多的优势，加大对自创区的财政投入力度，重点扶持外溢效应显著的重大自主创新项目。多方筹集资金设立郑州自创区建设的先导性投入基金，优化先导性资金投入的运行模式和运行机制，为大规模的自主创新投入"筑石铺路""筑巢引凤"。拓宽民间资本进入自主创企业的渠道，优化民间投资政策环境，引导民间资本参与郑州自创区建设。积极利用多层次资本市场体系筹集自主创新资金，鼓励郑州自主创新企业通过多种渠道在海内外证券市场上市，利用郑州上市公司多的优势，做大做强郑州板块，支持郑州企业联合发行专用于自主创新的企业债券，探索股份转让和场外交易试点，推进自主创新企业通过并购整合优化资源。加快科技金融创新，强化风险投资优势，着力培育天使投资基金，缓解自主创新面临的资金、管理、治理等多种难题。健全自主创新金融服务体系，通过贷款贴息、信用担保、知识产权质押等方式降低创新企业的融资门槛，拓宽自主创新企业的融资渠道。继续加大利用外商直接投资的力度，优化外商直接投资的行业布局和空间布局，突出外资的技术溢出效应，引导外商直接投资参与郑州自创区建设。

四是调动各方资源，组织实施一批专项规划、行动计划和重大工程，集中力量突破制约新兴产业发展的核心关键问题。金融危机之后，围绕重点产业振兴、战略性新兴产业发展，世界各国出台了大量的专项工程和行动计划。这些计划的出台一方面有利于明确发展重点，统一发展路径，为本国和地区近中远期的科技发展和产业发展指明方向；另一方面，有利于本国调动各方资源，集中力量攻克关键核心技术，实现产业化和规模应用。从主要发达国家近三年颁布的专项工程和行动计划来看，初步呈现出方向更加集中、支持力度进一步增大、对示范推广应用更加重视等趋势和特征。借鉴有关经验，郑州市应进一步发挥社会主义集中力量办大事的制度优势，围绕制约产业发展的核心关键问题，在节能环保、新能源、新材料、信息网络、生物、高端装备制造、新能源汽车等领域实施一批重大产业创新发展工程，重大应用示范工程和产业化示范工程。

五是围绕重点领域，增强人力资源储备和人才引进。河南省是人口和人力资源大省，人力资源储备丰富，但与发达国家相比，存在学科领域不健全、教育培训体系不发达、吸引高端人才的设施制度环境不完善等问题，依靠传统教育培训方式和人才供给渠道难以满足战略性新兴产业快速发展的要求。为此，应从以下几个方面在重点领域增强人力资源储备，强化人才要素支撑。人才要素是自主创新的直接能动主体，在整个要素支撑体系中处于主导地位，因此，必须坚持以人为本、人才优先，发挥郑州人才资源优势，落实人才强国战略，塑造尊重知识、尊重人才的良好氛围，加强人才资源开发，优化人才资源结构，提升人才资源素质水平，完善人才工作机制，构筑郑州人才特区和人才高地。强化人才强市、人才优先战略，优先保障人才战略的各项要求，科学整合郑州各地区繁复的人才计划和人才工程，从培养和引进两个层面推进创新人才向郑州自创区集聚，形成创新人才集聚高地，扩大郑州创新人才资源总量。统筹制定人才资源开发规划，依托各地区的优势人才资源，加快紧缺人才开发步伐，加强党政人才、经营管理人才、专业技术人才、高技能人才、农村实用人才和社会工作人才队伍建设，系统优化人才资源结构。坚持高端视野、国际视野，优化人才政策环境，创新人才发展机制，针对特殊高层次人才制定专门的制度和方案，大量引进和培养优秀领军人才和创业人才，依靠领军人才和创业人才引领打造重点攻坚团队，重点引进拥有自主知识产权，能够引领郑州相关产业发展的大师人才团队。推进郑州市信息化发展，建设郑州航空港引智试验区，大力引培海内外应用型高层次人才。支持郑州市企业与驻郑高校、院所建立共引共享的人才引进培育新机制。鼓励大师人才和团队在综合体等各类孵化载体内建立分支机构。到 2020 年，力争重点引进 1000 名掌握核心技术、具有较强创新创业能力的领军人才和高层次创新创业紧缺人才、100 个领军型科技创新创业团队，培养 200 名左右具有国际视野和持续创新能力、拥有核心自主知识产权的科技创业企业家，汇聚 50 名左右"两院"院士、国家"千人计划""万人计划"等海内外顶尖人才。围绕主导产业，着力培育一批具有较高创新能力的"大国工匠"。实施企业家培育计划，开展科技型企业经营管理人才培训，建设一支具有全球眼光、持续创新能力、社会责任感的优秀科技企业家队伍和高水平管理团队。提升全民科学素质，提高城镇劳动者、产业集聚区管理人员、科技人员、领导干部和公务员的创新能力和专业水平，实现"十三五"期间全民科学素质达标率超过 10% 的目标。改革户籍制度、完善社会保障制度，健全区域人才市场，扫除人才流动的制度壁垒，在人才自由流动中优化区域人才资源配置效率。探索实行创新人才股权激励机制，建立科技人才保险保障机制，完善人才的激励约束机制，健全人才服务机制、人才培养机制、人才考核机制，为优秀人才营造良好的工作环境，充分激发郑州优秀人才的创新、创业、创优的热情，切实提高人才资源的使用效益。加快实施郑州人才一体化工程，根据郑州整体发展的需要制定统一的人才开发规划，打破人才市场的区域分割，使人才能够在郑州自由流动，创新人才资源的功能性使用机制，实现郑州人才资源的共享，为郑州综合自主创新提供坚实的人才资源支撑。

六是强化高等教育支撑能力。实施高等教育教学改革工程，优化现有学科结构，支持新兴学科发展，重点发展现代农业、电子商务、跨境贸易、物流、金融、现代服务业等急需专业，培育与产业结构相适应的专业群。建设高等学校教育创新群，加快新郑龙湖区域、龙子湖、高新区等高校园区建设。依托郑州大学、信息工程大学、河南农业大学、华北水利水电大学、河南工业大学等高校建设一批优势学科创新平台、国家和省级重点学科，新增一批博士、硕士学位点。重点支持郑州师范学院和郑州工程技术学院进一步准确定位，推出一批优势学科，强力突破，办出特色。鼓励高校选聘优秀科技企业家担任"产业教授"，积极推行产学研联合培养学生的"双导师制"。到2020年，全市新建博士后工作站力争达到50个。

第十章

洛阳市自创区发展路径和重点

洛阳是郑洛新国家自主创新示范区的重要组成部分，也是中国（河南）自由贸易试验区的重要组成部分，是国家创新型试点城市、全国科技进步先进市、国家知识产权示范城市，是新材料产业国家高技术产业基地、高端装备国家高新技术产业化基地、硅材料及光伏国家高新技术产业化基地。洛阳自创区聚焦建设"科技体制改革先行区、转型升级样板区、开放创新引领区、创新创业生态区、新兴产业先导区"，确立以洛阳国家高新区为核心区的"一核三区"，重点发展先进装备制造、新材料和电子信息"3个主导产业"，机器人及智能制造、新能源和生物医药"3个新兴产业"，科技服务业"1个特色产业"，着力打通政产学研深度融合、军民企地对接转化、市场化运作和人才成长"四个通道"，促进产业链、创新链、资金链、政策链"四链融合"，建设最具活力的创新型城市和具有国际竞争力的中原创新创业中心。

第一节　发展基础条件

一　竞争力评价

根据产业集群发展程度、技术创新能力、信息化水平、生产性服务业比重、产业对外开放度、政策支持力度等6个指标，对洛阳、郑州、新乡三市高新区综合竞争力进行了分析：比较郑州、中关村、武汉东湖等先进自主创新示范区发展经验，洛阳片区还面临着诸多挑战，主要表现为：

表 10-1　　2014 年郑洛新自创区高新技术企业与其他示范区比较

	中关村	东湖	成都	西安	郑州	洛阳	新乡
高新技术企业数	7292	825	691	878	148	96	19
高新技术企业占比	46.6	27.1	40.1	24.9	16.9	13.2	11.1

（一）区域创新整体优势不够明显

2015 年，洛阳市高新技术企业为 238 家，为郑州的四分之一；高新技术总产值占全省总产值的 9.7%，也仅为郑州的四分之一。作为区域创新的洛阳高新区，在全国的创新能力综合排名 53 位，处于中游水平，与位于全国前十的郑州高新区相比相差较远。这表明作为传统老工业基地的洛阳向创新型城市的转变还任重道远。

（二）企业创新主体作用发挥不够

多数中小企业只忙眼前效益，没有精力和心思顾及创新，产品以跟踪模仿为主，未掌握产品开发的主动权，独立开发能力弱，对技术的依赖性强，缺少技术储备和后续产品。少数新兴的创新型企业表现出一定的创新潜质，但创新能力不强，产品呈现初级化特点，对技术进步发展方向把握不清、不准，特别是企业的创新投入普遍相对不足。

（三）创新创业政策体系有待完善

比较国内外先进科技园区发展经验，洛阳创新创业政策体系还不够完善。一是针对不同成长阶段的科技企业的政策体系，特别是对于研发型孵化企业扶持政策还不够完备。二是缺乏促进新兴产业发展的资助政策，对于三大战略性新兴产业没有专项扶持政策细则出台。三是缺乏领军人才引进政策，导致高层次的研发机构和领军式的创新人才引进数量还不够，在产业引进和培育中处于劣势。

比较结论：在产业集群发展水平方面，洛阳高新区好于新乡高新区但略低于郑州高新区。在技术创新能力方面，洛阳位于第二位，郑州机构建设规模居首位，但在国家级创新平台方面，洛阳更多，如拥有 7 家国家重点实验室、9 家国家级工程技术中心，还有技术成果转化能力比较强的 725 所。在产学研合作方面，洛阳高新区位居第 1位，高于郑州市高新区和新乡高新区。专利申请方面，洛阳高新区技术含量较高。在对外开放度方面，郑州要高于新乡和洛阳。在企业研发投入和人力资本投入方面，郑州市高新区投入强度最大，然后依次是洛阳和新乡。

二　面临形势

全球新一轮科技和产业革命深入推进，我国经济发展进入新常态，洛阳自创区面临重大战略规划和平台叠加发展机遇，面对新形势，洛阳自创区要紧扣国家战略需要，抓住机遇、迎接挑战，努力实现跨越发展。

从国际看，新一轮科技和产业革命方兴未艾，全球先进制造业竞争格局重构。一方面，新一轮科技和产业革命加速推进，先进制造业成为世界主要发达经济体角力的重点，德国提出"工业 4.0"战略，美国发布实施先进制造业战略计划。另一方面，发展中国家通过产业转移，加快发展劳动密集型产业。对于中国来说，与历次科技产业革命不同的是，在此次科技产业革命的许多新兴领域中，中国与发达国家基本处于同一起跑线上，机遇难得。洛阳自创区在电子信息、新材料、工程机械、轨道交通等战略性新兴产业领域优势突出，应积极抢占全球科技创新和高技术产业发展战略制高点，为国家赢得创新发展主动权做出贡献。因此，"中国制造"遇到了空前的"上压下挤"替代效应，走向高端是中国制造的必然出路。洛阳自创区先进制造业基础雄厚，应立足实体经济基础，积极参与新一轮科技和产业革命，实现产业价值链从中低端向中高端迈进。

从国内看，我国经济发展进入新常态，加快实施创新驱动发展战略，推动产业转型升级。中国经济新常态下，发展动力由要素驱动、投资驱动向创新驱动转变，大众创新、万众创业成为推进经济增长和就业创业的新引擎。国家层面出台一系列重大战略，提出制定"互联网+"行动计划、发布《中国制造 2025》、提出"一带一路"战略构想、把军民融合上升为国家战略。洛阳自创区作为创新驱动发展的重要高地、科技体制改革的先锋，应主动适应、积极引领经济新常态，在国家重大战略中抓机遇、求作为、寻动力，深化科技体制改革，推进产业发展模式创新，培育和发展战略性新兴产业，实现依靠创新驱动推动产业转型升级。

从区域来看，河南深度融入国家"一带一部"战略的同时，也进入中原经济区、粮食核心区、郑州航空港综合试验区、中原城市群、国家支持中部地区崛起等五大国家级战略规划，和郑洛新国家自主创新示范区、中国（河南）自由贸易试验区、中国（郑州）跨境电子商务综合试验区、河南国家大数据综合试验区、郑州建设国家中心城市等五大国家级战略平台相互叠加融合、互相推动发展的新时期，河南面临前所未有的机遇。洛阳自创区应充分利用战略机遇叠加的优势，推进"双自联动"发展，在"一带一路"国家战略构想中争当先锋，在国家级战略规划和平台协同发展国家重大战略中抢抓机遇，实现开放创新发展新的跨越。

综合来看，面对新形势新任务，洛阳自创区必须进一步解放思想，深入把握宏观战略环境和趋势，立足现有基础和优势，直面自身问题和不足，以更加开放的姿态汇聚全球高端创新资源，打造具有国际竞争力的创新型产业集群，以更大的决心与勇气推进体制机制改革，营造企业做大做优做强的环境，探索城市群协同创新的新模式，在国家创新驱动发展战略中承担更多责任、发挥更大作用，为广大内陆高新区创新驱动发展提供更加有效的示范。

第二节　战略路径

一　实施创新驱动战略，培育自创区建设的主动力

加强科技创新的引领和支撑作用，积极开展激励创新政策先行先试，持续推动体制机制创新，激发各类创新主体活力，加快科技成果转移转化。一方面要充分发挥洛阳科技资源优势，以建设国家小微企业创业创新基地城市示范为抓手，重点开展创新创业生态体系和新型研发机构建设方面的试点示范，重点发展工业机器人、智能成套装备、高端金属材料、新型绿色耐火材料等，打造国内具有重要影响力的智能装备研发生产基地和新材料创新基地；另一方面，要大力推进大众创业、万众创新，破除制约创新的思想障碍和制度瓶颈，培育更多的"大国工匠"，营造崇尚创新、追求创新的社会氛围，让一切劳动、知识、技术、管理、资本的活力竞相迸发，让一切有意愿、有能力的创新创业者都能够在洛阳梦想成真。

（一）培育壮大高新技术企业

把培育高新技术企业作为创新驱动的重要抓手，持续提高自主创新能力和高科技水平。实施高新技术企业发展"双倍增"工程，力争高新技术企业认定数量、完成产值实现"双倍"提升。

（二）扶持中小微企业创业园建设

建成运营一批产业科技孵化器、中小企业孵化器及信息云服务平台等，推动发展一批"专精特优"科技型中小微企业。帮助小企业提高核心竞争力，鼓励企业走"专精特新"发展之路。通过瞄准"专精特新"的创新研发之路，在新能源、新材料、电子商务、新一代信息技术、3D打印、互联网、云计算、大数据等领域，培育一批中小企业由小到大，规模迅速扩大，实力显著增强。

（三）建立新型研发机构

发挥洛阳市国家级科研院所的科技优势，加快组建一批新型研发机构或产业化示范基地。采取建立新型研发机构、产业技术研究院、院士工作站和开展科研项目合作等多种合作方式，吸引京津冀、长三角、珠三角、环渤海等地区，高端创新创业资源落户洛阳。支持跨国公司设立参与母公司核心技术研发的全球研发中心、大区域研发中心和开放式创新平台，鼓励跨国公司开展"反向创新"。支持有实力的外资研发机构承担国家和上海市重大科研项目，鼓励外资研发中心与国有企事业单位共建研发公共服务平台、重点实验室和人才培养基地，联合开展产业链核心技术攻关。

（四）推动产学研高端合作

开展"名市与名校"合作，鼓励企业与国内外知名高校、研究机构合作，组建技术平台，引导国内外专家来洛开展产业关键和共性技术攻关，如积极引进深圳清华大学研究院共建郑洛新清华创新中心。支持大中型企业普遍建立工程技术研究中心、技术中心、研究生工作站、博士后工作站、院士工作站、鼓励企业按照市场需要开展技术创新，提升企业自主创新能力。实施产业技术创新战略联盟培育工程，围绕自创区主导产业，支持高校、科研院所、自创区龙头企业在示范园区设立研发机构和科技成果转化基地，建设区域性技术转移中心，促进重大创新成果在自创区转化。

（五）加快"双创"平台建设

围绕"大众创业、万众创新"，依托示范区规划建设创新创业平台。重点规划建设中小科技企业孵化器、"互联网+创业"的众创空间平台，大力培育一批"科技小巨人"企业，为大学生、科研人员等科技型人才提供创业服务。

（六）推进科技服务业改革试点

强化知识产权保护和推进知识产权交易，积极推动重大专利技术产业化。畅通科技成果交易市场机制，营造有利于科技服务业发展的政策和体制环境。要充分发挥市场机制配置资源的作用，使更多科技成果生产者、制造者成为成果商品化的经营者，增强成果创造者在市场经济中的主导作用，赋予其更多权限。

二 实施产业集群发展战略，壮大自创区建设的核心支撑

提升优势产业和培育战略性新兴产业双拳并举，做优存量、做大增量，带动区域实现产业结构转型升级；发挥市场在资源配置中的决定性作用，引导产业链上下游企业、机构在特定区域集聚和发展。准确判断未来世界和我国产业发展趋势和重点，结合当前洛阳"家底"和产业现状，瞄准发达地区和产业前沿，持续优化政策环境和产业发展环境，通过实干巧干，实现又好又快发展。

（一）推进装备制造业等优势产业特色化升级

以特色引领为导向，以产品升级和补强关键环节为重点，加快传统优势产业链式延伸和横向拓展，形成具有新竞争优势的特色产业。以"高端化、智能化、绿色化、服务化"为导向，坚持"转型发展、高端提升、产业协同、融合示范"，以产学研深度合作促进价值链环节提升，全面提高优势产业核心竞争力，着力打造具有国际竞争力的特色装备制造业产业集群，推进河南"先进制造业强省"建设。突出智能化、成套化、服务化，建设一批智能装备协同创新平台和成果转化基地，促进高端装备制造领域科技成果转化，提高高端装备集成服务能力和核心竞争力。发挥龙头企业带动作用，突破冶金矿山装备系统集成、自动监控、变频器、智能耦合电液控制等关键技术，大力发展煤炭、矿山、冶金、智能农机等成套机械装备。

（二）推动传统材料向新材料转型发展

无机非金属新材料重点依托中钢洛耐院、洛阳特种材料研究院等科研机构，着重突破长寿命低碳耐火材料关键技术，大力发展新型绿色耐火材料以及电子玻璃等高端新材料，积极布局碳纤维复合材料。

金属新材料重点突出"精品+服务"，不断延伸下游应用领域，打造全国重要的高端金属新材料研发生产基地。加快推进先进熔炼、凝固成型、气相沉积、型材加工、工艺设计、高效合成等制备关键技术

和装备应用，重点发展钛及钛合金、钨钼及制品、金属靶材等高端金属材料，积极发展耐高温、抗腐蚀性等高性能金属结构材料和高性能功能元器件材料，延伸发展特种镁合金和植入介入类骨科新材料等高附加值领域。

（三）积极推动传统落后产业退出

抓住国家振兴老工业基地的机遇，实现传统产业转型发展。对仍具发展潜力的行业，要引进新技术、新模式，使之继续发展；对于不宜"嫁接"的化工、建材等落后传统产业，要在防止出现"硬着陆"的前提下，研究出台退出机制。

（四）大力发展以科技服务、金融为支撑的生产线服务业

依托洛阳高新区科技服务业试点园区等空间载体建设，打造国际网购物品集散分拨中心，积极引进和培育一批现代服务业企业，鼓励制造业企业分离发展服务业，不断加大商业模式创新和业态创新，形成以现代物流、现代金融、跨境电商为引领，医疗—养老—养生服务、科技服务、现代农业服务、文化创意、商务商贸有机结合，互联网金融、互联网医疗、在线教育、服务外包等新业态蓬勃发展的产业格局，建立覆盖全生命周期、内涵丰富、结构合理、具有河南特色的生产线服务业体系。

三　实施新兴产业赶超发展战略，构建自创区建设新支撑

重点围绕机器人及智能制造、新材料、先进装备制造、新能源等领域，大力实施洛阳新兴产业发展"赶超者战略"，加快培育高成长性创新型企业，完善创新型企业培育机制，建立覆盖企业初创、成长、发展等不同阶段的政策扶持体系，加快培育形成以高新技术企业为主力军的创新型企业集群。

（一）推进工业机器人等新兴产业高端化突破

加强关键技术、核心产品研发引进和成果转化，推动具有比较优势的新兴产业迅速壮大，积极抢占未来发展制高点，培育新的动能支撑。重点围绕河南产业转型升级和智能制造试点示范项目发展需求，

加快集聚产业创新要素，力争在工业机器人、增材制造等关键领域取得新突破，打造中部智能制造创新发展中心。加快洛阳机器人及智能装备产业园等项目建设，发挥中科院（洛阳）自动化所、洛阳先进制造研发基地、洛阳智能装备创新中心等科研机构产业源头作用，开展机器人及智能装备系统集成、设计、制造、试验、检测等核心技术研究，攻克控制器、精密减速器、伺服电机及驱动器、专用轴承、传感系统等机器人核心零部件技术，大力发展工业机器人及关键零部件领域。大力推进3D打印应用示范工程，重点突破高性能大型关键构件高效增材制造工艺、成套装备及工程化关键技术，重点发展3D打印设备及应用服务领域。

（二）大力发展新一代信息技术

紧抓"互联网+"机遇，以"外引内育、软硬兼顾、融合发展"为导向，发挥本地文化、旅游资源优势，推动互联网+文化、互联网+旅游发展，重点发展地理信息系统开发、大数据与云计算、智慧金融、智慧健康养护等领域，打造智慧经济新名片。

（三）推动生物医药产业与健康产业融合发展

以大健康理念引领，围绕产业链部署创新链、资本链、人才链，发挥豫西山区中草药资源优势，依托普莱柯、国家兽用药品工程技术研究中心、洛阳现代生物技术研究院等产业和科研优势，大力发展现代中药、兽用疫苗及兽药、诊断试剂与设备、生物制造等。

（四）加快发展新能源汽车产业

发挥整车生产企业、产业联盟和科研院所作用，重点突破发展动力电池包、电池管理系统、电驱动总成、集成控制系统等领域，积极布局新能源整车集成制造。

四　实施军民融合发展战略，打造自创区建设的新增长点

释放本地军工院校、企业优势，探索建立政府主导、军民互动的军民融合技术协同创新体系，推进军民之间科技资源共享，有效实现军工技术成果的民用转化，促进军工经济与地方经济融合发展。

（一）合作共建协同创新平台

充分利用洛阳军工技术实力雄厚的优势，加快国家级军民结合产业示范基地建设。围绕军民两用重点技术领域，鼓励龙头企业、政府与部队所属科研机构，共建国家重点实验室、国家协同创新中心、国家技术创新中心、国家工程实验室，国家工程（技术）研究中心等创新平台，支持军民科技设备设施开放共享。支持共建军民融合技术转移平台（机构）、科技成果转化基地和技术转移联盟、科技成果转化、创业孵化中心、检验检测认证等平台机构。支持在关键领域进行相关基础性研究和关键共性技术研发，促进要素在创新体系高效流动。重点支持洛阳·大学科技园、北斗导航与位置服务等创新平台。

（二）推动军用科研成果产业化应用

鼓励军工企业大力发展军民两用产业，同时，推动一批非军工企业大力开发军工技术和军工产品，争取进入军品采购目录。积极推进军民两用技术开发，探索建立支持开展军民融合科技创新机制，努力把军民融合产业打造成洛阳具有规模优势的特色产业。建立和完善军民科技成果交易、军民两用技术双向转移机制，积极推动国家技术郑州转移中心建设，搭建国防科技工业成果信息与推广转化平台，打通军民科技成果转移转化渠道，促成军民科技成果转化，促进科技资源开放共享。

（三）建设军民融合发展产业园区

加大对军民融合产业基地和重大项目产业园创建的支持力度，加大对重大工程、重大项目和产业发展服务平台建设的支持力度。鼓励科技中介服务机构开展军民科技资源共享的政策咨询、成果转化、推广应用和共享评价等服务。建设重点领域制造业工程数据中心，为企业提供创新知识和工程数据开放共享服务。

五　实施"双自"联动战略，全力发挥国家战略政策叠加效应

要紧抓郑洛新自主创新示范区和中国（河南）自由贸易试验区机遇，促进洛阳自贸试验区与洛阳自创区的联动，促进人才、机构、资本、技术等全球创新要素、资源的跨境自由流动与高效配置，提升洛阳开放水平和创新水平。

（一）发挥自贸试验区金融开放创新优势，形成各类金融工具协同、支持创新发展的良好局面

加大自创区建设资金投入。在优化整合相关资金的基础上，利用好"河洛英才"人才项目资金、洛阳市高新技术产业资金等，引进市场机制，加大科技创新投入，保障自创区建设资金需求。设立洛阳自创区建设专项资金。

建立健全"1+10"科技金融政策体系，探索科技与金融结合新模式，不断完善创新创业投融资服务体系，推动开放条件下的金融、科技和产业融合创新。支持设立创业投资引导基金、天使基金、产业基金、科技银行、股权交易中心、融资租赁、知识产权质押等创新金融业务，加大对科技型企业发展的融资支持。支持条件成熟的银行业金融机构，探索开展投贷联动融资服务试点。鼓励商业银行探索符合科技创新企业特征的可变利率贷款，根据科技创新企业成长状况动态平衡其利息支出。

创新基金化支持方式。建立中小微企业金融服务信用平台，设立洛阳市种子基金、成果转化基金等，发挥政府创业投资引导基金的作用，鼓励更多社会资本发起设立创业投资、股权投资和天使投资基金，持续加大对创新成果在种子期、初创期的投入。成立自创区高新技术产业基金，加大对创新创业、人才项目、重大技术创新的支持力度。

放大自贸试验区金融创新效应。鼓励商业银行等金融机构为科技企业提供自由贸易账户、境外本外币融资、人民币资金池、外汇资金集中运营管理等金融创新服务，降低企业资金成本。支持商业银行开展境内外并购融资，探索放宽商业银行并购贷款的比例、年限、用途等限制。支持实力雄厚且有长期投资意向的民营企业，发起设立民营洛阳科技银行。发挥人民银行征信平台与自贸试验区信息平台的作用，为金融机构提供征信服务，提高对科技企业的风险识别能力。

推动金融创新更好服务科技创新企业。支持条件成熟的银行业金

融机构，探索开展投贷联动融资服务试点。鼓励商业银行探索符合科技创新企业特征的可变利率贷款，根据科技创新企业成长状况动态平衡其利息支出。支持更多中小型创新企业上市或挂牌，推动境外上市科技企业回流。发挥政府创业投资引导基金的作用，鼓励更多社会资本发起设立创业投资、股权投资和天使投资基金，持续加大对创新成果在种子期、初创期的投入。

（二）促进技术和知识跨境双向流动，建设国际化、全产业链的知识产权保护高地

促进国际技术服务贸易发展。试点将技术进出口合同登记权限下放到自贸试验区管委会。充分发挥洛阳市技术交易类平台的作用，拓展保税展示、跨境交易等功能。完善支持技术贸易发展的外汇管理政策，对开展国际研发合作项目所需付汇，实行研发单位事先承诺，商务、科技、税务部门事后并联监管。对跨境研发服务贸易实行更为便利的非贸付汇政策，简化税务出证程序，探索引入电子签章、网上审核等方式，加快出证时间，提高适用简易流程的金额标准。

建设面向国际的知识产权交易服务平台。积极推进国家知识产权服务业集聚发展试验区和国际技术转移转化功能集聚区建设。建设面向国际的知识产权交易服务平台，完善挂牌竞价、交易、结算、信息检索、政策咨询、价值评估等功能，探索知识产权资本化、证券化交易，推动知识产权跨境交易便利化，提高知识产权专业化服务能力。完善专利导航产业发展机制，形成市场导向的转移转化制度。

建立全方位的知识产权保护机制。完善专利、商标、版权等知识产权行政管理和执法体制，健全综合执法体系，建立知识产权侵权查处快速反应机制，加大侵权行为查处力度。探索建立知识产权司法保护和行政保护相衔接的工作体系，完善司法保护、行政监管、仲裁、第三方调解等知识产权纠纷多元解决机制。

（三）探索与国际接轨的人才跨境流动制度，创建国家级人才改革试验区

建立更有竞争力的人才激励政策。洛阳市建设自创区，必须强化

人才服务体系建设，推进人才政策与产业政策对接，尽快在人才开发、股权激励、技术入股、科技成果产业化、人才中介服务等方面取得突破，建立健全科研人才双向流动机制和激励机制，保障创新人才分享成果收益，鼓励科技创新项目和团队落户洛阳。

实施首席科学家集聚工程。围绕战略性产业培育、重大科技攻关领域，面向全球引进首席科学家等高层次科技创新人才，为国内外首席科学家提供专业实验室定制服务。支持企业、高校和科研院所等以跨境项目合作方式吸引外国科学家及团队提供智力服务。支持有条件的国内人力资源服务机构与国外机构合作设立境外分支机构，帮助国内企业积极参与国际人才竞争与合作。

优化人才创业支持体系。大力完善创业风险投资机制、实施《洛阳市创新创业三年行动计划》，重点在"互联网+"和服务业等领域，培育一大批草根创客；培养创新创业文化，弘扬创新创业精神；强化法治建设，切实保护创新创业者合法权益，努力营造"大众创业、万众创新"的良好氛围。

营造国际化、便利化的人才服务环境。规划建设一批配套完善、环境优美的面向海内外高层次人才的国际社区。加快引进国际知名医疗机构和教育机构，鼓励社会资本投资高端和涉外教育医疗机构，为境外人士子女入学、医疗保障提供便捷服务。充分发挥自由贸易账户作用，简化外汇结汇手续，服务海外高层次人才的金融服务需求。

第十一章

新乡市自创区发展战略

党的十八大在综合分析国内外大势、立足国家发展全局的基础上作出了实施创新驱动发展战略的重大部署，强调科技创新是提高社会生产力和综合国力的战略支撑，必须摆在国家发展全局的核心位置上。从目前国际国内形势来看，创新驱动既是大势所趋也是形势所迫，技术进步和创新已成为决定转型成败的关键，如果要有效地进行转方式、调结构，就必须及早转入创新驱动发展轨道，把科技创新潜力更好地释放出来，实施新一轮的创新大发展。

国家自主创新示范区作为实施创新驱动战略的重要载体，对于带动全国和区域经济社会的发展与转型，具有战略性的深远影响。而郑洛新国家自主创新示范区的建设，是增强河南全省创新能力和综合国力的一项重大战略决策，也是新乡市发展中面临的重要机遇。新乡市应该紧紧抓住这个机遇，一方面全力以赴将自创区新乡片区做大做强做实做好，另一方面将创新的示范带动作用扩散到全市经济社会建设中去，激发全社会的创新活力，将潜在优势化为现实的生产力，实现未来新乡长期健康稳定发展。

当然，实施创新驱动发展战略、建设自主创新示范区，相对一线城市来说新乡的科技资源并不丰富、科研基础不牢固、经济实力不雄厚，面临的压力和难度也是巨大的。而且建设自创区是一项系统工程，创新的内容不仅是科技创新，还包括体制、机制、管理、知识等方面的创新，因此应该制定全面的发展战略，发挥比较优势，选择重点突破方向，长中短期目标相结合，最终实现郑洛新自创区整体的大发展。

第一节 自创区建设站上新乡市未来创新发展的风口

随着中国经济发展日益转向创新驱动的发展方式，创新体制与方式将成为决定经济发展质量与速度的关键因素。对于新乡来说，建设自创区通过创新发展引领经济社会发展的方方面面，既是大势所趋更是机遇所在，应该牢牢地抓住这个机遇，实现经济社会的全面转型与进步。

一 自创区建设是创新驱动战略下的大机遇

从宏观形势上看，目前全球新一轮科技革命和产业变革蓄势待发，科学技术日益成为经济社会发展的主要驱动力，科技竞争在综合国力竞争中的地位更加突出。国际竞争正在从资源比较优势竞争走向创新要素优势竞争，国家的繁荣富强和持续发展主要取决于国家创新能力的培育与积累，而不是人口数量的多少和自然资源的贫富。世界在不断变化，国家创新能力也随着各国创新要素的内生成长与组合能力不同而呈现此消彼长。面对未来科技发展和政治经济形势演变带来的机遇与挑战，各国和各地区都在增强自己的创新能力与水平。全球范围内创新创业也进入高度密集活跃期，人才、知识、技术、资本等创新资源全球流动的速度、范围和规模达到空前水平。创新模式发生重大变化，创新活动的网络化、全球化特征更加突出。全球创新版图正在加速重构，创新多极化趋势日益明显，科技创新成为实现经济再平衡、打造国家和地区竞争新优势的核心，正在深刻影响和改变国家和地区力量对比，重塑各地经济结构和竞争格局。

从科技创新趋势来看，科学技术在从微观到宏观的各个方面向纵深演进，学科多点突破、交叉融合趋势日益明显。物质结构、宇宙演化、生命起源、意识本质等一些重大科学问题的原创性突破正在开辟新前沿新方向，信息网络、人工智能、生物技术、清洁能源、新材料、先进制造等领域呈现群体跃进态势，颠覆性技术不断涌现，催生新经济、新产业、新业态、新模式，对人类生产方式、生活方式乃至思维方式将产生前所未有的深刻影响。在此趋势下，新乡应该顺势而为，加大创新力度，争取在某些领域取得重大突破，走在科技创新的前列，取得先发主动优势。

科技创新的加快也给新乡提供了很多的机遇和条件，一方面，创新驱动的增长方式不只是解决效率问题，更为重要的是加快了科学技术成果在生产和市场上的应用和扩散，形成了创造性的增长要素。一些重大颠覆性技术创新正在创造新产业、新业态，信息技术、生物技术、制造技术、新材料技术、新能源技术渗透到产业发展的各个领域，改变了传统的由产业基础和资源禀赋决定的产业单向发展路径，给新乡等科技创新相对不足的地区提供了弯道超车，实现爆发性增长的机会。同时创新驱动发展与产业变革的深度融合成为当代世界最为突出的特征之一。随着产业链不断向产业平台、产业生态发展，产业集群向产业生态升级，企业尤其是先进企业正大力发展开放式平台，催生了新的生产方式、产业形态和商业模式，为新乡企业转型升级提供了新的途径。加之随着生产组织方式的革新，大规模定制生产与大规模流水线生产方式并存，创业领域更加宽泛，创业模式更加多元，创业的效率和空间更加提高，为新乡等内陆地区二、三线城市提供了更多的机遇。

另一方面，郑洛新自创区建设以及国家创新驱动战略实施，也为新乡提供了较大的政策机遇。随着创新驱动成为国家优先战略，"互联网+"、中国制造 2025、大众创业万众创新等国家战略的提出，以及《国家创新驱动发展战略纲要》的出台，科技创新领域的优惠政策和各项支持措施纷至沓来。尤其是郑洛新国家级自主创新区的获批，要求示范区切实承担起创新示范和战略引领的使命，给新乡提供了在某些领域先行先试的政策便利，有利于利用政策倾斜取得某些领域的先发优势。

二 新乡具有实现创新发展的基础和条件

自创区的获批是对于新乡在科技创新领域成效的肯定，说明新乡具有承接这些机遇的基础和条件。具体来说，新乡市目前依托高校以及人才优势，通过积极推进以企业为主体的产学研合作，形成了特色突出的开放协同创新体系。全市科技研发投入占 GDP 的比重连续三年居全省第一位。拥有河南（新乡）电池研究院这一国内顶级电池研发机构，新航、科隆、华兰生物等国家级企业技术中心，高远公司道路养护装备，中科公司电池材料国家地方联合工程实验室，河南师范大学动力电池关键材料等国家地方联合工程实验室，一大批国家级实验监测中心、省级工程（技术）研究中心和企业技术中心等企业创新机构，以及一批创新型企业等。目前新乡市生物医药、动力电池等产业具有较强的影响力和竞争优势，全市共有 60 多个产品填补国内空白或在国内同行业排名前五位，华兰生物已成为全国最大的血液制品生产企业和最大的流感疫苗生产基地，拓新生化公司核苷酸系列产品在国际同行业排名第一。

新乡还拥有 9 所高校及一批研究机构等创新资源，尤其是高校数量排名全省第二位，是中西部地区拥有高校数量最多的非省会城市，在新乡市区人口仅过 100 万的情况下，在校大学生人数达到 15 万人。再加上中国农田灌溉研究所、中国电波传播研究所等国家级科研院所一批国家创新型试点企业、博士后工作站等，为新乡企业创新发展提供了智力支撑和技术支撑（见表 11-1）。

表 11-1　　　2014 年全国部分高新技术区发展情况对比表

指标	中关村	成都	西安	郑州	洛阳	新乡
留学归国人员数量（人）	21521	8901	3069	2834	442	21
高新技术企业出口额占园区营业收入的比例（%）	0.46	1.82	0.19	0.1	0.23	0.38
企业设立的境外分支机构数（个）	239	158	86	77	15	0
企业累计参与制定产业国际标准数（个）	64	36	55	9	14	0

资料来源：《中国火炬统计年鉴 2015》

当然，与其他先进国家级自创区相比，郑洛新自创区新乡片区还处于起步阶段，科技创新能力和创新基础相对较弱，资源的集聚能力、产业竞争力以及园区影响力也较弱，需要吸取先进经验，以短板和弱项作为政策发力点，加速改革加大资源整合力度，争取通过先行先试，将机遇转化为现实增长的动能，使得自创区建设取得实质性进展（见表11-2）。

表 11-2　　　2014 年东湖、长株潭、郑洛新企业科技活动指标

指标　示范区	入统企业数（个）	高新技术企业数（亿元）	大专以上从业人员（万人）	科技活动人员（万人）	科技活动经费内部支出（亿元）	科技活动经费内部支出占工业总产值比例（%）	科技活动人员占大专以上从业人员比例（%）
东　　湖	3043	825	30.58	12.58	252.48	3.94	41.14
郑洛新	1810	263	23.01	11.55	280.48	5.22	50.20
长株潭	1365	545	23.06	9.14	183.59	2.86	39.64
中关村	15645	7292	146.25	43.34	1236.50	13.31	29.63
张　　江	3881	2105	54.07	24.94	662.70	7.99	46.13
合芜蚌	1181	623	15.45	8.16	165.99	3.61	52.82
成　　都	1724	691	21.26	7.86	241.51	5.63	36.97
全　　国	74275	24746	821.91	282.60	6704.40	3.95	34.38

资料来源：《中国火炬统计年鉴 2015》。

第二节　"四大战略"助力自创区建设和区域转型发展

　　根据郑洛新国家自主创新示范区建设实施方案，郑洛新自创区总体定位为具有国际竞争力的中原创新创业中心，具体定位为开放创新先导区、技术转移集聚区、转型升级引领区、创新创业生态区。自创区新乡片区发展，要以新乡国家高新区为核心区，以平原示范区、新乡国家化学与物理电源产业园区、大学科教园、新东产业集聚区为辐

射区。未来新乡在建设自创区的过程中，一方面要全力以赴推进自创区核心和辐射区域的建设，加强创新资源的集聚和创新成果的转化，打造核心创新中心；另一方面也要发挥创新中心的示范带动作用，形成区域内外创新活动的良性互动，在全市经济社会领域形成浓厚的全面创新氛围，真正体现自创区建设对区域转型进步的意义和作用。

一 战略一：聚创新资源，打造一流双创高地

建设自创区的首要重点是建设好以新乡高新区为核心包括辐射区在内的重点区域，通过创新资源的聚变，成为区域的创新发展源，吸引区域内外更多的创新力量加入。

(一) 着力提升高新区创新能力

高新区作为区域自主创新的基地，担负着集聚创新要素、促进高新技术产业发展、培育创新型企业、推动高新技术企业国际化等重要使命，不过前提是高新区具有强大的能够承担这些使命的创新能力。因此如何培养和提升园区的创新创业环境，汇集创新要素，适应区域越来越高的服务需求等，成为新乡市高新区发展面临的首要问题。

提升创新能力，主要是指提高区域尤其是企业的原始创新、集成创新和引进消化吸收再创新能力。提高原始创新能力，主要是依靠高等院校和科研机构，吸引一批高水平创新人才，在基础性、前瞻性、战略性科技领域开展基础研究，取得一批高水平的研究成果。但是对于新乡这种基础研究能力较弱的区域来说，重点是加强实用环节创新成果的研发和转化。

一是要大力提升技术开发水平。要进一步加大产学研合作力度，在生物技术、新能源、新材料、电子信息、智能装备等领域，新建一批国家级、省级、市级工程实验室，工程中心和企业技术中心，实现产业核心技术和关键技术的重点突破，进一步增强企业的创新研发能力。同时要围绕各类区域自主创新活动的发展要求，构建多层次、多功能的创新平台体系，比如围绕创新活动类型建设技术自主创新平台、管理自主创新平台、制度自主创新平台、组织自主创新平台、文

化自主创新平台、产业自主创新平台；围绕创新功能类型建设人才开发服务平台、硬件资源共享服务平台、知识信息共享服务平台、知识产权综合服务平台、成果转化服务平台、战略咨询服务平台、科技金融服务平台、公共政策服务平台、应急管理服务平台；依据不同隶属关系建设政府创新服务平台、高校创新服务平台、协会组织创新服务平台、企业创新服务平台、混合创新服务平台等。要理顺各类区域创新平台的关系，整合各类平台的功能，提升自主创新平台的整体水平。

二是要加快技术成果产业化。一方面可根据区域产业发展战略，组织实施区域高新技术产业化重大专项，加大某一领域技术攻关力度，推动应用研究成果产业化。另一方面要着力促进科技成果转化：第一，要构筑技术转移服务链。重点是加大各类技术转移服务机构的培育力度，搭建各种成果转化平台，开展以市场为导向，多渠道、多层次的技术转移服务，构筑从基础研究到技术发明和成果转化环环相扣的服务链。第二，要鼓励高等学校和科研机构建立技术转移专门机构，支持高等学校和科研机构建立和完善促进科技成果转移转化机制，提高高等学校、科研机构技术转移积极性。第三，提高技术转移服务能力。鼓励技术转移机构创新服务模式，创新服务品种，提供专业化服务。鼓励引进国际和国内先进技术转移机构，共建技术转移机构和基地，开展区域技术转移合作。

集聚整合创新资源要素，是提高创新能力的基础要件。因此要围绕产业发展需求，重点推进资本、人才、技术等创新要素的集聚，优化创新资源配置，形成创新要素集聚高地，夯实自主创新的要素基础。首先，要加大对企业创新和科技型企业融资的支持力度。根据产业发展的不同阶段，以及技术研发和产业化等产业链不同环节，制定不同的融资支持重点。比如，对于初创型科技型企业，设立投资引导基金；对于成长期企业，加大重大科研及产业创业基金支持，探索推进政府股权投资等，构建多形式与多渠道资金投入的投融资体系与制度安排。同时积极推进知识产权质押融资、产业链融资等金融产品创新，使得科技型企业更容易获得信贷支持。有效发挥政策性金融的引导作用，通过组建科技银行、产业基金、担保公司、专业性贷款公司等政策性金融机构，为企业科技创新活动和科技企业发展提供金融支持。其次，要千方百计吸引优秀创新人才。通过完善激励约束机制，一方面要大力培养和引进各类人才，全力提高人才整体素质，扩大人才队伍；另一方面着重引进和培养高端人才和领军人才，探索高端人才和领军人才的功能性使用机制，打造区域人才特区，构筑优秀创新人才高地。另外，要优化土地资源配置，优先保证重大自主创新项目的土地供给。在园区建设上，要强化功能分区，按照"产城融合、三态合一（形态、业态、生态）"的要求，打造一个"生产空间集约高效，生活空间宜居适度，生态空间山清水秀"现代科技空间。

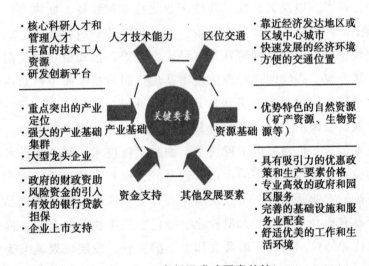

图 11-1　高新区成功要素总结

（二）壮大创新型产业集群

目前高新区已形成了以华兰生物、拓新生化、佐今明、海滨制药为核心的生物新医药产业集群，以新飞电器、科隆电器为龙头的电子电器产业集群，以新航集团、高远路业、恒升起重为主体的汽车零部件及特色装备制造产业集群。未来应该着重发展壮大特色主导产业，促进重点领域跨越式发展。重点完善优势产业产业链，提高产业集群的竞争力和世界影响力，尤其要围绕新兴产业需求部署创新链，争取突破技术瓶颈，掌握核心关键技术，充分发挥市场机制对产业发展方向和技术路线选择的基础性作用。加大对企业主导的新兴产业链和技能人才培养的扶持力度，支持创新型骨干企业整合创新资源，加强技术集成、工艺创新和商业模式创新，大力拓展国内外市场，建成战略性新兴产业高地。

比如，在生物产业集群发展方面，可以在生物制药产业的基础上，强化血液制品优势地位，快速做大疫苗产业规模，积极发展基因工程药物等其他生物技术药物；提升优势原料药，加速发展创新药物和新型制剂，重点攻关生物发酵技术、抗生素半合成技术、结晶技术、手性技术，以及关键性、共性产业化技术和装备，加快关键中间体及其下游产品开发和产业化步伐，壮大化学药制造；开展道地中药材种质资源创新、新品种培育及良种脱毒快繁，推动微生物发酵、转基因、膜分离、指纹图谱等现代生物及现代制药技术向中药制造领域渗透，促进传统中药产业升级和现代中药开发；采用现代生物技术，大力发展新型医用卫材产品和器具，壮大新乡市生物医药产业。同时加快技术创新，推动基因工程技术、细胞工程技术、酶工程技术等现代生物技术在生物农业中的运用，选育并大面积推广优质、高产、高效和多抗的农业新品种，重点发展生物种业和绿色农用生物制品。大力培育具有核心竞争力的大型种业、绿色农用生物制品企业，提升生物农业优势地位。通过下游开发和上下游结合，发展以聚乳酸为主的生物基材料产业、以食品添加剂为主的微生物制造产业和以生物质液体燃料、生物质气化固化燃料生产与发电为主的生物能源产业，快速做大生物制造和生物能源产业规模。加强与国内相关大型医药企业的合作开发力度，构建和完善血液制品、疫苗、青霉素类、头孢菌素类、碳青霉烯类、核苷类、现代中药、生物农业等领域产业链，扩大产业规模，提升产业层次，增强生物产业集群的竞争力。

除了高新区作为核心区以外，平原示范区、国家化学与物理电源产业园区、新东产业集聚区、大学科教园作为自创区的辐射区，在产业发展方面也各具特色和优势，未来应依托现有的产业基础，做强优势产业并积极引进上下游产业发展，拓展产业发展空间。平原示范区除了通过龙头企业引领，重点发展生物新医药、电子信息等主导产业外，可加大都市农业和绿色农业发展力度，成为真正的农业硅谷。国家化学与物理电源产业园区，重点发展绿色电源及其延伸产业制造，建设动力电池及材料产业集群，打造全国新能源电池创新中心和国际知名的绿色电源产业基地。新东产业集聚区，要着力发展高端装备制造、电子信息和科技服务三大主导产业，打造特色鲜明的电子信息产业示范基地、高端智能产业示范基地、科技服务集聚发展示范基地和（物联网）人才培训基地。大学科教园，应以新乡市创新创业中心为支撑，引导高校与企业、科研院所开展联合攻关，加速高校科技成果转化，培育科技创新主体。

　　另外，制造业的发展、升级与竞争力提高需要通过生产性服务创新带动企业向产业链的两端包括研发、设计、技术服务等上游环节，和营销、物流、品牌、市场网络等下游环节延伸。提升服务业发展水平和发展质量，培育服务竞争优势，能够为集群发展提供强力支撑，也是提升集群竞争能力的应有之意。目前不仅新乡市，河南全省均缺乏专业化的中高端服务供应商，服务质量、成本、层次、创新等方面无法满足制造企业需要，生产性服务业落后已成为制约制造业竞争力提升的重要因素之一。今后应将生产性服务业发展提高到更重要的位置，着重发展科技服务、信息服务、合同能源管理等薄弱行业和薄弱环节，大力提高服务行业技术水平和专业化程度，形成与制造业的产业融合、良性互动，这既是支撑全市产业转型和竞争力提升的要求，同时也是未来服务业发展的途径和方向。在服务业发展方面，未来应依托华为云计算中心、亚信政企信息安全中心、慧聪网新乡产业升级、电商产业园二次招商等重点项目，尤其是建设省级电子商务示范基地的契机，重点发展云计算、大数据、电子商务等，引导工业企业搭建以产业链为基础、以供应链管理为重点的电子商务平台，实现采购、生产、销售全流程电子商务，打造互联网+创新创业环境，切实推进制造业和互联网的深度融合。利用河南省交通枢纽优势，构建物流配送核心网络，加快建设信息化水平高、辐射范围广、国际竞争力强、多业态融合的现代物流体系，做强现代物流业。鼓励设立技术评估、产权交易、成果转化等科技服务机构，支持开展研发及工业设计、分析试验等研发设计服务。培育发展专业服务业，大力发展创业投资、产权保护、会计法律、认证管理、企业形象设计、人才资源服务、市场营销与品牌运作等专业服务业，构建种类齐全、分布广泛、运作规范、与国际接轨的专业服务体系。

除了提供生产性服务支撑以外，服务业也是带动经济增长的主要力量，今后在新乡服务业的发展中，应该着重寻找新的产业发展机会，把推动新兴服务业发展摆在更加重要的位置，围绕工业化和城镇化需求主线，拓展新领域、发展新业态、培育新热点，重点瞄准依托新技术、运用新理念发展起来的新兴行业，以及传统行业中的新兴发展领域，大力引进国际先进发展理念、技术、组织形式和经营管理方式，形成带动服务业全面发展的突破口和抓手。比如在文化创意产业发展的过程中，要着重通过充分挖掘新乡文化资源，依托科技创新促进文化创意产业繁荣和壮大，打造网络文化、动漫、创意设计等新兴文化产业新亮点，并通过加大创意制作和衍生品开发，壮大完善从内容制造、媒体播放平台、营销渠道、衍生品生产、衍生品销售等完整产业链。

（三）创造最优创业环境

目前新乡市以国家级创业服务中心为载体，先后建成创业中心、火炬园、天丰科技园等5家孵化器，孵化出拓新生化、东方工业、泰隆电器、平原工业滤器等60多家明星企业。未来新乡市应进一步加大对创新孵化和万众创业的重视程度，大力弘扬创新文化和企业家精神，进一步完善鼓励创新、支持创造、激励创业、宽容失败的政策措施，降低创新创业门槛，建设人文、产业、环境协调融合的创业环境，一方面提升本地创业的热情和活力，增强创新型中小企业不断涌现和发展的活力和动力，另一方面也能够吸引区域外优秀科技人才和团队来新乡创新创业，把新乡打造成为创新创业的沃土、能力致富的高地。

首先，加大互联网创业平台、科技创业苗圃、科技企业孵化器、加速器、创新创业综合体在内的梯级创新创业载体建设，支持有条件的区域引进建设"孵化器+宿舍""孵化器+商业""孵化器+会议"等创客空间和创业社区，积极发展"孵化器+创投"模式的新型孵化器。建立差异化服务的孵化培育体系，实施创业苗圃、孵化器、加速器、科技园区相结合的大孵化器战略，形成全过程、全要素的孵化培育生态链。引导社会资源向孵化载体聚集，创新孵化载体投融资服务模式，探索孵化组织新机制，完善公共服务体系，提升孵化培育能力。完善创新创业服务体系，提供包括研究开发、技术转移、检验检测认证、创新孵化、知识产权、科技金融等专项服务和综合服务，能够从空间、资本、人才、技术、信息、市场等各方面给创业者以充分支撑，使得创业与创新互为依托、互为促进，形成"大众创业、万众创新"的良好环境，建成具有高活力和高效率的人才创业中心。

其次，注重提升本地的创业热情和活力，一是通过统筹整合各项创业引导，引导社会资本投入，设立创业投资基金，帮助创业者解决资金上的困难。积极实施"免担保、免抵押"的信用担保贷款模式，加大融资支持力度，解决创业者初始创业期资本缺口的问题。二是加大培训力度，根据不同的创业群体，有针对性地开展创业意识培训、创办企业培训、创业模拟实训等多层次阶梯式的创业培训，提高培训的针对性和有效性。大力推行创业培训政府购买成果的投入激励机制，提升培训资金投入效益。三是拓展创业扶持项目。在大力开展免费创业培训，落实税费减免的基础上，积极开发创业项目库，为创业者提供翔实、新颖、丰富、易行的创业项目。支持社会资本建立创业孵化基地，对其吸纳并成功孵化创业企业的给予一定的补助，缓解创业者创业场地缺乏和租金成本等问题。同时发挥政策带动引领，加强政策传导落地。通过电视、网络、报刊、短信等多种途径加强对创业扶持政策的宣传，提升政策的知晓范围和享受面。整合和利用就业信息系统，提高创业申报和享受优惠政策的效率。

二　战略二：重联动协同，助力产业转型升级

未来国家和区域要保持较快的经济增长、提高经济发展的质量，关键在于规模庞大的传统产业如何转型升级。通过创新解决传统产业面临的矛盾和困难，推动新技术、新业态、新模式对传统产业和低附加值环节的改造，借助产业梯度转移推动价值链的合理布局和整体竞争力的提升，是传统产业转型升级的必由之路。同样从科技创新角度看，制造业是技术载体和转化媒介，也是创新投入和创新产业的先锋队。创新型国家和地区通常具有科技创新能力强和制造业发达的特征。因此在新乡自创区建设的过程中，要围绕传统产业转型升级，加大对企业品种质量、节能降耗、生态环境、安全生产等方面的创新示范，完善新技术、新工艺、新产品的应用推广机制，提升传统产业创新发展能力，促进传统产业与战略性新兴产业融合发展、协调发展。

（一）加强产业整合做强优势产业集群

依托本地产业基础，坚持产业链式发展理念，有针对性地延链、补链，实现以商引商、产业集聚。同时通过并购、拆分或者战略联盟等推进产业链整合，提升龙头企业的竞争优势，充分发挥龙头企业的促进示范作用，打造具有一定垄断作用的龙头企业或企业集群。同时要注重产业配套，通过龙头企业带动和地方主动引进配套项目和配套企业，并支持广大中小企业向专业化方向发展，做精做专做优，与大企业通过产业链进行协作配套，形成"顶天立地"龙头企业与"铺天盖地"小企业的互动共进，是产业集群发展壮大，并具有根植性的必由之路。

也就是说要以领军型龙头企业或企业集团作为产业链分工网络的控制中心，主要负责核心技术的创新突破、新产品的开发、最终组装，以及一些技术难度大、附加值大、对规模经济反应灵敏的配套产品；配套型中小企业负责生产技术要求较低、批量小、专业分工度高

的零部件与半成品。产业集群内部资源共享，各企业形成协作创新氛围，推动产业集群从成本型向创新型过渡，最终形成具有国际竞争力的产业链协作生产体系。

——生物产业集群。新乡生物产业基地按照"一核三区"的总体布局进行建设。以新乡高新技术开发区、新乡县生物产业基地为依托，集聚生物制药、化学药制造、现代中药、生物农业，形成新乡生物产业基地的核心区。围绕核心区，建设长垣县生物医用材料及生物基材料拓展区、原阳县生物农业拓展区、辉县生物能源和生物医药拓展区。基地核心区以华兰、拓新、佐今明、华星、新谊、海滨、敦煌、中原中农、科林等龙头企业和中国农科院、河南师范大学生命科学院、新乡市农科院、河南科技学院等研发机构为支撑，根据现有基础和优势，发展血液制品、疫苗、化学创新药、现代中药、生物育种、绿色农用生物制品，促进各领域上下游企业向核心区集聚。引导、促进新进入生物企业入驻基地核心区，推动和促进基地核心区加快完善研发、产业、服务等功能。吸引和推动国内外高校和科研院所等研发机构以及本地企业研发中心向基地核心区集聚，加强与国内外大型生物医药企业或企业集团联系，吸引其在基地建立研发机构。

发挥研发集聚和产业集聚功能，推动和促进形成配套体系完善、集聚效应显著、各具特色的新乡生物产业基地长垣、原阳、辉县三大拓展区。

新乡生物产业基地长垣县拓展区可以定位为生物医用卫材及生物基材料企业的集聚区。以飘安、驼人、宇安等企业为依托，重点发展医用植入器械、人工器官、新型医用高端耗材、生物民用卫材、聚乳酸、食品添加剂，开拓基地生物制造新领域，形成基地生物医用材料新优势。

新乡生物产业基地原阳县拓展区依托新乡市农科院、原阳农科所等研发力量，以桥北"河南省农科院现代农业试验示范基地"建设为契机，突出农业科学研究、农业科技成果中试、现代农业科技展示以及培训、科普等主要功能，充分展示现代种植业、养殖业、加工业，以及设施农业、精准农业、节水农业、生态农业的最新成果，并适当兼顾以农业科技为主要内容的农业旅游观光的综合开发与利用。同时支持建设中国·新乡航天育种科技苑。

新乡生物产业基地辉县拓展区以天冠乙醇、百泉中药、九势制药等企业为依托，重点发展生物能源、特色化学药、中药，提升百泉药交会的层次和规模，形成基地生物医药、生物能源发展新优势。

——新能源电池产业集群。新乡市目前电池企业集聚效应较强，已经形成了以环宇集团、科隆集团、金龙集团为龙头，亚洲电源、超能电源、吉恩镍业、比得力等为骨干的产业集群，建立了结构合理、分工明确、协同发展的集科研、开发、生产与检测为一体的产业化集群，形成我国二次电池产业中除珠三角、长三角、环渤海三大极点之外的第四极。

未来应进一步做优做强新型锂电池产业链，提升发展镍氢电池、铅酸蓄电池两大产业链，力争抢占二次电池技术发展制高点，不断培育壮大产业核心竞争力，打造研发水平高、产业规模大、集聚效应突出、产业链条完善的国家级二次电池产业基地。

要做大做强电池产业集群，未来要进一步增强协同创新能力。重点依托环宇集团、科隆集团和中科、格瑞恩、比得力等骨干企业，密切跟踪国外的最新研究成果，针对各系列电池的研究开发及产业化，在提升骨干企业技术创新、精益生产与 ERP 系统管理能力的基础上，推进河南（新乡）电池研究院、原材料测试中心和动力电源及关键材料工程实验室等公共研发平台建设，积极研究开发新型燃料电池、飞轮电池和大功率电容器，以及金属空气电池、多电子反应电池和自由基聚合物电池等发展潜力大、技术含量高的新产品，并通过实验技术验证，探索建立动力电池创新发展技术研发及产业化体系，抢占下一代新能源电池及新能源汽车的技术制高点，提升产业的核心竞争力。强化在新能源电池关键技术领域的协同创新和科技攻关，重点研究新型动力电池原材料设计、测试、性能预测、安全评价及安全性新技术，加快研究新能源电池材料产业化关键技术、大容量电池制造工艺、电池成组技术及智能电池管理系统等，力争在高端锂离子电池、镍氢电池以及新体系动力电池等领域实现重大突破，确立下一代车用动力电池的主导技术路线，规避发达国家的专利技术壁垒，提升新乡市新能源电池产业的核心竞争力。

同时要提高应用及配套能力。立足区域电池发展需求，拓展下游应用领域，积极引进培育各系列电池零配件设备、电池检测设备和相关装备制造类项目、企业，电动车、电动汽车和通讯、消费电子类项目、企业，以及各系列电池管理系统、电池环保及回收处理等项目、企业，拉长产业链条，提高本地配套能力，打造全产业链协作生产体系，提升区域产业的核心竞争力。

（二）加强核心区与产业集聚区的联动互促

目前新乡市正大力推进产业集聚区建设和产业集群发展，依托 27 家产业集聚区（专业园区），在原有起重机械、振动机械、新型电池等优势产业集群基础上，新培育和发展了原阳县家具制造、延津县食品加工、辉县市汽车零部件、获嘉县精细化工等新的产业集群，产业集聚区内有 60 多个产品填补了国内空白或在国内同行业排名前五位。未来应依托自创区建设，加强自创区与各产业集聚区的协同创新和协作发展，推动产学研用结合，着力构建企业主导的协同创新体系，提高科技创新绩效，激发企业尤其是中小企业、微型企业的创新活力，力争在核心技术领域和科技成果转化领域取得重大突破，增强科技创新对产业发展的支撑作用，加快潜力产业集群的培育和壮大，加强传统产业的转型升级，形成以自创区为龙头，各产业集聚区强劲有力的协同发展新格局。

第一，要明确重点产业、重点领域发展方向，形成核心区与产业集聚区的协同联动。

在市级层面上，应该根据资源禀赋、产业基础以及发展趋势、市场空间等，制定科学、明确的产业发展指南，梳理各个产业链条，鼓励各企业找准各自在产业链条上的位置，理清未来的发展思路，明确发展方向。依托产业集聚区，鼓励各地区科学确定区域的主导产业以及产业集聚的路径，并通过结合全国、全省产业布局，融入到更大的产业集群和产业链条中，形成全省产业链上下游企业分工合作发展的合力。加大调整优化企业组织结构，支持优势企业进行强强联合、跨地区兼并重组，在研发设计、生产制造、品牌经营、专业服务、系统集成、产业链整合等方面形成核心竞争力。

——新乡经济技术开发区。作为国家级经济技术开发区，新乡经济技术开发区目前已吸引了中兵、中航二家央企和广州立白、北京双鹭、白鹭化纤、西瑞克斯通信技术、上海上塑、上海厚广、山东华泰、四川高金、豫飞重工、新飞专汽等一批行业龙头和旗舰型企业入驻，形成了高端装备制造、高科技纺织服装、高成长性服务业"2+1"产业集群良好的发展态势。未来应依托重点项目建设，进一步做强优势产业集群。

在高端装备制造业方面，依托中兵通信科技工业园、中航高科技产业园、豫飞重工新型装备产业园、浦东新乡产业园，重点发展汽车及零部件、电子通信、3D打印、卫星导航及高端智能制造产业，推进传统制造产业与智能制造产业融合发展。同时加强军民融合发展力度，利用国内第一支军民融合产业并购基金，开展"苗圃+孵化+加速"完整产业链项目孵化，建设好军民融合项目孵化示范区。

在高科技纺织服装业方面，以白鹭化纤为龙头，以新乡高科技纺织服装产业园为基地，强化原料生产、纺纱织布、面料染整、成衣制造的产业链条，加强超柔软纤维、高档机织针织面料等新型纺织材料的研发和发展，成为具有全国影响力的服装"品牌群"企业加工的集聚地。

在高成长性服务业方面，依托河南省首批电子商务示范基地的平台优势，借助中国网库、沪江网等国内知名互联网企业的带动作用，顺应"互联网+"发展趋势，大力发展电子商务和服务外包产业。以河南现代公铁物流园为基地，大力发展第三方、第四方现代物流产业，建设大物流大商贸，积极创建国家综合物流保税区。

——延津县产业集聚区。着重突出"麦业"特色，通过进行小麦深加工，打造"面粉—面条—面点—速冻食品"和"白酒—包装—印刷—运输"两条产业链，吸引知名食品加工企业和酿酒企业入驻，打造食品加工产业集群。

——卫辉市产业集聚区。依托百威英博、上海宝钢等企业项目，打造食品饮料产业集群；依托北新建材、北京嘉寓等企业项目，发展新型建材产业；依托银金达、厦门合兴等企业，发展壮大彩印包装产业集群。

——原阳县产业集聚区。壮大以河南万向系统制动器公司为龙头的汽车零部件及装备制造产业集群，以新乡三元乳业有限公司为龙头，做大农副产品深加工业；以河南东古电气制造公司为龙头，发展机电设备制造，以河南川渝金祥家居产业园为龙头，做强家具加工产业。

支持引导各产业集聚区在产业布局上错位联动、协同发展，比如通过卫辉市彩印包装、高新区包装薄膜、平原示范区和新乡县印刷包装、红旗区和高新区印刷机械等印刷包装产业的联动，打造沿京广产业带的印刷包装全产业链；依托原阳大米、延津小麦、封丘树莓和金银花以及畜禽饲养，建设涵盖稻米加工、速冻食品、休闲食品、酒水饮品、屠宰加工等沿黄食品加工产业带。通过做大做强产业链，进一步推动各产业集聚区和园区产业集聚的功能提升，提高区域经济效益与资源产出。

第二，加大对产业集聚和转型创新的支持力度。

传统产业升级和产业集聚区的发展需要各方力量的支持，从创新支持的角度来看，需要依托高新区的公共服务平台，对产业集聚区提供三个方面的支持和服务。

一是科技创新服务。由高新区或龙头企业牵头，围绕产业发展尤其是战略性新兴产业发展的重大需求，整合国内外创新资源，组织力量加强技术攻关与产业化，集中力量突破一批支撑产业发展的关键共性技术，加强基础性、前沿性技术研究，抢占产业技术制高点。大力推进科技成果产业化，积极推进重大装备应用，建立健全科研机构、高新创新成果发布制度和技术转移机构，促进技术转移和扩散，加速科技成果转化为现实生产力。

实施骨干企业技术创新工程，围绕产业重点领域，为一批产品档次高、科技含量高、品牌知名度高、市场占有率高、经济效益好的骨干企业提供重点技术支持。通过做强华兰生物、科隆等一批创新型领军企业，培育一批有发展潜力、成长性好的创新型企业、科技小巨人和科技中小企业，带动上下游产业协调发展，壮大产业规模，增强产业竞争力。

二是推进产业对接和技术交流。按照分门别类、龙头带动、集群发展的思路，推动各产业集聚区和园区特色产业与核心示范区龙头产业深度对接，放大品牌效应，拓展辐射区域，形成产业链条，实现国家级自主创新示范区品牌与其他市县空间发展优势上的互补。

三是搭建技术交流平台。着力解决高等院校、科研院所与各市县之间存在的技术研发与推广应用"两张皮"现象，搭建科、企联姻交流平台，通过组织开展科技洽谈会、企业院校等重大科技活动，推进企业与高校、科研院所广泛开展技术合作与交流。同时依托高新信息发布平台，及时发布本地、外部区域的最新成果信息及研究动态和进展，以及各类企业技术招标、难题攻关及项目需求信息，为企业技术创新提供服务。

三   战略三：掀创新狂潮，培育新经济增长点

从发展形势来看，新乡市目前及今后很长一段时间都将面临经济发展速度放缓、经济增长后劲不足的严峻考验。而充分利用郑洛新自创区建设机遇，通过创新驱动，利用新知识、新技术、企业的科学管理机制和组织制度、商业运行模式等创新要素对现有的资本、劳动力、物资资源等有形要素资源进行的新组合，加快形成内生性增长，打造新的经济增长点，并有针对性地加以培育和扶持，是保障新乡未来长期健康稳定发展的必由之路。

总体上看，可着重从以下几个方面挖掘新兴产业机会，并通过培

育"星星之火"使之燎原，形成带动下一步经济发展的经济增长点。

一是以技术创新生成新经济增长点。如今新的科学发现、新的技术突破以及重大集成创新不断涌现，从基础研究到技术发明和成果转化的周期大幅缩短，学科交叉和技术融合加快，信息、能源、材料、生物等科学技术相互渗透的趋势日益明显，相关科技的一项或几项重大创新就可以带动发展并形成新的产业体系，带来新的发展机会。因此，首先要加强原始创新，在动力电池等现有优势科技领域取得一批在科学前沿有较大影响的研究成果，突破一批对经济和社会发展至关重要的重大技术瓶颈，推广一批对产业升级改造和持续发展有重大带动作用的共性关键技术。其次要推进应用创新，激活现有科技资源，大力推广和应用高新技术、适用技术，促进科技成果转化，为经济社会发展提供强有力的科技支撑。第三要推进高端创新，也就是推进产品高端化。比如通过推进钢铁产品的高端化，可以研发制造优质钢、新材料，其市场需求潜力巨大，技术附加值高；推进高端装备制造业的高端化，生产高端智能制造、高端装备产品，能够抢占产业制高点、提升产业竞争力。目前新乡市可以集中力量在生物医药、信息技术领域、材料科技等领域里，增强高技术持续创新能力，通过科研成果和新技术的应用和扩散，带动传统产业升级，并催生一批新兴产业和新兴优势企业，"无中生有"或"有中生新"，成为引领经济增长的新动力。

二是以平台载体创新生成新经济增长点。中关村的创新工场、车库咖啡、亚杰商会、联想之星、天使汇等创新孵化器既是创新载体，也是新企业、新业态形成的平台。新乡市可以在加强现有核心高新区和辐射区建设的基础上，一方面推动全市现有产业集聚区和工业园区转型升级，由加工型园区向研发型高新区转型，成为自创区的影响区；另一方面，引进和发展多种形式的吸纳创新资源和产业孵化的载体和平台，比如大学科技园、创业园、创新成果产业化基地等，吸引周边城市的科技创新资源来创新创业，进行成果孵化转化和产业化，还可以通过建设科技企业孵化器，孵化出一批科技型中小企业和高新技术企业，形成新的经济增长点。

三是以组织方式创新生成新经济增长点。构建产业链条，建立产业技术创新联盟，培育具备现代功能的大型集团等组织方式创新，都可以促进新经济增长点的形成。这些新的产业组织方式，可以提升产业整合能力、控制能力，推动产业整体竞争力提升。尤其是现代大型企业集团，承担了部分市场与政府中间的职能，如组织专业化生产、技术创新、分配资源、融资等，是创造、形成新经济增长点的重要产业组织。新乡市目前也有一些大型企业集团，但缺少上述现代职能，对产业的控制能力、引领能力不强。今后，应按照市场化的思路加快产业组织创新步伐。

四是以业态创新生成新经济增长点。以满足新需求为目的，加快创新业态，可以推动形成一批新产业，如电子商务、数据产业、3D打印、新航空航天产业、互联网金融、科技金融等就是业态创新的成果。近几年国内外新业态不断涌现，尤其是随着互联网和的广泛应用，互联网与其他行业的结合产生了一大批新兴业态，比如，墨西哥一家名为"Dukten"的网站提供了通过条形码查询各类商品的功能，被网民誉为"基于条形码的产品百科全书"；美国医学博士里克·克里杰创办了"一分钟诊所"，强调快节奏服务、标准化流程和流水线操作，有效填补了医疗保障体系的缺失，形成了"高效、便捷、可负担"的医疗新业态。目前国内各地也都在抢抓机遇，如广州市政府制定了《广州市加快新业态发展三年行动方案》，提出到2016年培育一批主营业务收入超百亿元的新业态企业，初步建成珠三角新业态发展集聚区、华南地区新兴产业集成创新中心。新乡市也应该加大对新兴业态的支持和培育，为经济增添新的增长动力。

五是以商业模式创新生成新经济增长点。商业模式是为实现客户价值最大化，把保障企业运行的内外各要素整合起来，通过最优实现形式满足客户需求、实现客户价值，同时使系统达成持续赢利目标的整体解决方案。比如苹果公司将硬件、软件和服务融为一体，开创了一个全新的商业模式，是将新技术和卓越的商业模式加以巧妙结合的典型代表。亚马逊发展了一种商超购物的智能化模式，也就是走进亚马逊的实体店无须排队、无须收银，拿到商品就可以离开，随后在手机 APP 之中进行支付；天猫与合作商家推行的线下门店扫码下单的"云货架"，线上下单门店配送的"极速达"；阿里巴巴也为线下零售店提供大数据精准营销服务。传统行业通过商业模式创新，也可以创新发展，关键是要运用互联网思维，将个性化的市场需求与批量化、规模化的制造结合起来。目前，新乡市传统产业在制造环节利用了很多信息技术和智能化技术，但在商业模式创新上明显不足，今后要在研究建立使制造与市场紧密联系、满足客户需求的新通道上下功夫，不断形成和应用新的商业模式。

在通过创新驱动培育新经济增长点的过程中，应着重发挥自创区在战略性新兴产业科技创新中的领头作用，运用互联网思维和互联网技术推动区域产业转型升级，通过技术改造提升传统产业，促进产业结构健康转型，努力建成科技创新自创区。积极引导产业投资向适合当地发展、具有本土资源优势的行业和自主创新区内集中，加大对新乡优势资源开发、优势产业、优势企业支持力度，努力提高产品的技术含量、信息含量和资本含量。积极推动大学、科研机构及企业科学技术创新，促进科技成果快速转化，积极完成省级及市级重点项目和一般项目，尤其要合理统筹资金，积极筹措重大科技成果转化和产业项目资金，加大对自主创新区重大项目的支持力度，充分发挥自创区创新资源和创新成果的带动作用。同时积极支持企业进行产品升级、技术升级、管理升级、商业模式创新，引导企业积极参与全球产业链分工，明确自己企业在全球产业链中的位置，在努力成为细分行业小巨人的基础上，努力向产业链前端的研发、设计、中试等奋进，逐步提高企业的技术创新能力和技术转化效率，形成区域性高新技术产业集群，力争将自创区打造成具有影响力和竞争力的现代科技园区。

四　战略四：启大开大合，塑城市创新新格局

从当今科技发展的态势来看，科技的快速发展使得从基础研究到

技术发明和成果转化的周期大幅缩短，学科交叉和技术融合加快，创新要素和创新资源也在全球范围内流动加速。因此要跟上技术创新的步伐，必须加大对外开放和合作的力度，努力构建开放型的区域创新体系，拓宽全球创新资源吸纳渠道，推动创新主体进行技术、产业、管理等方面跨区域、跨界合作。对于新乡这种科技资源比较欠缺的地区来说，加大与先进地区和拥有较高技术水平的创新主体合作，是快速提高自身科技创新水平的必由之路。

（一）加强自创区内郑洛新三地的创新协作

郑洛新在科技创新方面各有优势和特色，也各有缺陷和不足，在自创区建设的过程中，应协同制定三地一体化的技术创新战略。也就是说要从指导思想、政策、法律、技术创新机制、创新主体等方面进行统一，围绕发展战略、资源优化配置、产学研结合、创新及产权保护、专利孵化等方面进行统一规划，推动三地之间更大范围、更广领域和更深层次的交流与合作，扬长避短、错位竞争，集中开发本省优势产业，共同应对外部经济环境的变化，共同提升企业的自主创新能力，促进技术创新成果的转化，形成自创区创新发展的合力。

制定郑洛新技术一体化的创新战略，首先应推动三地财政、金融、税收、政府投资基金等方面创新支持政策的互通互用，通过专门机构协调推动各地企业和科研机构之间的合作，组织开展需要多方配合重大的和具有集聚效应的技术创新项目，促进创新主体之间的技术交流与合作，支持中小企业的模仿创新活动和自主研发等活动。实行科技资源的开放和共享，相互开放国家级和省级重点实验室、工程技术中心、中试基地、大型公共仪器设备、技术标准检测评价机构等，加快推进科技文献、科技信息、专家库等科技资源共享。其次要重点加强产业联动合作，尤其是面对全省性的战略性新兴产业发展方面，比如生物医药、智能装备、新能源等方面，应加强顶层设计与规划，统筹推进产业布局、资源配置、重大科技平台建设等，引导三地依托产业链进行合理的产业分工，突出特色错位竞争，避免恶性竞争和资源浪费，构建高效合作、协同有序的区域产业创新合作体系。

（二）深入开展与先进地区及产学研全方位的创新合作

在新乡市企业发展过程中，通过对外技术合作，已经取得了很大的收获，比如通过与中科院、清华大学等重点科研单位的深度合作，成功引进了2010年全国十大发明中仅有的两项煤化工技术乙二醇和烯烃以及生物疫苗、电解液等，使新乡在现代煤化工、生物医药和电池等领域取得突破。未来应进一步加强与发达国家和先进地区的创新合作与交流，积极参与国际重大科技合作计划，探索建立与发达国家和先进地区稳定的合作伙伴关系，大力推进企业、产业和创新要素的国际化，增强利用全球创新资源能力，以全球视野搭建合作创新平台，营造开放创新环境，充分吸引先进创新资源，在更高起点上提升高新技术产业发展和科技创新水平。

首先要有效提升各种研发平台服务产业发展的能力，集中力量加快建设一批高水平的综合性研发平台。通过加强对基础研究、产业关键共性技术研发的投入，加大对科技基础条件和创新平台建设的支持力度，探索建立新乡市与先进地区的技术创新合作制度，尤其是在电子信息技术、新能源行业、生物医药等行业研究资源的合作共享。以重大创新平台为载体，引进一批高层次的创新团队开展创新创业和成果转移转化活动及产业化生产。完善创新支撑服务体系，全面调动企业、政府、高等学校、科研机构及中介机构、科技孵化器等各方面的积极性，促进各种形式的产业联盟、创新联盟、产学研联盟、竞争力集群等共同体的建设和发展。

其次要围绕支柱产业、战略性新兴产业和产业集群发展需求，组织建设一些产、学、研、资、用创新联盟，组织制定并实施产业技术路线图，构建产业技术创新链，加强共性技术创新，促进多学科交叉、融合和联合攻关，攻克产业关键共性技术，实施一批产学研合作重大项目，争取获得具有自主知识产权的重大创新成果。推动有条件的联盟向实体化运营模式转变，鼓励联盟成员以衍生公司、项目实体运营、合资建立公共研发平台、引入风险投资等多种形式，形成利益共享、风险共担、共同发展、长效合作的新机制，同时也吸引更多科和企业加入。

新乡市目前具有的五大创新平台

机电装备产业平台——由河南工学院牵头，依托新乡市机电装备技术创新联盟、各类技术研发平台，联合本地机电装备企业建成的"新乡市机电装备科技协同创新创业中心"，已建成较完善的创业、研发、成果转化服务体系。

电子信息产业平台——由中电科二十二所牵头，联合河南师范大学、科隆集团、环宇集团等本地高校、企业和清华大学深圳研究生院、郑州大学电气工程学院、广州能源研究所、中国物联网发展研究中心等外埠高校院所建成的新乡市电子信息科技协同创新创业中心。

大健康产业平台——由河南师范大学牵头，联合新乡拓新生化股份有限公司、新乡南太行旅游集团有限公司、河南非物质文化遗产保护中心等单位成立的"新乡市大健康科技协同创新创业中心"，依托河南师范大学26个省级以上科研平台，规划建立创新药物、环境污染与防治、生态旅游、健康文化、健康养老5个科技创新分中心。

新型电池及电动车产业平台——由新乡市政府和河南师范大学依托河南省动力电源及关键材料工程技术研究中心联合组建的"新乡市电池研究院"，定位为电池及相关技术科研和生产的专业研究机构、化学电池的行业标准和国家标准的制定者或参与者、中原地区的国家级化学电池及材料的测评与认证机构。

互联网产业平台——由新乡市政府、河南省工信委、华为集团三方合作建设的华国大数据平台和云计算平台。依托华为大数据平台同时入驻的软通动力等企业围绕大数据产业建立各类创新创业的综合体。

（三）打造浓厚的全社会创新氛围

创新驱动战略的实施，不仅意味着要千方百计提高区域技术创新能力，更重要的是能否使创新成为地区发展的催化剂，激发全社会的创新活力，给全市带来新的发展动力。

首先，要加大力度进行改革和制度创新。一方面要以提高自主创新能力为核心，以促进科技与经济社会发展紧密结合为重点，大力推进科技体制机制改革与创新，建立健全促进自主创新的动力机制和激励机制；探索创造产学研用互促互动，以市场配置资源为基础与政府宏观调控有机结合，科技成果有效转移转化的新机制、新模式。另一方面从改变影响创新发展的具体政策措施入手，逐渐形成有利于创新发展的政策体系。具体来说，一是要创新产业政策。传统的产业政策支持重点主要是以"大"为主，包括大项目、大工程，对高新技术项目，新业态、新模式、新组织等考虑较少，甚至因为土地指标等问题这些项目难以落地。在新形势下应当创新政策支持重点，对高新技术企业、现代服务业，特别是新业态企业、新商业模式企业、新的产业组织体等给予更多的支持，出台专门的扶持政策。二是要创新各级各地管理部门政绩考核方式，完善政绩考核体系，增添、强化创新驱动内容与指标，增大创新类考核指标的权重，形成鼓励创新、鼓励以创新推动发展的机制。三是要形成有利于创新发展的良好服务环境。要加快提升以便捷交通、良好教育、良好生态环境等为重点的公共服务能力，同时重视发挥市场作用，积极推进天使资金、风险投资、创新工厂、科技金融、咨询服务、研发设计等服务业发展，为创新型项目、创新型企业成长壮大提供有力的支持。

其次，要营造"鼓励创新、宽容失败"的创新文化环境。创新归根结底要靠具有创新能力的各类人才来实现，良好的创新文化氛围有利于培育和激发人才的创新能力。在创新文化建设中，应该明确树立以人为本的观念，尊重人们创造性劳动的特点，大力弘扬科技工作者求真务实、勇于探索的科学精神，在全社会营造"激励创新、尊重创新、勇于创新、宽容失败"的文化氛围，形成崇尚知识、尊重人才、鼓励创新和敢于创新的社会风尚和企业家精神。同时也形成有利于技术创新和制度创新的政策环境，以及被广泛认可的价值观和理念，构建全民创新的新乡市区域文化，为人才的创新行为创造条件，使得新乡的全域创新更具有根植性和可持续性，形成创新与发展的良性循环，为自创区建设和创新驱动战略的实施保驾护航。

第十二章

中东部国家自主创新示范区比较研究

国家自主创新示范区是指经中华人民共和国国务院批准，在推进自主创新和高技术产业发展方面先行先试、探索经验、做出示范的区域。建设国家自主创新示范区是新时期党中央、国务院深入实施创新驱动发展战略、加快建设创新型国家的重大举措，也是我国在后国际金融危机时期增强自主创新能力、抢占新一轮经济和科技竞争战略制高点、推动经济发展方式转变的重大方略。2009 年 3 月，我国设立第一个国家自主创新示范区——北京中关村国家自主创新示范区。截止到 2016 年 7 月，全国自主创新示范区数量达到 17 个，其中东部地区 9 个，中部地区 4 个，西部地区 3 个，东北地区 1 个。

尽管 17 个国家自主创新示范区所涵盖的地域面积和目标定位各有不同，但其共同的使命都是：在自主创新和高新技术产业发展方面先行先试、探索经验、做出示范。河南省郑洛新国家自主创新示范区于 2016 年 4 月获得国务院批复，成为中部第 3 个、全国第 11 个自主创新示范区。郑洛新自主创新示范区获批时间相对较晚，相对于北京中关村、上海张江、武汉东湖等先进自创区相比，综合实力相对较弱，正处于起步建设阶段，实现后发赶超的任务艰巨。为推动郑洛新自主创新示范区持续快速发展，本研究立足于中东部国家自主创新示范区，构建了国家自主创新示范区竞争力评价模型，并对中东部国家自主创新示范区创新能力、创新路径等进行比较分析，最后提出了提升河南郑洛新自主创新示范区创新能力的对策建议。

第一节　国家自主创新示范区创新评价模型构建

国家自主创新示范区作为推进自主创新和高新技术产业发展方面先行先试、探索经验、做出示范的区域，其创新能力是检验其示范性效果的重要标准。众所周知，区域创新能力的培育需要漫长的过程，靠的是所需要素的投入、结构的改善以及功能的发挥。因此，要将国家自主创新示范区的创新能力当作一个系统来开展思考，尤其是在评价其创新能力的过程中要用系统理论的思维方式进行分析，构建合乎实际的创新评价模型。

一　国家自主创新示范区创新能力评价指标选择

国家自主创新示范区高端产业集聚的最大特点在于其创新能力的高度集中，而到底有哪些因素在影响国家自主创新示范区的创新能力呢？鉴于国家自主创新示范区成立时间较晚，相关研究比较缺乏，目前国内相关研究主要是集中在对国家级高新区创新能力评价方面。如关于高新区创新能力评价指标体系的构建，有学者从高新区创新投入与产出角度出发构建评价指标体系，有学者从高新区创新软硬件角度出发构建评价指标体系，总体而言缺乏一套全面完整的评价体系。基于此，本研究结合"要素—结构—功能"的系统分析范式，试图构建国家自主创新示范区创新能力的评价体系。

（一）要素投入

要素投入是国家自主创新示范区建设的基础，一般指资金和人才投入。由于国家自主创新示范区的规模、产业发展方向各不相同，因而，在选择指标上侧重选取相对量指标。综合考虑可比性，本研究选取 R&D 经费内部支出、规模以上工业企业研发经费占销售收入比重、大专以上人员、年末从业人员、科技活动人员、中高级职称人数、科技活动经费内部支出等指标作为国家自主创新示范区创新能力投入指标。

（二）结构水平

结构水平即国家自主创新示范区发展过程中，由产业结构发展层次和状态差异而体现出的创新能力差异。综合考虑数据的可获得性，本研究选取高新技术企业数、产业结构高级化程度、技术收入、产品销售收入、商品销售收入、人均技术市场成交额等指标作为反映国家自主创新示范区创新能力的结构水平指标。

（三）功能效应

功能效应作为国家自主创新示范区的创新能力评价体系的核心，可直接反映国家自主创新示范区高端产业集聚的创新能力效果。一些学者提出了反映创新能力的功能效应指标体系，李凯从知识溢出与企业衍生数来衡量高新区产业集聚创新能力的功能效应。谭谊选择千人高新技术产业收入、千人工业增加值、千人出口创汇总额来衡量高新区产业集聚创新能力的功能效应。综合考虑数据的科学性和全面性，本研究选取总收入、净利润、上缴税收、出口创汇、工业总产值、全员劳动生产率、年末资产、年末负债等指标作为反映国家自主创新示范区创新能力的功能效应指标。

综上所述，可以得出"要素—结构—功能"分析范式下的国家自主创新示范区的创新能力评价指标体系，具体见表12-1所示。

表 12-1　　　　国家自主创新示范区创新评价指标体系

一级指标	二级指标（单位）
要素投入	R&D 经费内部支出（千元）
	规模以上工业企业研发经费占销售收入比重（%）
	大专以上人员（人）
	年末从业人员（人）
	科技活动人员（人）
	中高级职称（人数）
	科技活动经费内部支出（千元）

续表

一级指标	二级指标（单位）
结构水平	高新技术企业数（家）
	产业结构高级化程度（%）（高新技术产业产值÷规模以上工业产值）
	技术收入（千元）
	产品销售收入（千元）
	人均技术市场成效额（元）
功能绩效	总收入（千元）
	净利润（千元）
	上缴税收（千元）
	出口创汇（千美元）
	工业总产值（千元）
	全员劳动生产率（元/人）
	年末资产（千元）
	年末负债（千元）

二　国家自主创新示范区创新综合竞争力模型构建

本文选取 17 个国家自主创新示范区为研究对象开展横向比较，以 2015 年《中国火炬统计年鉴》以及各示范区统计年鉴、公开信息或报告的相关指标数据为样本数据。需要说明的是，部分指标统计口径采用示范区所在地全市的口径，如人均技术市场成交额等，这是因为单独为示范区设计的统计指标没有相关统计，这并不影响研究的结果。因数据多，篇幅有限，本文仅列出各项指标的描述性统计（见表12-2）。从描述性统计可以看出，17 个国家级自主创新示范区各项指标差距较为明显，直观看很难看出一些规律，因此，要开展实证分析，探讨各项指标对国家级自主创新示范区创新能力的影响。

表 12-2 　　　　　　　**各项参数检验结果及数据描述性统计**

参数	KMO 数量	Bartlett 的球形度检验		
		近似 χ^2	df	Sig
结果	0.534	41.387	15	0.000

指标（单位）	极小值	极大值	均值	标准差	偏度	峰度
R&D 经费内部支出（千元）	8005683.00	38134103.00	1.7047	1.01542	1.791	3.772
规模以上工业企业研发经费占销售收入比重（%）	5.00	7.00	6.0000	0.81650	0.000	−1.200
大专以上人员（人）	177283.00	1108171.00	397937.85	3.28239	2.201	5.026
年末从业人员（人）	317.915.00	1587911.00	694662.85	5.06101	1.313	0.083
科技活动人员〔人）	49427.00	339998.00	139081.00	98290.30064	1.732	3.204
中高级职称（人数）	27697.00	238485.00	85763.28	70039.34636	2.222	5.436
科技活动经费内部支出（千元）	13124630.00	80944443.00	3.1107	2.34692	2.005	4.416.
高新技术企业数（家）	1169.00	14929.00	4226.0000	4840.61449	2.382	5.913
产业结构高级化程度（%）	38.65	80.80	57.5600	17.08229	0.312	−1.664
技术收入（千元）	9264659.00	3.40	8.6784E7	1.13587	2.468	6.328
产品销售收入（千元）	2.68	1.35	6.2864	3.74692	1.429	1.759
商品销售收入（千元）	7531310.00	1.01	1.6601	3.71658	2.631	6.940
人均技术市场成交额（元）	346800.00	1495000.00	819605.8571	3.99591	0.526	−0.175
总收入（千元）	4.60	2.50	9.6160	7.72171	1.698	2.372
净利润（千元）	30323943.00	1.37	5.6304	3.87688	1.906	3.678
上缴税收（千元）	15801432.00	1.45	4.8216	4.46151	2.166	4.985
出口创汇（千美元）	2971897.00	68158319.00	2.3461	2.20823	1.618	2.966
工业总产值（千元）	2.62	1.38	5.9159	3.67234	2.107	4.963
全员劳动生产率（元/人）	86523.00	168974.00	123540.5714	31751.47	0.241	−1.456
年末资产（千元）	5.06	4.04	1.2270	1.26986	2.402	5.952
年末负债（千元）	2.97	2.24	6.6595	7.06854	2.458	6.167

（一）确定是否合适因子分析

本文选用 KMO 检验和 Bartlett 检验，KMO 的检验值为 0.534，大于 0.5，表明样本适合做因子分析；Bartlett 的球形检验中卡方值为 41.387，P=Sig=0<0.05，则拒绝原假设，可以考虑因子分析。采用 SPSS 对指标进行相关性检验，运行结果表明，变量之间的相关系数绝大部分大于 0.3，说明指标体系各变量之间具有较强的相关关系，可以进行因子分析。

（二）因子提取

采用主成分分析法，并按照因子累计贡献率大于 90% 的标准选取公因子。结果见表 12-3。可以看出，前三项因子的累计方差贡献率达 98.5%，说明这三个因子代表的信息已经能够充分反映原有观测变量大部分信息。因此，选取 F1、F2、F3 三个公因子，为了更好地解释各因子，使因子具有命名解释性，采用具有 Kaiser 标准化的正交旋转法对因子载荷矩阵进行旋转，旋转后的因子载荷矩阵见表 12-4。

表 12-3　　　　　　　　　　总体方差分析

成分	初始特征值			提取平方和载入			旋转平力和载入		
	合计	方差贡献率（%）	累积贡献率（%）	合计	方差贡献率（%）	累积贡献率（%）	合计	方差贡献率（%）	累积贡献率（%）
1	15.446	73.551	73.551	15.446	73.551	73.551	15.446	73.551	73.551
2	3.305	15.738	82.289	3.305	15.738	82.289	3.305	15.738	82.289
3	1.705	8.118	97.407	1.705	8.118	97.407	1.705	8.118	97.407

表 12-4　　　　　　　　　　旋转后的因子载荷矩阵

因　子	成　分		
	1	2	3
经费内部支出	0.955	-0.096	-0.194
规模以上工业企业研发经费占销售收入比重	0.296	0.701	0.597
大专以上人员	0.994	-0.052	-0.064
年末从业人员	0.929	0.309	-0.196

续表

因　子	成　分		
	1	2	3
科技活动人员	0.988	0.057	−0.082
中高级职称	0.949	−0.189	0.044
科技活动经费内部支出	0.978	−0.129	0.106
高新技术企业数	−0.205	0.950	−0.181
产业结构高级化程度	−0.163	0.648	0.722
技术收入	−0.388	0.915	−0.002
产品销售收入	0.771	0.578	−0.255
商品销售收入	−0.351	0.927	−0.089
人均技术市场成交额	0.153	0.891	0.374
总收入	−0.185	0.121	0.975
净利润	−0.057	−0.146	0.957
上缴税收	−0.066	−0.087	0.991
出口创汇	−0.033	0.404	0.891
工业总产值	−0.231	0.369	0.890
全员劳动生产率	0.593	0.057	0.751
年末资产	−0.128	−0.165	0.978
年末负债	−0.134	−0.169	0.973

影响 F1 的指标主要包括经费内部支出、规模以上工业企业研发经费占销售收入比重、大专以上人员、年末从业人员、科技活动人员、中高级职称、科技活动经费内部支出。因此，F1 可作为反映国家自主创新示范区创新能力要素投入因子，简称"创新的要素投入"因子。

影响 F2 的指标主要包括高新技术企业数、产业结构高级化程度、技术收入、产品销售收入、商品售收入、人均技术市场成交额。因此，F2 可作为反映国家自主创新示范区创新能力结构水平因子，简称"创新的结构水平"因子。

影响 F3 的指标主要包括总收入、利润、上缴税收、出口创汇、工业总产值、全员劳动生产率、年末资产、年末负债。因此，F3 可作为反映国家自主创新示范区创新能力功能效应因子，简称"创新的功能效应"因子。

（三）计算因子得分

运用因子分析法计算出各个国家自主创新示范区的每一个创新能力因子上的得分，进而利用各因子的方差贡献率与相应因子的得分相乘并相加，得到国家自主创新示范区的创新能力综合得分及排名。

三　国家自主创新示范区创新竞争力实证分析

从表 12-5 可以看出，分区域来看，东部地区国家自主创新示范区创新能力较强，东北地区国家自主创新示范区创新能力较弱；分示范区来看，全国有四个示范区综合得分为正数，其余示范区综合得分均为负数。具体说来：

表 12-5　　　　国家自主创新示范区创新能力评价结果

区域分类	自主创新示范区	综合得分	自主创新示范区排名	区域排名
中部地区	河南郑洛新	−0.6887	16	3
	安徽合芜蚌	−0.6894	17	
	武汉东湖	−0.46	7	
	湖南长株潭	−0.6093	11	
东部地区	北京中关村	1.5838	1	1
	广东深圳	0.1906	2	
	珠三角	0.1816	3	
	江苏苏南	0.0491	4	
	上海张江	−0.0058	5	
	山东半岛	−0.0069	6	
	天津滨海	−0.6185	12	
	浙江杭州	−0.6587	13	
	福建福厦泉	−0.6785	15	

续表

区域分类	自主创新示范区	综合得分	自主创新示范区排名	区域排名
西部地区	重庆高新区	-0.5649	8	2
	西安高新区	-0.571	9	
	成都高新区	-0.5781	10	
东北地区	辽宁沈大	-0.6591	14	4

（一）区域国家自主创新示范区创新能力比较

东部地区国家自主创新示范区创新能力较强，总得分达到0.036，每个示范区平均得分达到0.0041，远超全国自主创新示范区平均得分-0.0388的平均水平，但区域内部各个自主创新示范区发展水平差距较大，排名第1的北京中关村达到1.5838，排名第13的浙江杭州示范区仅为-0.6587。中部地区国家自主创新示范区总得分为-2.4484，平均得分为-0.6119，仅高于东北地区，且内部各示范区发展水平差别较大，排名位于第7-17位之间。西部地区国家自主创新示范区总得分为-1.714，平均得分为-0.5713，高于中部地区平均得分和全国平均得分，且各个国家自主创新示范区发展较为均衡，排名相差不大。东北地区仅有辽宁沈大一个国家自主创新示范区，得分为-0.6591，在全国17个示范区中位于第14位。

（二）国家自主创新示范区创新能力比较

根据国家自主创新示范区的创新能力综合评价结果，排序依次是北京中关村、广东深圳、珠三角、江苏苏南、上海张江、山东半岛、武汉东湖、重庆高新区、西安高新区、成都高新区、湖南长株潭、天津滨海、浙江杭州、辽宁沈大、福建福厦泉、河南郑洛新、安徽合芜蚌。尽管国家自主创新示范区高端产业集聚的创新能力形成原因各不相同，但拥有相似的成功经验或不足之处。具体说来，创新能力综合排名靠前的国家自主创新示范区，如北京中关村、广东深圳、珠三角、江苏苏南、上海张江主要依靠提升创新的要素投入来增强示范区的创新能力，与这五个国家自主创新示范区创新能力的要素投入因子得分排名高度吻合，显示出要素投入与创新能力综合排名强关联性。因此，要加大对示范区的要素投入，在人力资源投入和资本投入方面要花大力气，促进示范区发展环境和氛围不断优化。创新能力综合排名靠后的国家自主创新示范区，如辽宁沈大、福建福厦泉、河南郑洛新、安徽合芜蚌，其创新能力排名靠后的主要原因有：一是国家自主创新示范区的创新要素投入与功能效应的匹配性较差，投入与产出的效率不高；二是政府与市场互动不够密切，缺乏对创新资源的合理有效配置。

第二节　中东部国家自主创新示范区创新能力比较

我国中部地区自主创新示范区包括武汉东湖、湖南长株潭、河南郑洛新、安徽合芜蚌，东部地区包括北京中关村、天津滨海、山东半岛、上海张江、江苏苏南、浙江杭州、福建福厦泉、广东深圳、珠三角，其创新能力直接影响着创新型强国战略的实施。全面评估中东部地区国家自主创新示范区创新能力，可为郑洛新国家自主创新示范区发展提供科学的参考依据。

一　中东部国家自主创新示范区创新竞争力比较

（一）总体比较

由实证结果可清楚知道，中部地区区域创新能力的平均得分为 -0.6119，处于全国平均水平之下，且远低于东部地区的平均得分（0.0041）。中部地区的区域创新能力排名处于第 7—17 位之间，排在中部 6 省前面的 6 个省份均位于东部地区。可见，中部地区的区域创新能力整体上和东部地区相比有较大差距。具体来看，排在中部 6 省前面的 6 个省市分别是北京中关村、广东深圳、珠三角、上海张江、江苏苏南、山东半岛。东部地区展现出来的区位优势正是中部地区所缺乏的，这种区位优势对区域创新能力的培育有着非常直接的影响。

（二）功能绩效比较

在功能绩效方面，中部地区的平均得分为-0.5640，低于全国平均水平，远低于东部地区0.0062的平均得分。以研发经费投入为例，中部地区的平均投入为420.29亿元，而东部地区则高达814.71亿元；以新产品产值为例，中部地区的平均值为12250.72亿元，而东部地区则高达38670.43亿元。在创新投入产出方面，无论是科研活动人员、科研活动经费，还是新产品产值、国内三种专利申请授权数等，中部地区的各指标全面落后于东部地区，而创新投入产出在很大程度上直接决定了区域创新能力。

（三）结构水平比较

在结构水平方面，中部地区的平均得分为-0.6209，低于全国平均水平，也低于东部地区（0.0091）。以科研和技术服务行业就业人数为例，中部地区平均70.53万人，和西部地区、东北地区的差距不大，但远低于东部地区的126.18万人。在创新基础方面，包括就业人员学历结构、科研和技术服务行业就业人数、地区人均生产总值等，中部地区与东部地区存在着较大差距，而这些指标对区域创新能力有着重要影响。

（四）要素投入比较

在要素投入方面，中部地区的平均得分为-0.6896，低于东部地区（0.0089），但部分指标远高于东部地区。如中部地区的平均科技活动经费增长率达到年平均43.07%、研发经费增长率达到57.88%，高于全国平均水平，也高于东部地区。可见，近几年中部地区的创新投入力度在不断加强，促进了区域创新能力的提升。

二 东部国家自主创新示范区创新竞争力比较

（一）总体比较

由实证结果可知，东部地区创新竞争力稳居第一但发展较为失衡，如北京中关村、广东深圳、珠三角得分远超东部地区平均得分，得分均为正数，位居前三甲；其余示范区得分均为负数，特别是天津滨海、江苏杭州和福建福厦泉得分远低于东部地区平均得分，甚至低于全国平均水平，分居第12、13、15名。东部地区展现出来的竞争力差异由其城市性质、区位优势和改革开放政策所决定，上述优势对示范区创新能力的影响较大。东部地区国家自主创新示范区数量最多，也创造了数个国家第一，如我国第一个国家自主创新示范区——北京中关村，第一个以城市为基本单位的国家自主创新示范区——广东深圳，首个以城市群高新区为基本单元的国家自主创新示范区——江苏苏南等，均位于东部地区。

（二）中关村创新能力稳居全国第一

无论是从综合得分，还是从功能绩效、结构水平和要素投入等各项指标中来看，北京中关村均稳居第一。从综合得分来看，北京中关村综合得分为1.5838，是排名第2（广东深圳）、第3（珠三角）、第4（江苏苏南）得分之和的3倍多，是排名第2广东深圳得分的8倍。从功能绩效来看，北京中关村综合得分为1.6234，是排名第2（广东深圳）、第3（珠三角）、第4（江苏苏南）得分之和的2.2倍多，是排名第2广东深圳得分的4.3倍。从结构水平来看，北京中关村综合得分为1.6147，是排名第2（广东深圳）、第3（珠三角）、第4（江苏苏南）得分之和的1.6倍，是排名第2广东深圳得分的3.9倍。从要素投入来看，江苏苏南综合得分为1.7214，是排名第2（北京中关村）、第3（上海张江）、第4（珠三角）得分之和的1.4倍多，是排名第2北京中关村得分的5.6倍。

（三）广东省综合创新能力全国最强

分省份来看，广东是我国唯一拥有两个国家自主创新示范区的省份，综合得分0.3722，其中深圳综合得分0.1906，珠三角0.1816，分居全国自主创新示范区综合得分第二位、第三位。实质上，广东省已形成1+1+7的自主创新示范区城市分工格局，全省区域创新能力综合排名连续七年位居全国第二，稳居第一梯队，与世界先进水平的差距不断缩小。以深圳示范区为例，2015年全市国家、省、市级重点实验室、工程实验室、工程（技术）研究中心和企业技术中心等创新载体累计超过 1200 家，覆盖了国民经济社会发展主要领域；新增国家高新技术企业 782 家，全市国家高新技术企业总数达到 5524 家；专利产出持续增长，有效发明专利量和 PCT 国际专利申请量保持全国第一，其中 PCT 国际专利申请量占全国比重超过 30% 以上；R&D 人员 67.52 万人，规模保持全国第一。

三 中部国家自主创新示范区创新竞争力比较

（一）总体比较

由实证结果可知，中部地区 4 个示范区综合得分均为负数，其中武汉东湖综合得分最高，分值位居全国第 7 位，是中部地区唯一跻身前八的自主创新示范区，但分值仍低于全国平均水平。中部地区其余自主创新示范区创新竞争力比较接近，位居 11—17 名之间；尤其是河南郑洛新、安徽合芜蚌得分分别为 -0.6887、-0.6894，分居第 16、17 位。

（二）武汉东湖综合竞争力中部第一

武汉东湖是全国第二家、中部第一家全国自主创新示范区，综合得分 -0.46，综合创新能力稳居中部第一。东湖示范区位于除中关村以外的我国第二大智力密集区，建立了系统化的创新支持政策体系，催生了一大批具有国际竞争力、市场占有率高、影响力大的高新技术企业，吸引了一大批高端人才，"武汉·中国光谷"已经成为全球品牌。从创新产出来看，2015 年武汉东湖示范区科工贸总收入突破 1 万亿元，新增企业近万户，平均每个工作日新增企业 36 家；专利年申请量突破 1.58 万件，占武汉市的 50%；累计主导创制国际标准 10 项、国家标准 280 多项。在光通信、激光、地球空间信息、数控、3D 打印、生物质能源等领域涌现出一批重大技术创新成果。但与中关村、张江、深圳、苏南等先进国家自主创新示范区相比差距较大，2015 年武汉东湖专利授权量仅相当于江苏苏南的四分之一、上海张江的二分之一。

(三) 郑洛新创新投入中部第一

郑洛新示范区要素投入得分位居中部第一、全国第二。初步统计,郑洛新集聚了全省53%的国家高新技术企业、45%的科技型中小企业、45%的上市企业和76%的新三板挂牌企业,企业创新支出相对较大,是河南省乃至中部地区创新支出最大的区域。2015年郑洛新科技活动经费内部支出达到280.48亿元,占工业总产值的比例5.22%,远高于武汉东湖、长株潭、合芜蚌,低于中关村、张江和成都;郑洛新科技活动人员占大专以上从业人员比例达到50%以上,分别高于武汉东湖9.1个、长株潭10.6个百分点,该比例甚至高于中关村、张江,但低于合芜蚌。

第三节 中东部国家自主创新示范区
创新路径比较分析

在中国的国情条件下,东部先进自主创新示范区的创新实践证明,有效推动创新的关键环节在于路径和方法。中部自主创新示范区作为国家高层次创新载体,对区域经济发展和转型升级的支撑引领不断增强,但与东部国家一流自主创新示范区相比仍存在较大差距。审慎选择适合自身特色的创新路径和方法,对中部地区自主创新示范区扩充发展动能、增强自主创新能力、培育创新型产业集群至关重要。

一 中部国家自主创新示范区创新路径分析

(一) 着力强化科技攻关

科技创新是引领自创区发展的第一动力,能否在核心技术领域取得突破对自创区建设成败至关重要。武汉东湖和长株潭瞄准技术变革速度快、颠覆经济模式潜力大的重大技术,重点在光机电一体化、超级计算机、超级水稻等关键技术领域推动重大科技攻关,抢占发展先机和竞争制高点。武汉东湖重点推进光电技术与本地主导产业的共性和前沿技术研发，主导制定全球首个互联网业务感知和内容识别国际标准，研制出全球首台万瓦连续光纤激光器和全球首台数字正电子发射断层成像仪（PET）等，"光联万物"产业生态基本呈现，实力光谷已跻身全国、全球知名品牌。长株潭世界级创新成果不断涌现，成功研发世界运算速度最快的"天河二号"亿亿次超级计算机、世界大面积亩产最高的超级杂交稻、碳/碳复合刹车材料等多项世界和国内领先的科研成果。郑洛新强化科技创新的全链条设计，在盾构及掘进技术、高端新型材料、北斗导航、新型动力及储能电池等领域实现重大突破，获取了一批自主知识产权。

（二）加快战略性新兴产业培育

战略性新兴产业代表新一轮科技革命和产业变革的方向，是打造自创区经济增长新活力的重要力量。近年来，武汉东湖、长株潭深入实施"互联网+"行动计划和《中国制造2025》《国家创新驱动发展战略纲要》等，加强产业融合和商业模式创新，培育成功一批新技术、新业态和新模式，基本形成驱动区域经济社会发展的新引擎。武汉东湖在做大做强光电子信息产业平台的基础上，大力推动生物健康、节能环保、机器人与智能装备等战略产业发展，加快形成"光联万物"的产业生态体系，湖北省产业升级示范引领区形象初步形成。长株潭致力于发展高端装备、生物、新材料、新一代信息技术、文化创意等产业，初步形成一批企业集聚、要素完善、协作紧密、具有国际竞争力的创新型产业集群，示范引领湖南省转型升级的作用日益凸显。郑洛新确定以高端装备、新一代信息技术、新材料、生物医药、新能源及新能源汽车等为重点，形成一批产业链较为完善、特色鲜明、市场竞争力较强的战略性新兴产业集群，打造河南省产业转型升级的核心增长极。

（三）深入实施知识产权战略

品牌、质量是企业和区域持续发展的必然选择，国家自主创新示范区是知识产权与经济建设融合发展的典范。近年来，武汉东湖、长株潭品牌意识不断增强，国家驰名商标、著名商标和专利申报授权数量等持续增加，但与中关村、苏南、深圳等先进自创区相比差距较大，2015年武汉东湖专利授权量仅相当于苏南的四分之一、上海张江的二分之一。为缩小知识产权差距，武汉东湖深化国家知识产权示范园区建设，加快国家专利导航光通信产业发展实验区建设，激励知识产权创造、运用、保护和管理，积极发展知识产权服务业，加快探索国家知识产权服务业聚集发展试验区建设。长株潭试点推广知识产权综合管理模式，支持长沙开展知识产权运用与保护综合改革试验区建设，加快知识产权人才培养和知识产权服务业发展，力争在支撑型知识产权强省建设试点中发挥先行先试作用。郑洛新进一步加强知识产权保护和运用，加快知识产权强企和园区建设，严厉打击侵犯知识产权行为，推进建设中部知识产权高地。

（四）强化技术转移与开发合作

在全球化、信息化和网络化深入发展的背景下，强化技术转移与开发合作是自创区应对世情国情变化、扩大开放、实施创新驱动发展战略的内在要求。武汉东湖深入推进中国光谷与美国硅谷的"双谷"合作，加快内陆自由贸易区的建设；积极承办重大国际活动，加快推动高新区产品、技术、资本、标准"走出去"的步伐，构建全方位开放新格局，力争将武汉东湖高新区打造为中部区域开放新支点。长株潭规划加强与中关村、武汉东湖、张江等国家自主创新示范区之间的合作交流，推动长株潭城市群、武汉城市圈、环鄱阳湖经济圈融合发展；支持长株潭三市高新区创业服务中心等机构与中西部地区各地方开展合作，搭建"长株潭创新资源共享平台"，鼓励支持长株潭高等院校、企业与中西部地区地方政府共建大学科技园、企业园；加强国际人脉网络链接，强化国际科技合作交流。郑洛新探索引进国内外一流大学、科研院所和世界500强研发中心在自创区内设立分支机构和科技成果转化基地，加快国家技术转移郑州中心建设和运行，建设军民融合协同创新研究院，支持洛阳创建国家军民融合创新示范区。

（五）持续优化创新创业环境，打造中部地区创新创业高地

武汉东湖、长株潭、郑洛新借鉴中关村、张江等创业创新发展经

验，积极举办各类创业活动，大力推进创新创业，逐渐成为我国创新创业活动最活跃区域之一。武汉东湖大力发展众创空间，形成"免费创业辅导+天使投资""线上线下社区+交互设计研发"等多种新型创业服务模式；加快推进"青桐三部曲"实施，"光谷青桐汇"已成为全国创投界、创业界的一个重要知名品牌；积极举办各类创业活动，中国创业服务峰会、双谷双创会暨光谷创业节、"硅谷—光谷"双谷双创节等一系列创业赛事在光谷举办。长株潭启动实施了发展众创空间推进大众创新创业"三年行动计划"，组织实施"众创空间建设""创客培育""创新创业服务提升"等五大行动，鼓励和动员高校院所的广大师生、科技人员和留学归国人员到示范区开展创新创业。郑洛新以国家科技服务业试点区域为重点，积极培育众创空间等创新创业孵化载体，加快建设一批知识产权创新创业基地；积极发展众创众包众扶众筹，鼓励支持多元主体投资建设科技企业孵化器、大学科技园；加快构建科技创新全链条的科技服务体系，积极推进科技与金融结合，推动产、学、研、金深度结合。

二　东部国家自主创新示范区创新路径研究

（一）高层推进机制在聚集科技资源方面的作用更加突出

2010年12月底中关村成立创新平台，19个国家部委及北京市相关部门参与平台工作，建立了跨层级、跨部门的集中统筹工作机制和协同创新组织模式。上海张江示范区建立了国家自主创新示范区部际协调小组，形成了部省市的会商机制。目前，高层次的推进机制在示范区建设过程中发挥了重要的创新资源聚集作用。如中关村与科技部等六部委建立重大项目"直通车"推荐机制；与财政部等四部委加强合作，深入推进中关村现代服务业试点；与解放军总部单位合作推进军民两用技术供需对接和融合创新；与60余家央企和高校院所共建中关村科学城和未来科技城，支持大学、科研机构和企业协同创新。张江示范区通过部省市机制，先后获得国家现代服务业试点、创新型产业集群试点等新项目和资金支持，据不完全统计，张江示范区每年从国家获得资金支持从原来的 2 亿元提高到目前的 15 亿元。此外，国家开发银行给予张江示范区 300 多亿元中长期贷款。

（二）国家支持政策与国家战略、区域特色结合紧密

东部地区自主创新示范区大多处于创新资源密集区，例如中关村集聚了 30 多所国家重点高等院校和 100 多家国家骨干科研院所，60 多家国家重点实验室和 60 多家国家工程中心；深圳示范区聚集了 42 家高校、56 家科研院所、30 多家国家重点科研机构，60 多位两院院士。但是受科研管理体制制约，科技成果转移转化效率不高、科技与经济结合不紧密等问题。从国务院批复中对东部自主创新示范区的支持政策来看，具有很强针对性，主要体现为两个方面：一是通过科技成果处置权和受益权改革、股权激励、科研项目经费管理等改革试点，调动科研人员积极性创造性；二是通过科技金融试点，进一步促进科技成果产业化。

（三）创新政府激励政策

通过税收优惠政策，如研发费用加计扣除、职工教育经费税前扣除等政策措施，激励企业加大研发投入。但是东部各自主创新示范区之间略有差异。中关村是要建设成为具有全球影响力的科技创新中心和高新技术产业基地，对其支持政策具有全局性影响，比如在中关村建设统一监管下的全国场外交易市场。上海张江、广东深圳等处于东部经济高度发达地区，地方政府在政策创新中的作为和空间很大。由于国家出台支持政策往往从全局的角度统筹考虑，因此，在具体的支持政策内容上不会放得很宽。政策创新主要通过国家允许试点，地方出台具体的政策和措施。比如为适应创新型企业的新特点，中关村开展高新技术企业认定办法的试点，将核心自主知识产权中增加"国家新药、国家一级中药保护品种、经审定的国家级农作物品种、国防专利、技术秘密"，取消了技术专家对企业成长性与科技成果转化能力的主观评价。这些为创新型企业认定为高新技术企业拓宽范围。深圳示范区则是出台了有利于科技成果转化和股权激励政策、人才支持试点政策、知识产权试点政策等系列政策措施，上述政策措施为推进深

圳示范区的跨越式发展提供了有力支撑。

（四）强化产业集聚平台建设

提升大平台建设，将产业集聚作为创新产出的关键点。浙江杭州、珠三角、广东深圳等自主创新示范区内积极打造创新产业集群，引导大量创新产业联系密切的企业以及相关支撑机构在空间上集聚，并逐渐形成强劲的、可持续竞争的优势。提升高新技术产业结构层次，培育自主品牌和提高创新发展能力并举，形成创新产业空间集聚。东部示范区在坚持培育龙头企业发展的同时，注重配套产业发展，拓展产业链上下游企业，通过创新产业集群带动相关产业上下联动发展。对创新产业集群发展的薄弱环节进行有针对性地倾斜式扶持，实现有限资源优势配置，进而达到产业优化升级，培育出创新产业新布局。

三　中东部国家自主创新示范区创新路径比较研究

（一）政府导航战略实施程度略有差异

中东部地区均坚持政府在创新发展中的主导地位不动摇，但政府主导程度存在一定差异。世界经济和创新发展规律表明，政府主导区域创新程度与当地经济社会发展程度高度相关，市场化程度越高，政府主导程度越低。囿于经济发达程度不同，与中部地区相比，东部地区示范区政府主导程度稍弱，尤其浙江杭州、广东深圳和珠三角，政府只在创新引领方面发挥指导性作用，政府工作重心放在构建开放式管理模式和大政方针方面，重点对企业技术创新、知识产权、标准研制、上市融资等制定出台政策，促进企业自主创新和加快发展。而中部地区政策指导偏细、偏全，对企业创新的干涉力度相对较大，对产业发展管得相对较宽、较死，缺乏灵活性。

（二）企业科技活动各有优劣

从企业科技活动来看，中部地区多数指标均高于中西部地区，但在个别指标方面低于中西部地区。从企业数量来看，如武汉东湖入统企业、高新技术企业分别达到3043个、825个，均高于长株潭、郑洛新，其中高新技术企业数量甚至超过长株潭、郑洛新数量之和，也超过合芜蚌、成都，但与中关村、张江等东部示范区相比，差距相对较大。从创新人才来看，郑洛新科技活动人员占大专以上从业人员比例达到50%以上，分别高于武汉东湖9.1个百分点、长株潭10.6个百分点，该比例甚至高于中关村、张江，但低于合芜蚌。从创新活跃程度来看，长株潭高新技术企业数占入统企业数的比例、有创新活动的企业占比均高于武汉东湖、郑洛新。其中，长株潭高新技术企业数占入统企业数的比例达到39.9%，高于全国平均水平6.6个百分点。从创新支出来看，郑洛新科技活动经费内部支出达到280.48亿元，占工业总产值的比例达到5.22%，远高于武汉东湖、长株潭、合芜蚌，低于中关村、张江和成都。

（三）创新实施成效存在显著差异

从创新实施成效和生命周期理论分析，东部地区示范区创新体系整体处于成熟前期和成长中后期阶段，中部地区除武汉东湖大致处于成长中期阶段外，其余示范区均处于成长中前期阶段，发展的任务相对艰巨。2015年，武汉东湖营业收入、利税收入、出口创汇、技术收入分别达到8526.4亿元、880.5亿元、123.9亿元、1257.6亿元，各指标均稳居中部四个自创区首位。但同期北京中关村营业收入、利税收入、出口创汇、技术收入分别达到36057.6亿元、4439.6亿元、337.3亿元、4837.7亿元，差距较大。

（四）东部地区更强调人才、文化和金融体系构建

与中部地区示范区相比，东部地区一是更强调高层次人才培养，力争将科技人才政策与科技金融、中介服务、教育投入等政策配套实施，逐渐建成"人才+"政策系统，以政策合力推动创新驱动发展。二是更重视创新文化建设，广东深圳、江苏苏南和浙江杭州等自创区，高度重视继承和弘扬品牌文化、本地文化等文化中有利于开放、创新的文化内涵，营造"鼓励创新、宽容失败"的文化氛围，研究"鼓励创新、宽容失败"的制度环境，培育企业国际化理念和创新思维，培育市民包容性理念和创业文化，打造"创新文化"品牌，推进

示范区融入全球创新网络；三是更重视科技创新金融生态优化，筹划设立政策性科技银行，积极开展股权交易流通试点，对银行支持科技型中小企业的违约贷款提供补偿，积极构建高新技术企业创新产品研发、科技成果转化的保险保障机制。

第四节　提升郑洛新国家自主创新示范区 创新能力的启示与借鉴

郑洛新作为国家高层次创新载体，优势与问题兼有，机遇与挑战并存，其中问题与挑战仍比较突出。不简单复制、走差异化道路是郑洛新创新发展的本质要求。"十三五"时期，郑洛新应谋划建设科创大走廊、智造大走廊、生态带等支撑区域未来发展的重要战略平台，力争在科技金融结合、科技成果转化、高端人才引进等方面先行先试，因地制宜地建立健全政策支撑体系，全面提升创新创业的层次和水平，尽快在中原腹地建成一块具有较强辐射能力和核心竞争力的创新"高地"。

一　建立健全政策支持体系

国内外创新实践证明，创新政策在促进区域创新发展中的作用日益显著。地方政府如何通过创新政策的制定提高区域创新效率，对于提升区域创新能力的意义重大。对郑洛新来说，要建立健全示范区创新发展的政策体系，加强各项政策的配合、协调和互补，根据执行情况及时进行反馈和调整，为示范区发展明确方向和路径。一是成立示范区建设领导小组和政务服务局，完善政府服务机制，减少政府对示范区创新创业活动的干预，更好地释放创新活力。二是率先落实中关村先行先试政策，明确省、市、区三个层次需要研究出台的先行先试政策，构建三级政策体系，推动示范区普惠性政策实施和体制机制改革先行先试。三是加快编制《郑洛新国家自主创新示范区发展规划纲要》，制定实施《关于建设郑洛新国家自主创新示范区的若干政策措施》《郑洛新国家自主创新示范区条例》等一系列配套实施细则，加快形成"1+N"政策体系。郑洛新三市和三个国家高新区出台促进示范区发展的相关政策，形成支持示范区发展的政策合力。四是要加大政策评估和督查力度，加强政策实施效果分析，对于实施效果好的政策及时向全省其他区域推广，推动河南省建成创新型省份，力争进入中部创新发展先进行列

二　建设郑洛新人才发展改革试验区

人才是支撑创新发展的首要资源。近年来，郑洛新高端创新人才持续集聚，仅郑州高新区就有各类科技人才5万余人，驻区院士12人，市级以上创新团队超过120个和创新杰出人才超过120位，科技人才密度居全省之首。但与中关村、东湖和长株潭等相比，郑洛新对高层次人才的吸引力不强，配套政策不完备。应依托郑州、洛阳和新乡高新区，推动人才管理改革先行先试、促进创新创业人才双向流动、强化创新人才服务保障。一是强力推动招才引智。研究制定高层次人才认定办法和评价标准，大力引进站在科技前沿和产业高端、拥有自主创新成果的产业领军人才及团队，对高层次人才及其团队带技术、带成果、带项目来示范区创新创业和转化成果的给予重奖。二是建设中西部人才高地。加快破除束缚人才创新创业的落后观念和制度障碍，最大限度地发挥好郑州"1125"聚才工程、洛阳"河洛英才"计划、新乡人才集聚计划等政策作用，支持更多的科技型人才走上创新创业道路，使之成为双创的引领性力量。三是加大知识产权司法保护力度，提高专利、商标、版权综合管理服务水平，使创新者的身份得到确认、创新成果得到尊重、知识财富得到保护，调动和激发广大创新人才的积极性，吸引创新人才和创新成果在示范区汇聚。

三　培育创新型产业集群

当前，经济发展进入新常态，需要创新型产业形态支持。郑洛新

创新型产业形态发展尚不充分，主导产业链不够完整，创新型产业集群产业层次和附加值比较低，引领和辐射带动作用发挥不充分，加速创新型产业集群的培育十分必要。一是加强国家创新型产业集群试点培育。进一步完善创新型产业集群试点工作的协调推进机制和保障措施，做大做强郑州高新区智能仪器仪表、洛阳高新区轴承等创新型产业集群试点（培育），促进区域创新体系建设，推动地方经济转型发展。二是强化企业创新主体作用。充分发挥骨干企业核心作用，加快培育关联度高、主业突出、创新能力强、带动性强的集群骨干企业；鼓励和引导骨干企业参与基础研究和关键技术研发及转化、组建独立法人资格的创新平台、开展产学研协同创新、投资兴办专业化孵化器等；增强对与集群科技型小微企业的服务能力，推动人才、资金、项目等创新要素加速向科技型小微企业集聚。三是优化产业集群发展路径。以关键核心技术研发和重大技术集成与应用示范为突破口，力争在战略性新兴产业领域加快形成若干条技术含量高、特色鲜明的产业链，推动传统产业集群高端、高质、高效发展，在协同创新领域积极组建若干国际联合研究中心（实验室）、孵化器、产业技术创新战略联盟等，形成跨行业、跨区域带动作用强、竞争力强的产业创新组织形态。力争到2020年，发展形成5个以上的千亿级创新型产业集群。

四　促进区域开放协同发展

创新是一个开放式系统，创新能力的提升必须依赖深度链接整合区域内外的高端创新资源，打造跨区域创新共同体，形成区域创新发展的联动效应。目前，郑洛新开放式创新处于起步阶段，急需借力缩小创新差距，深度融入全球创新网络，支撑带动全省经济发展走上创新驱动、内生增长轨道。一是加强产业协同创新联盟建设。支持自主创新示范区龙头企业、高校、科研院所等，在高端装备、电子信息、生物医药、新能源汽车等重点产业领域，加快建设一批"政、产、学、研"等多部门参与的产业协同创新联盟，或引进技术成果在自主创新示范区转化，支持企业开发引领市场需求的标志性新产品。二是

深化对外科技战略合作。积极引进一流大学、科研院所和世界 500
强、国内 100 强研发中心在示范区内设立分支机构和科技成果转化基
地，为培育壮大基因检测、航空航天、先进机器人等高端产业提供强
力支撑。进一步加强"省、部、院"合作，支持国家科研院所以及创
新型企业到河南设立技术研发机构、建立转化基地。支持优势企业通
过海外技术并购建立海外研发中心、孵化器等，吸引使用当地创新资
源。三是完善技术转移转化平台。支持示范区技术转移转化重大平台
建设，加快国家技术转移郑州中心建设和运行，支持河南省中国科学
院科技成果转移转化中心发展；完善军民创新规划、项目、成果转化
对接机制，打通军民科技成果双向转移转化渠道。四是完善开放合作
政策体系。紧抓"一带一路"战略机遇和郑汴洛自贸区实施机遇，建
立吸纳境外优质创新资源的新渠道、新机制，构建与国际投资贸易通
行规则相衔接的基本制度框架，打造开放型区域创新网络体系。

五　构建创新创业生态体系

双创是引领支撑区域发展的新动力。具有国际竞争力的中原创新
创业中心是河南省对郑洛新的定位和期待，河南省要成为全国重要的
创新创业新高地，必须优先构建完备的郑洛新创新创业生态体系。为
此，一是强化双创平台建设。启动实施发展众创空间推进大众创新创
业"三年行动计划"，加快发展一批低成本、便利化、全要素、开放
式的众创空间，推动众创空间特色化发展；引导大中型企业建设"大
工匠"工作室等创新创业平台，探索发展大学生创业特区、创新型孵
化器和科技企业孵化器等新型孵化器，大力发展针对中小微企业的众
创、众包、众扶、众筹等服务，培育生态化的创业示范社区、创业创
新园。二是强化创业创新主体培育。大力支持科技人员创业者、大学
生创业者、大企业高管及连续创业者、留学归国创业者等群体，不断
增强示范区创业源动力；引导龙头企业营造创业生态圈，培育和孵化
具有前沿技术和全新商业模式的创业企业；实施瞪羚企业培育计划，
建立示范区瞪羚企业筛选体系。三是推动科技金融深度结合。强化资

本市场对科技创新的支持，开展科技金融试点，加快发展天使基金等
创业投资基金，推动产业基金、民间资本、风险资本与科技创新结
合；发起设立示范区建设专项资金和集合资金信托系列计划，加快建
设"郑洛新科技银行"、科技担保公司、中小企业合作成长基金，启
动科技保险试点工作，开发专利权执行保险、创新型科技保险等金融
产品，探索实施科技创新券制度，出台针对初创期、成长期科技企业
种子基金，推动科技创新、资本和产业的高效对接，形成以企业投入
为主体，以银行信贷和风险投资等金融资本为支撑，以民间投资为补
充的多元化、多渠道、多层次的科技金融体系。四是建立公平包容的
市场环境。创新创业与市场化程度是相向而行的。支持自主创新示范
区内服务业企业向创新创业服务业转型发展，培育壮大一批第三方双
创服务企业；积极探索企业技术难题竞标、科技成果竞价（拍卖）等
多种成果转移模式，大力支持科技成果在自主创新示范区落地转化；
培育鼓励创新、崇尚创业、宽容失败的创新创业文化，建立健全激励
创新、允许失误、尽职免责的容错机制。

参 考 文 献

陈娟：《企业级服务平台化发展大势所趋》，中国外包网，2015-09-23。

高艳慧：《国家高新区进一步完善高效管理体制和运行机制的研究》。

龚江，查冰川：《产学研协同创新组织模式演进与优化研究》，《科技进步与对策》2014年。

《国家自主创新示范区：冲刺世界一流园区——四家园区发展情况分析与对比》，《中国高新区》2015年第12期。

贺灿飞、黎明：《演化经济地理学》，《河南大学学报》（自然科学版）2016年第4期。

胡亮：《应加快促进产业平台化发展》，《中国经济时报》，2014年12月05日；

胡立山：《武汉东湖国家自主创新示范区建设的探索与思考》，《政策》2015年第7期。

胡振兴：《国家高新区创业资本供求能力评价——以6个国家自主创新示范区为例》，《科技进步与对策》2016年第33期。

李怡：《区域创新系统演化机理与西部区域创新系统培育》，西南财经大学，2010年。

李立华、陈进：《理论、样本与路径选择—国际视野下的武汉东湖自主创新示范区建设》，《学习与实践》2013年第11期。

蔺洁、陈凯华、秦海波、侯沁江：《中美区域创新政策比较研究—以加州和江苏省为例》，中国科技政策与管理学术年会，2014年

刘汉文、周敏：《科技园区协同创新影响因素浅析》，《江苏师范大学

学报》（哲学社会科学版）2015 年第 3 期。

刘小青：《国家自主创新示范区的建设背景和布局特征》，《广东科技》2016 年第 13 期。

卢长利、董梅：《国家自主创新示范区科技创新比较研究》，《资源开发与市场》2015 年第 31 期。

陆履平：《硅谷、班加罗尔 IT 产业成功之启示》，《科技管理研究》2005 年第 1 期。

罗芳、席博：《自主创新示范区创新能力对经济增长的实证分析——以武汉东湖自主创新示范区为例》，《科技和产业》2016 年第 16 期。

彭丽粉：《区域产业集群竞争力评价分析与实证研究》，西北大学，2006 年。

沙德春、王文亮、肖美丹、吴静：《科技园区转型升级的内在动力研究》，《中国软科学》2016 年第 1 期。

王燕：　《区域经济发展的自主创新理论研究》东北师范大学，2007 年。

王艾青：《技术创新、制度创新与产业创新的关系分析》，《当代经济研究》2005 年第 8 期。

王书斌、徐盈之：《大学科技园与地方高新园区协同创新的博弈分析》，《大连理工大学学报》（社会科学版）2014 年第 4 期。

王小芳、张永庆：《法国电信谷创新性产业集群的演进及其启示》，《中国科技论坛》2007 年第 12 期。

吴敬琏：《制度重于技术—论发展我国高新技术产业》，《经济社会体制比较》1999 年第 5 期。

熊曦、魏晓：《国家自主创新示范区的创新能力评价——以我国 10 个国家自主创新示范区为例》，《经济地理》2016 年第 1 期。

《"一区多园"模式中的政府管理体制创新》，《国情综述》2014-03-12。

佚名：《国家自主创新示范区的创新特色及政策探索》，《宁波新经济观察》2016 年第 5 期。

亚当·斯密：《国民财富的性质和原因的研究》，商务印书馆 1988
　　年版。

张洪阳：《区域创新系统的演化研究——基于产业知识基础的视角》，
　　辽宁大学，2015 年。

张晓曦：《产业集群视角的国家自主创新示范区竞争力评价模型及实
　　证研究》，对外经济贸易大学，2012 年。

赵昌文：《科技金融》。

郑礼、戴颖：《依托"双自联动"激发创新活力—建设国家自主创新
　　示范区的经验与启示》，《天津经济》2016 年第 4 期。

钟坚：《世界硅谷模式的制度分析》，中国社会科学出版社 2001 年版。

周洪宇：《国家自主创新示范区创新能力比较研究—以北京中关村、
　　武汉武汉东湖、上海张江为例》，《科技进步与对策》2015 年第
　　11 期。

Martin R，Simmie J. Path dependence and local innovation systems in city-
　　regions［J］. Innovation：Management，Policy & Practice，2008，
　　10（2-3）：183-196.

后　　记

　　本书是河南省价格协会组织的重点调研课题的研究成果。建设郑洛新国家自主创新示范区既是国家赋予河南的重大机遇，又是河南全面建设国内外具有影响力的创新型大省的实践。因此，本书的撰写，立足于探讨自创区理论基础和评价体系，明确自创区既是科技创新的发展，更是要推动产业、企业、市场、产品、业态和管理等多领域的融合创新发展；并通过与武汉东湖、长株潭等国家自创区的发展路径、共性和特色的比较研究，紧密结合郑州、洛阳、新乡实际，在做好发展优势研究的基础上，明确郑洛新自创区的功能定位、发展路径及三大片区创新发展的经济体系和模式，力求能对自创区的发展具有一定的参考。本课题的研究得到了有关专家学者在理论与学术上的指导，参阅了相关文献资料，在此一并致以衷心的感谢。